财政部规划教材

全国财政职业教育教学指导委员会推荐教材

全国高职高专院校财经类教材

金融学基础

主　编　张晓华

副主编　潘卫红

中国财经出版传媒集团

经济科学出版社

Economic Science Press

图书在版编目（CIP）数据

金融学基础／张晓华主编.—北京：经济科学出版社，2018.12

财政部规划教材　全国财政职业教育教学指导委员会推荐教材　全国高职高专院校财经类教材

ISBN 978 - 7 - 5141 - 9598 - 9

Ⅰ.①金…　Ⅱ.①张…　Ⅲ.①金融学 – 高等职业教育 – 教材　Ⅳ.①F830

中国版本图书馆 CIP 数据核字（2018）第 176994 号

责任编辑：刘殿和
责任校对：杨晓莹
责任印制：李　鹏

金 融 学 基 础

主　编　张晓华
副主编　潘卫红

经济科学出版社出版、发行　新华书店经销
社址：北京市海淀区阜成路甲 28 号　邮编：100142
教材分社电话：010 - 88191355　发行部电话：010 - 88191522
网址：www. esp. com. cn
电子邮件：eps@ esp. com. cn
天猫网店：经济科学出版社旗舰店
网址：http://jjkxcbs. tmall. com
北京密兴印刷有限公司印装
787 × 1092　16 开　17 印张　423000 字
2018 年 12 月第 1 版　2018 年 12 月第 1 次印刷
ISBN 978 - 7 - 5141 - 9598 - 9　定价：51. 00 元
（图书出现印装问题，本社负责调换。电话：010 - 88191510）
（版权所有　侵权必究　举报电话：010 - 88191586
电子邮箱：dbts@ esp. com. cn）

前　言

　　现代金融已渗透到社会经济生活的方方面面，现代经济从某种意义上说就是金融经济。金融连接着各行各业、各个经济主体和千家万户的生活，在资源配置中，一直处于枢纽地位。金融业作为现代服务业的重要组成部分，将是未来发展的战略性支柱产业，金融业从银行、证券、保险到基金、期货、外汇、黄金交易等各个方面都将全面快速发展。与此同时，由于金融危机的频繁爆发，社会各经济主体越来越需要系统了解和掌握金融理论、金融知识。目前，金融学基础的教学已成为高校财经类专业的一门必修课程，更是金融类专业的核心课程。为适应我国金融业快速发展对人才的迫切需求，我们从实用的角度出发，理论联系实际，组织教学经验丰富的教师，完成了本书的编写。

　　本书的主要特点有：

　　（1）以职业素养培养为重点。教材在编写过程中以履行岗位职责所需要的专业能力、知识能力和素质能力为基本原则，强调学生在学习过程中的主导地位，核心目标是如何使学生具备从事对应职业所必需的职业能力与素养。在体例结构上以典型案例为切入点，激发学生渴求了解知识内容的欲望，在知识点解读中有针对性地插入案例或者资料，便于学生深刻理解和灵活掌握，提高学生学习的自主性和积极性。

　　（2）体现工学结合、理实一体。为了适应培养高素质技术技能型人才的高职教学特点，在每章学习目标中，都分解成了知识目标、能力目标两大类。以金融在实际工作中的应用方向和具体要求为出发点，以专业岗位的任职要求为指导，通过职业分析确定综合能力作为学习的目标，根据一定的能力分析确定能力与素质标准，将能力标准素质转换为知识内容，每章最后我们都以框图的形式总结了知识内容，使能力的开发、素质的养成和知识的掌握有机地结合起来。为配合理实一体化教学，课后附有复习思考题，并设计了实训环节，强化学生职业能力的训练，充分体现职业性、实践性和开放性。

　　（3）论述风格生动简洁。传统的金融教学理论较晦涩难懂，本书运用通俗易懂的语言，辅以贴近生活的典型案例，让学生在学习金融理论的同时，能够对金融现象进行理解和分析，激发学生学习的积极性，增强学习的趣味性。教材在编写过程中还将采用最新资料，紧跟金融形势的变化，对近期发生的热点金融问题，进行了梳理和适当的总结，实现学习与应用的相互结合、相互促进。

　　本书由江苏财经职业技术学院张晓华教授主编，河南财政金融学院潘卫红任副主编，江苏财经职业技术学院孙翊、四川财经职业学院李琳和李继红参加编写。编写分工如下：张晓华负责编写第一章、第二章、第三章、第五章、第七章；孙翊编写第九章；潘卫红编写第八章、第十章；李琳编写第四章、第六章；李继红编写第十一章、第十二章。

　　在编写的过程中，我们借鉴了国内外有关的文献资料、论著和教材，引用了相关研究成果，江苏财经职业技术学院程准中教授、云南财经职业学院仲新、江西财经职业技术学院刘双红、江苏财会职业技术学院顾明等专家在审核中对教材作出了具体指点和帮助，在此，我们表示最诚挚的感谢。同时也感谢经济科学出版社对我们的大力支持和帮助！由于时间及资料所限，加之编者水平有限和工作中可能的疏漏，本书难免存在不足和不当之处，恳请专家、读者批评指正。

编者

2018 年 12 月

目 录

第一章

货币与货币制度

学习目标

知识目标

- 了解货币产生和发展的历史，理解货币的本质。
- 了解货币形式的演变过程，认识各种货币形式的特点，重点掌握现代货币形式。
- 掌握货币在现代经济中的基本功能，理解货币的职能。
- 掌握货币制度的基本内容，了解货币制度的演变，掌握我国人民币制度有关内容。

能力目标

- 能够正确认识和分析现实经济中的货币现象。
- 能够运用所学货币原理处理简单的经济事务。

【章前引例】

货币是什么

她是美索布达米亚平原上的泥板，她是黄河远古文明用于交易的贝壳，她是小亚细亚吕底亚王国的黄金，她是意大利佛罗伦萨古老银行家族的徽章。她是欲望的载体，她是交换的工具，她是我们最熟悉的，却也是最陌生的——她，就是货币。

从46亿年前地球的诞生，到250万年前人类的起源，从5500年前隐藏的最早的货币历史，到250年前工业文明的到来，从67年前布雷顿森林会议的召开，到今日国际货币体系的再重建……货币从最初的起源到局部的通行，从站在国际贸易的制高点，到今天成为世界经济浪潮中最棘手和根源性的课题。人们对货币从哪里来，和她又将如何影响世界产生了越来越多的困惑和期待——货币到底是什么？是金钱，是债券？是黄金，是钻石？是财富，是国家意志？是梦想，还是其他？——让我们共同穿越历史，带着对货币的渴望和疑问，一起进入货币的世界……

本章将从货币的起源谈起，为大家详细地介绍货币及货币制度的知识，主要包括：货币的产生与发展、货币形态的演进、货币的职能、货币制度的内容及其演进和我国的人民币制度。

第一节　货　币

【节前引例】

孔方兄与阿堵物

货币，俗称"钱"，在历史长河里扮演着重要的角色，让人爱恨交加。有人视其为粪土和万恶之源，有人视其为至亲和万能之匙。从古人对钱的别称中我们也可对上述态度略知一二。

钱的别称之一是"阿堵物"，来源于西晋王衍的故事。此人出身名门琅琊王氏，风姿秀雅，擅长玄理，为当世所尊崇，据说他口里从不提到"钱"字。他老婆想试探王衍的虚实，趁王衍熟睡之时，叫仆人绕着王衍的床边铺上一大圈钱。王衍早晨醒来见到床边的钱妨碍他行动。便叫来仆人说"举却阿堵物"，就是说"把这儿的东西搬走"。后世遂将阿堵物作为钱的代称。

而孔方兄则是钱的又一个代称。西晋初年，社会经济得到一定恢复发展，统治阶级的贪暴之风也日益增长。当时整个社会弥漫着金钱崇拜，像时石崇、王恺斗富的故事众人皆知。而晋武帝为了敛财则大肆卖官鬻爵。当时有正直的人当面将晋武帝司马炎与东汉末年的桓灵二帝相比，说"桓灵卖官，钱入官库"，而今"陛下卖官，钱入私门"。有个叫鲁褒的人，眼瞅着天下纲纪崩坏，心中不满，于是提起笔杆做武器，写了一篇讽刺世风的文章，叫《钱神论》。文中称铜钱的形状外圆内方，是世上的神宝。世人亲之如兄，字曰孔方。

请思考：我们几乎天天与货币打交道，但真正了解它的并不多。是什么让货币这样神奇？它在现代社会中又扮演着什么角色？

货币在现代社会扮演着非常重要的角色，可以说无处不在。人们的衣食住行、商品交易、收入支出等处处离不开货币。社会经济的运行、各经济组织的正常运转及其职能作用的发挥也必须依靠货币。货币的存在保证了商品流通的顺利进行，解决了经济生活中的各种难题，货币以其特有的渗透力影响着人们日常生活和社会经济的方方面面。

一、货币的产生

货币自其产生距今已有几千年的历史。关于货币的产生，众说纷纭。古今中外有各种关于货币起源的学说。

1. 西方学者的货币起源学说。早期一些西方经济学家认为货币是为了克服直接物物交换的困难而产生的，即货币是便利交换的产物。持有这种观点的代表人物如英国经济学家亚当·斯密，他认为货币是聪明人为了克服直接物物交换的困难而协商出来的。原始的以物换物在时间和空间上存在局限性，只有交换双方同时需要对方的商品，而且在价值量上大致相等，交换才能实现。随着商品交换的进一步发展，人们发现，如果先用自己的商品去交换一种大家普遍愿意接受的商品，然后再拿这种商品去交换能满足自己需要的商品，就会使商品交换变得容易得多。于是通过媒介的商品交换成为交换的主要形式，这种充当商品交换的媒介就是货币。货币的出现克服了物物交换的困难，免受"双重巧合"的限制，节省了寻觅交易对象、收集市场信息的时间和资源，把人们从浪费精力的周旋中解脱出来，用于生产更多的产品和提供更多的服务，从而促进了简单商品经济向市场经济的发展。

🔘 **案例 1 – 1**

在卡维里市场上的一次雇船经历

过去有位欧洲人到非洲旅行，他对这种交换感到困难有一段生动的描绘。他说，看看我在卡维里市场上雇船到唐汉纳克海岸时，必须以怎样的方式支付雇金，那是很可笑的。船经理沙特要求付以象牙，但是我没有象牙；当时我知道默罕麦德·伊文·萨里柏有象牙，而他需要呢绒交换；而另外一个人有呢绒但需要针交换，很幸运，我有针。于是我进行了一系列物物交换，把象牙交给船经理沙特，直到这时候，我才从船经理手里雇到船。

2. 马克思的货币起源说。马克思从商品和商品交换入手，用完整的劳动价值理论论证了货币产生的客观必然性。货币是价值形态与交换发展的必然产物。从历史的角度看，交换发展的过程，可以浓缩为价值形态的演化过程。当商品的价值形态发展到货币形态之后，货币便成了表现（其他）一切商品价值的价值尺度。商品的价值形态的发展经历了以下4个阶段：

（1）简单的价值形式。一种商品个别地、偶然地表现在其他商品上。

（2）扩大的价值形式。一种商品的价值表现在其他一系列商品上。

（3）一般价值形式。一切商品的价值共同表现在从商品中分离出来、充当一般等价物的商品上。

（4）货币价值形式。货币成为表现其他一切商品价值的固定的一般等价物。

从价值形态的演化过程中可以看出：

（1）货币是一个历史的经济范畴。它并不是从人类社会一开始就存在的，而是在人类社会发展到一定阶段，伴随着商品和商品交换的产生和发展而产生的，所以货币的根源在于商品本身。

（2）货币是商品经济自然发展的产物，它是在商品交换长期发展过程中，为了适应交换的客观需要而自发地从一般等价物中分离出来的。

（3）货币是交换发展的必然产物，是社会劳动与私人劳动矛盾发展的产物。从价值形态的演变过程中可以看出货币是价值形态发展的必然结果，而价值形态的发展又取决于交换的发展，交换的发展又要受商品经济的内在矛盾——社会劳动与私人劳动这一矛盾的发展的制约。因为存在这一矛盾，只有通过交换才能实现商品生产者之间的联系。而直接的物物交换本身就存在着一定的局限性，限制了商品交换的进一步发展，所以，妨碍着商品生产者之间的进一步经济联系。货币就是为了解决这一矛盾而在交换发展的过程中自发地产生的。

二、货币的本质

研究货币的本质就是要解决货币是什么的问题。经济学从货币的职能出发给货币下定义，认为货币是指从商品世界中分离出来的固定地充当一般等价物的特殊商品，它反映着商品生产者之间的关系。

"货币"一词在我们的日常生活中经常被使用，它的含义似乎是很明显。为了避免混淆，我们必须澄清货币的经济学定义与人们日常生活中的习惯用法之间的区别。

一是把货币等同于现金。像"你带钱了吗？"这句话里的钱显然指的就是现金。把货币仅仅定义为现金，对于经济分析而言是过于狭窄了。因为可开列支票的存款在流通领域中与现金一样，都可用以支付所购买的商品与劳务。如果我们把货币定义为现金，那么我们就难以把货币与人们所进行的全部购买活动联系起来。事实上，正是因为货币与购买相关联，才使货币问题引起人们极大的兴趣。因此，在现代经济学中必须把可开列支票的存款与现金一起包括在货币的定义之中。

二是把货币等同于财富。例如,说"他很有钱",即意味着他不仅有一大笔现金和存款,还有债券、股票、珠宝、字画、房子、汽车等。把货币定义为财富,从而把货币与股票、债券、不动产等相混同,那么在经济分析中就无法界定货币的基本特性。事实上,货币作为一般等价物,是社会财富的一般性代表,但货币并不等同于社会财富本身,它只是社会财富的一部分。在美国,货币大约只相当于财富总量的2%,即使是最广义的货币也不超过财富总量的10%。可见,把货币定义为财富显然又太宽了。

三是把货币等同于收入。"他的工作很好,能赚很多钱"这句话里的钱就是指收入。收入是一定期限内的流量,而货币是某一时点上的存量,若把货币定义为收入,那么货币量将无法计量。

三、货币形式的演变

货币形式又称货币形态,是指以什么材料来充当货币。在货币产生的几千年中,随着商品交换和信用制度的发展,货币的形式也在不断地发展演进,不同货币形态适应了不同社会生产阶段和历史阶段的需要。从历史上看,货币形式从具体的商品逐渐演变成抽象的符号,经历了由低级到高级不断演变的过程。

1. 实物货币。实物货币是指以自然界存在的某种物品或人们生产的某种物品来充当货币。它是人类历史上最古老的货币,是货币形态发展的最原始形式。中外历史上很多实物充当过货币,比如,牛羊、盐、烟草、可可、海贝、农具、布帛等。实物货币是货币发展史上不可逾越的阶段。实物货币是以货币商品本身的价值为基础的实物商品,其特点是作为非货币用途的价值和作为货币用途的价值相等,是足值的货币。

随着商品生产和商品交换的发展,实物货币不易分割、不易保管、携带不便的特点越来越难以适应日益增加的商品交换对货币的需求。于是,伴随着商品交换的发展,金属替代了实物商品来充当货币,货币形态进入了金属货币时代。

📓 小资料

贝　币

在我国古代,以贝壳作货币有着较长的历史。司马迁在《史记·平准书》中写道:"农工商交易之路通,而龟贝金钱刀布之币兴焉。所从来久远,自高辛氏之前尚矣,靡得而记云。"贝壳、贝币可以说是我国使用时间最早而且延续时间最长的一种实物货币。贝壳成为货币的条件有以下几个:第一是本身有实用的功能(如其装饰品的用途);第二是具有天然的单位;第三是坚固耐用;第四是便于携带。尤其是其天然的单位,在熔解金属技术尚不发达的古代,具有它独到的天然优势。古代人民使用贝币,多用绳索将它们穿成一串,所以一串也是一单位。贝币最早的货币单位为"朋",即10枚成一串,两串为一朋。在我国古代的甲骨文中,贝朋两字常连在一起,贝字的意义和现在的"财"字差不多。至今中国的文字中,许多与货币意义有关的字,如财、贵、贫、贱、贷等,都是以贝字作为偏旁。

2. 金属货币。金属货币是以金、银、铜、铁等金属作为币材的货币。严格地说,金属货币也是一种实物货币。金属冶炼技术的出现与发展是金属货币广泛使用的前提。金属货币具有价值含量高且稳定、易于计量、便于储藏和携带等优点，这些自然属性使其比一般商品更适宜充当货币材料，所以，世界上几乎所有的国家都采用过金属作为货币。金属货币经历了从贱金属到贵金属、从金属称量到金属铸币制的发展过程。

金属货币最初是贱金属铜和铁，多数国家和地区采用的是铜，铁由于冶炼技术发展而价值较低，用于交易过于笨重，且易生锈腐蚀不便保存，因此流通范围有限。随着经济的发展和财富的增加，需要用价值量大的贵重金属充当货币，币材向金银过渡。19世纪上半叶，金、银代替了贱金属成为主要币材。

金属称量制是直接以金属的自然形状流通，并以重量单位为流通计价单位的货币制度。如流通中的金锭、银锭、金元宝、银元宝等均以两、钱等重量单位为流通标准。最早的金属货币采用金属条块的形式，每次交易时都要鉴定成色、称量和分割，这非常麻烦。随着商品交换的发展，金属货币由条块形式发展成铸币形式。金属铸币制是指将金属货币铸成一定形状，具有一定重量、一定成色的铸造货币，并标明计量单位的货币制度。铸币的出现是货币形式发展的一大进步，奠定了近代货币制度的基础。

金属货币和实物货币一样是足值的货币，其作为金属商品的自身价值与其作为货币的价值是相等的，这样就可以保证其价值的稳定性，从而为商品的生产和交换提供一个稳定的货币环境，有利于商品生产和交换。

但金属货币也存在自身难以克服的缺点，即其数量的多少受制于金属的储藏量和开采量，无法随着商品数量的增长而同步增长。因此随着生产力的提高，金属货币的数量越来越难以满足大量商品交换对交易媒介的需求，加之大宗交易时，金属货币过于沉重，不便携带，于是，渐渐出现了代用货币。

3. 代用货币。代用货币是贵金属流通制度下，由政府或银行发行的代替金属货币流通的纸币符号。早期的铸币面值与其实际价值是基本一致的，铸币使用频繁，容易磨损而成为不足值货币，但人们只关心铸币上标明的购买力而并不关注其实际重量，仍按足值货币去使用，从而使铸币有了可用其他材料制成的符号或象征来替代的可能性。后来，货币发行机构就发行了不具有实际价值的纸质货币来替代金属货币，即代用货币。代用货币作为金属货币的替代物在市场上流通，充当商品交换的媒介，不但有足值的金属货币作为准备，而且可以与所代表的金属货币自由兑换，因而被人们普遍所接受。代用货币节省了金银等贵金属的使用，携带方便，易于保管和计量，成本低廉，因而在近代货币史上存在很长时间。但由于代用货币的发行必须以足量的金银作为保证，其发行量受到贵金属准备的限制，不能满足社会经济发展的需要。代用货币逐渐退出货币的历史舞台，被信用货币所取代。

4. 信用货币。信用货币是以信用作为保证，通过一定信用程序发行和流通的货币。它是代用货币进一步发展的产物，其形态与代用货币一样也是纸质货币。信用货币自身没有价值，不代表任何贵金属，是一种纯粹的价值符号，其购买力远远大于货币币材的价值。信用货币就是一种由国家政权强制提供的购买力信用。它作为一般的交换媒介须有两个条件：一是货币发行的立法保障；二是人们对此货币抱有信心。目前世界上几乎所有国家采用这种货币形态。信用货币是通过银行信贷方式投入流通的，其主要形式是现金和存款货币。现金由中央银行经国家授权发行，是中央银行的负债。存款货币是指能够发挥货币作用的银行存款。信用货币在现代经济中发挥着十分重要的作用，已经成为现代经济主体中主要的货币形式。信用货币完全摆脱了黄金准备的限制，中央银行掌握了发行货币的权力，可控制货币发行量的规模。

小资料

货币防伪

伪造货币的问题与货币制度几乎是同时出现的，纸币出现后，货币更容易伪造。为了防范假币，每个国家在货币印制过程中都精心设计和制作了各种防伪措施。货币的一切成分，如纸张、油墨、安全线等材料，都是从尽量缩小使用范围，难以伪造的角度考虑采用，货币的防伪技术成为每个国家的重要机密。现代货币品种繁多，但从其材料上区分，主要是纸币和硬币两大类。二者的防伪特点也各有不同。纸币的防伪措施大都体现在纸张、油墨和印刷技术等几个方面。在纸上中采用水印、安全线、彩色纤维和无色荧光纤维等。油墨上采用有色荧光油墨、无色荧光油墨、磁性油墨、光变油墨、防复印油墨等。印刷技术上使用雕刻凹版、彩虹印刷、对印、接线印刷、缩微文字印刷和隐形图案等。

5. 电子货币。以计算机技术为核心的信息技术的发展，引起了人们的生产和生活方式的巨大变革，也又一次推动了货币形态的发展。方兴未艾的电子商务，开发出了种种的电子支付手段和工具，人们称之为电子货币。电子货币是当代信用货币的一种，是当代科学技术发展过程中出现的电子化、信息化的支付工具。

这里所指的是广义的电子货币，所含范围极广，如信用卡、储蓄卡、借记卡、IC 卡、消费卡、电话卡、煤气卡、电子支票、网络货币、智能卡等，几乎包括了所有与资金有关的电子化的支付工具和支付方式。

若将电子货币进行分类，有如下几种：

（1）储值卡和信用卡型，如储蓄卡和信用卡。

（2）电子支票型，电子支票是指启动支付过程后，计算机屏幕上出现支票图像，出票人用电子方式作成支票并进行电子签名而出票。

以上两种类型都是使用电子技术和支付方式相结合的系统，把存款或其他资金存入另一个账户，没有新的货币形态创造，没有新的信用产生，而只有新的电子化支付方法。对于储值卡和信用卡型的初级"电子货币"，只能视为查询和划拨银行存款的电子工具或者是对现存货币进行支付的电子化工具，并不能真正构成货币形态的一种。

（3）智能卡型，如 IC 卡。智能卡型电子货币可以认为是一种"有限的电子货币"。购买者购买了一定金额的智能卡后，该智能卡是把金额和相关的信息记录在镶在该卡上的芯片或磁条上，取代了纸币在特定的范围内使用，也脱离了银行账户。持卡人占有、支配该卡就跟使用传统货币一样。在收款人的终端上刷卡，就可以支付一定的款项，不再涉及银行或其他资金账户。但其受限制之处一方面在于流通范围有限，也要借助一定的终端设备；另一方面是还不能像传统货币一样循环使用，以实现个人与个人的支付，该卡用完了就又得重新购买或充值。对智能卡的支配就是对物的支配，对其使用就能实现价款或资金的支付，有限取代纸币的流通，是一种作为交换媒介的物的形态的革命，所以可以认为智能卡型"电子货币"是有限的"电子货币"。

（4）数字现金型，是指依靠 Internet 支持在网络上发行、购买、支付的数字现金。数字现金型电子货币则是一种全新的货币形态。数字现金采用了全新的信用方式，且在形态上从有形的纸币变成无形的信息数字，但又可通过计算机和网络表现出来。货币所有人对该数字现金的控制体现在对包含有该货币数量的信息的密码控制上，传统的有形货币就完全变成了以电子信息存在的数字货币，这才是"真正的电子货币"，并且电子货币不再有经济学上货币与现金的区分。

小资料

世界上最早的信用卡

世界上最早的信用卡是美国人于 1915 年发明的。当时一些汽油公司、旅行社、娱乐业、饭店和百货公司为了招引顾客，在一定范围内发行了信用卡，持卡人可凭卡购买该公司及其附属机构的货物和劳务，无须支付现金。当时，这样的信用卡没有第三方银行参加，它只是买卖双方之间的信用工具。后来银行参与其中，使之变为一种银行信贷形式。电子计算机的出现及应用，使快速而准确的记账、结算成为可能，并使信用卡在西方国家得到普遍应用，成为一种国际流行的支付方式，有"一卡在身，通行世界"之说。

在我国，信用卡最早出现于 1978 年。为了促进我国外事活动和旅游事业的发展，方便来华旅游者，增加国家外汇收入，1978 年中国银行广州分行首先同香港东亚银行签订了在广州试办东亚签证卡兑付协议书，信用卡从此在我国出现。

四、货币的职能

货币在商品经济中执行以下 5 种职能：价值尺度、流通手段、储藏手段、支付手段和世界货币。前两个是货币的基本职能，也是货币本质最基本的体现；后三个是在基本职能基础上派生的职能。

1. 价值尺度。价值尺度又叫作价值标准。货币作为价值尺度，就是以货币作为尺度来表现和衡量其他一切商品价值的大小。货币之所以能够执行价值尺度的职能，是因为货币本身也有价值。

商品的价值表现在货币上，就是商品的价格。价格是价值的货币表现。货币执行价值尺度的职能，实际就是把商品的价值表现为一定的价格。

案例 1－2

观念上的货币

有人会问，为什么在商店里，说明商品价值的大小只要摆放一个小小的价目表、写出它的单价即可，而不用摆放与该商品等值的货币？

这是因为，货币执行价值尺度职能时，只是观念上的货币，并不需要现实的货币。例如，一双皮鞋的价格为 10 元，一件衬衣的价格为 5 元等。只要人们在观念上想一下某商品的价格是多少就可以了。即表明某一商品值多少钱，而不是真正用商品与货币相交换。正如马克思所说，货币在它的价值尺度功能上，本来也只是作为观念的或想象的货币。

2. 流通手段。货币作为流通手段，也就是货币充当商品交换的媒介。我们平常从商品买卖过程中所看到的货币的作用，就属于这一种，所以，这种职能又叫作购买手段。作为流通手段的货币，不能是观念上的货币，而必须是实实在在的货币。任何一个商品所有者都决不会允许有人凭空话拿走其商品。

在货币执行流通手段这一作用的情况下，商品与商品不再是互相直接交换，而是以货币为媒介来进行交换。商品所有者先把自己的商品换成货币，然后再用货币去交换其他的商品。这种以货币为媒介的商品交换，叫做商品流通。

作为流通手段的货币，起初是贵金属条、块，以后发展成铸币，最后出现了纸币。纸币是从货币作为流通手段的职能中产生的。因为，在流通过程中，货币只是交换的手段，人们关心的不是货币本身是否有内在价值，而是关心他手中的货币能否稳定地换到自己所需要的商品。在现实生活中，磨损的不足值的货币照样流通。只要有权威机构保证，币值稳定，充当流通手段的货币也不一定要有内在价值的货币实体来充当，而可以用不足值的或本身没有价值的货币符号来代替。流通手段的这一特点就决定了纸币的产生。

3. 支付手段。货币的支付手段职能又称为延期支付的标准。该职能产生于商品的赊销、预付。在货币发挥流通手段职能时，商品交换必须钱货两清，没有钱拿不到货，没有货也拿不到钱，两者缺一不可。而货币支付手段职能出现后，可以通过赊销和预付的方式实现没有钱可以先进货，和没有货可以先收钱。货币作为支付手段，可以在钱货存在时空上的不均衡情况下，更大范围地调节资金和货物的平衡，使社会生产得以顺利进行，使商品得以顺利流通，从而极大地促进了商品经济的飞速发展。

案例 1-3

用于工资发放的货币

在现行工资制度下，货币在工资的发放中是执行支付手段职能还是流通手段职能？

分析：二者的区别在于商品的让渡与货币的回流之间是否存在时间间隔。流通手段下为一手交钱，一手交货，钱货两清，商品让渡与货币回流之间不存在时间间隔；支付手段下商品让渡和货币回流之间存在时间间隔。在现行工资制度下，无论是月工资制度还是周工资制度，劳动是每天每时每秒进行的，而工资只在某一天发放，因此货币执行支付手段职能而非流通手段职能。

4. 储藏手段。货币的储藏手段是指货币作为社会财富的一般代表退出流通领域被储藏起来。即商品生产者卖出商品以后不随之买进商品，而是将所获得的货币，储藏起一部分，以备不时之需。

从本质上讲，发挥储藏手段职能的货币必须既是实在的货币，又是足值的货币。典型的代表如金银铸币、金银条块等。在金属货币流通的条件下，由于贵金属货币可以自由铸造和熔化，货币作为储藏手段起着货币流通中的蓄水池作用：当流通中所需要的货币量减少时，多余的金属货币便会被熔化成金属，退出流通成为储藏价值的手段；反之，当流通中所需要的货币量增多时，一部分储藏货币又会重新进入流通中成为流通手段。由于储藏货币具有这种作用，所以在足价的金属货币流通的条件下，便不会产生流通中货币量过多的现象，不会发生通货膨胀。

案例 1 – 4

存在银行的货币

按照货币的基本理论，货币在发挥储藏手段职能时，必须是真实的、足值的货币；那么，为什么，今天人们还常常在家里存放小额度的人民币，甚至将大量的人民币储存在银行不用于流通呢？

从本质上讲，纸币没有储藏价值的功能，因为它仅仅好似一张纸，一张被赋予了法定购买力的纸，具有对商品的要求权。虽然无内在价值，但有国家信誉作保证，因此在纸币价值稳定的前提下，对于个人和单位来说，具有推迟购买力储藏价值的意义；对于国家和社会来讲，纸币的储藏和储蓄，仅仅是通过银行信用动员社会闲置资金用于社会扩大再生产的一种方式，没有价值储藏的实际意义。

5. 世界货币。马克思论述了贵金属在国际经济中所起的作用，认为国与国之间的债权、债务关系的产生和清偿导致了货币在世界市场上充当一般等价物的职能。这一作用主要表现在：第一，作为一般的购买手段，用来购买外国的商品。第二，作为一般的支付手段，用来平衡国际收支差额。第三，作为社会财富的代表，由一国转移到另一国。随着贵金属货币退出流通领域，黄金在世界范围内的非货币化，当今世界，国际上部分发达国家的货币充当了世界货币的职能。如美元、欧元、日元、英镑。国际货币基金组织又创设了"特别提款权"这一记账单位（又称为纸黄金）作为国际间的支付手段。

第二节 货币制度

【节前引例】

纸币与硬币不是真正的钱

今天，人们已经不再用金元宝、银锭或铜板买东西了，而是用一种特殊的货币——纸币。我们现在见到的钱，基本上是纸币，只有少量硬币。从金融学角度看，这些纸币和硬币并不是真正的钱，因为它们并不是足值货币。

北宋时期，四川缺铜，流通中主要使用铁钱。铁钱易腐烂、价值低，十单位铁钱只相当于一单位铜钱，用起来极为笨重。比如，买一匹布需要铁钱两万，重达500斤！一些聪明富有的商人就开起了"交子铺"，人们可以把笨重的铁钱交给交子铺保管，同时换取交子铺开出的纸票——交子，然后拿着轻便的交子去买卖货物，交子铺则收取一定比例的保管费。最早的交子印有密码、花押（相当于今天的印章），以防伪造，金额是兑换时临时填写的。后来，有些富商联合起来，共同发行数额已经写好的标准化交子。这种纸制的交子是我国最早的纸币，也是世界上最早的纸币。

有了交子和交子铺，人们可以随时把钱币换成交子用于买卖，也可以随时凭交子从交子铺兑换现钱，大大便利了流通。但是，如果发行交子的商人不讲信用，或者因经营亏损而拿不出别人要兑换的现钱，麻烦就来了。当时，有些交子铺由于经营不善或弄虚作假，交子票常常无法兑现，持有交子的人就和开交子铺的富商打起官司来。后来，北宋政府不得不进行干预，禁止私人发行交子，改由政府印制发行官方交子，称为钱引。

今天，大家使用的纸币，如中国的人民币、美国的美元等是一个国家的法定货币，由这个国家的中央银行同一发行、强制流通，以国家信用作保障，私人不能印制、发行货币。纸币本身没有金属货币那种内在价值，纸币本身的价值也比国家确定的货币价值要小得多，它只是一种货币价值的符号。

因此，货币用什么材料来制作？比如，货币是用贝壳还是铜铁？是用金银还是纸张？货币用什么单位来计量？货币分为几种？货币由谁发行，怎么发行？货币发行的依据是什么？这些都要求国家以法律的形式规定下来，这就是货币制度。

请思考：历史上出现过哪些货币制度？这些货币制度是如何演进的？

货币的产生，解决了商品交换的困难，但是货币产生以后，如何统一其价值、确定其重量和成色，以及如何有效地组织货币流通并充分发挥货币流通的作用，又成了新的矛盾与问题。这就迫切要求国家制定相关的法律、法规及条例，形成完整的货币制度，来解决上述矛盾与问题。因此，货币产生以后，货币制度也就随之产生了。

一、货币制度的形成

货币制度，又称为"币制"，是指一个国家或地区以法律的形式确立的货币流通结构及其组织形式。其宗旨是加强对货币发行和流通的管理，维持货币币值的稳定，管理国家的经济金融秩序，促进经济稳定、健康发展。货币制度是一个不断完善的过程，也是现代经济条件下经济金融活动赖以存在的基础。

货币制度的发展并不完全与货币本身的发展同步，在实物货币流通时期没有形成货币制度。货币制度是伴随着金属铸币的出现而开始形成的。最早的货币制度出现在国家统一的铸币流通时期。由于早期铸币在形制、重量、成色等方面都有较大的差异，加上民间私铸、盗铸，使货币流通更加混乱，要求国家对此进行管理，这样便产生了国家对货币方面的法律规定。

近代货币制度是随着资本主义经济制度的建立而逐步形成的。在前资本主义时期，金属货币流通在相当长的时期内占有重要地位。但是由于铸币权的分散和铸币的变质、贬值等原因，货币流通呈现混乱状况。资产阶级在取得政权后，先后颁发和实施了有关货币流通的法令和规定，逐步建立了统一的、完整的货币制度。

二、货币制度的基本内容

货币制度大体涉及这样一些方面的问题：货币材料的确定，货币单位和价格标准，货币种类的确定，货币的偿付能力，货币铸造、发行和流通的程序，规定准备制度。

1. 货币材料的确定。货币材料的确定是整个货币制度的基础，也是一种货币制度区别于另一种货币制度的依据。比如，用银、金银并用或用金，还是用纸来作为货币材料，就分别构成了银本位制、金银复本位制、金本位制及纸币本位制。

货币材料的确定并不是由各国政府任意选择的，恰恰相反，它是由客观经济发展的进程所决定的。资本主义发展初期，广泛流通的是白银，但同时黄金也开始大量进入流通领域，并有排除白银的趋势。这时，资本主义国家就把金银同时规定为货币金属。当黄金在流通中占据统治地位以后，各国又不得不规定黄金为货币金属。随着生产的发展和商品流通的扩大，黄金产量无法满足流通的需要，这时，各国均以纸币和银行券取代了金属货币。

2. 货币单位和价格标准。货币材料确定之后，就要规定货币单位的名称及其所含货币金属的重量，也叫作价格标准。在金属货币流通条件下，价格标准是铸造单位货币的法定含金量。如英国的货币单位定名为"镑"，根据1816年5月的金币本位法案规定，1英镑含成色11/12的黄金123.27447格令（含7.97g）。美国的货币单位定名为"美元"，根据1934年1月的法令，美元的含金量规定为13.714格令（合0.888671g）。中国在1914年的"国币条例"中曾规定货币单位的名称为"圆"，并规定每圆含纯银6钱4分8厘（合23.977g）。

在纸币本位制度下，货币不再规定含金量，货币单位与价格标准融为一体，货币的价格标准即是货币单位及其划分的等份，如元、角、分。

世界各国的货币单位均有不同的名称。如美国的货币单位是美元，英国的货币单位是英镑，欧盟成员方的货币单位是欧元……

3. 规定货币种类、偿付能力及其铸造、发行和流通程序。一国流通中的货币可以分为本位币和辅币。它们有不同的铸造、发行和流通的程序。

本位币又称主币，是一个国家的基本通货和法定的计价、结算货币。在金属货币流通条件下，本位币是用贵金属按照国家规定的货币单位所铸成的铸币。在现代信用货币流通条件下，一个货币单位以上的现钞也被称为主币，由此可见，主币最小的规格是一个货币单位，如1美元、1英镑、1元人民币。

在金属货币流通的条件下，本位币可以自由铸造。所谓自由铸造，是指每个公民都有权把货币金属送到国家造币厂请求免费铸成本位币。本位币具有无限的法定支付能力。法律规定，在各种经济交易中，不论每次支付的金额有多大，如用本位币支付，出卖者或债权人均不能拒绝接受。

辅币是本位币以下的小额通货，供日常零星交易与找零用的货币。辅币的面额小，且流通频繁，易磨损，因此通常用贱金属铸造。辅币的实际价值虽然低于名义价值，但法律规定，辅币可以按固定比例与本位币自由兑换，这样就保证了辅币可以按名义价值流通。辅币不能实行自由铸造，而必须由国家用属于国库的金属来制造。因为辅币是不足值的，如果可以自由铸造，就会充塞流通领域，排挤足值的本位币。有的国家对辅币规定了有限的支付能力，也就是说，在一次支付行为中，在一定的金额内可以用辅币支付，如超过一定金额，卖方或债权人可以拒绝接受。

案例 1 – 5

本位币的无限法偿能力

2005 年 1 月 12 日上午，成都某汽车销售店外，开来了一辆尾部被压得有些下沉的汽车。驾驶员"哗"的一声打开后备箱，里面堆满了成千上万枚硬币，"买汽车的钱终于拉过来了。"这事让所有人都感到意外：存这几万个硬币买汽车，要存多久啊？当天，银行动用了 3 名工作人员，1 台专用的 1 元硬币封装机。用零钱买车的韩女士也上阵帮忙。拆出的 1 元硬币被倒进机器，打包成 50 元一条，再扎成 1000 元一捆，码在银行的推车上。整整 1 个半小时过去了，工作人员也累得满头大汗，终于数出了硬币的数目 1 元硬币共有 34900 个，另外还有 4 个 1 角。

根据《中华人民共和国中国人民银行法》，中华人民共和国的法定货币是人民币。以人民币支付中华人民共和国境内的一切公共的和私人的债务，任何单位和个人不得拒收。人民币的单位为元，人民币辅币单位为角、分。人民币具有无限法偿的能力。无限法偿就是本位币具有无限的法定支付能力。法律规定，在各种经济交易中，不论每次支付的金额有多大，如用本位币支付，出卖者或债权人均不能拒绝接受。韩女士用 34900 个 1 元硬币支付汽车款，是无可厚非的，她的全部硬币是应该被汽车销售店和银行所接受的。

4. 规定准备制度。发行保证制度也称发行准备制度，通常以货币金属作为发行信用货币的保证。在金属货币流通的条件下，国家规定货币金属必须集中于中央银行或国库。金属准备的用途有三种：（1）作为世界货币的准备金。（2）作为国内货币流通的准备金。（3）作为支付手段和兑换银行券的准备金。

1973 年以后，各国都取消了货币发行保证制度。目前，世界各国准备金的第二、第三个用途已不复存在，黄金只用于作为世界货币的准备金。但当今一些发达国家的货币也可充当世界货币，如美元、英镑。

三、货币制度的发展与演变

从历史上看，货币制度曾经历了从金属货币制度到不兑现的信用货币制度的演变过程。其中金属货币制度包括银本位制、金银复本位制和金本位制。

（一）金属货币制度

1. 银本位制。银本位制是指以白银为本位货币币材的一种货币制度。在货币本位制度的演变过程中，银本位是最早的货币制度。它是与封建社会经济发展相适应的货币制度。

银本位制的基本内容是：规定以一定重量与成色的白银为本位币；银币可以无限制自由铸造，政府与金融机构可以固定价格无限制购买白银；公众可以自由无限制地熔化银币；银币与其他货币可以平价自由兑换；白银及银币可以自由输出及输入，银币为无限法偿货币，具有强制流通能力。

银本位制的最大缺点是银价不稳定，易受产银国白银政策的影响而剧烈波动，银价猛升猛跌，都会严重影响经济的稳定。价格上涨时，白银大量外流，引起物价下跌和通货紧缩，造成经济萧条；当国际白银价格下跌时，白银大量流入，造成通货膨胀，经济又会出现过度繁荣，不利于经济稳定。

西方国家随着经济的发展与交易额的增大，白银的数量渐渐不能满足交易的需要，从19世纪起，各国都先后放弃了银本位，改为金银复本位制。

2. 金银复本位制。金银复本位制是指金银两种金属同时被法律承认为货币金属，即金币和银币同时作为本位币，都可以自由铸造，都具有无限法偿能力。它于1663年由英国开始实行，随后欧洲各主要国家纷纷采用。这种本位制度在其历史发展过程中有三种不同的形态：

（1）平行本位制。平行本位制是指金银两种货币按其所含金属的实际价值流通，国家对两种货币的交换比率不加规定。一方面，在这一体制里，金银比价随市场供求关系变化而经常发生变动，给大量的延期支付及债务清偿带来了混乱。另一方面，当各国市场上金银比价发生差异时，由于金银自由输出入，将使黄金流入金价较高的国家，使该国演变为金本位制；而白银将流入银价较高的国家，也使该国货币制度蜕变为银本位制。使得这种平行本位制极不稳定。

（2）双本位制。双本位制是指金银两种货币由政府规定固定的比价，按法定比价流通。双本位制在19世纪曾被广泛采用，以克服平行本位制下金银比价频繁变动的缺陷。然而，事与愿违，在双本位制下，金银供求形势不断变化，但国家官方比价不能快速依照金银实际价值比进行调整，使得金银市场比价与法定比价差别较大，导致市场上往往只有一种货币流通而非两种货币同时流通。例如，金币和银币的法定比为1：15，而黄金和白银的市场比价则为1：16，此时黄金的市价较高，金币的持有者就会将金币熔化成黄金，到市场上兑换白银，铸成银币，这样市场上持有金币的人越来越少，而银币的流通越来越多，金币会退出流通领域。反过来，若市场金银的市场比价为1：15，而金币和银币法定比价为1：16，白银市价高于法定比价，市场上的银币会退出流通领域。这种现象被称为"劣币驱逐良币"。

所谓"劣币驱逐良币"规律，就是在两种实际价值不同而名义价值相同的货币同时流通的情况下，实际价值较高的货币（所谓良币）必然会被人们熔化、收藏而退出流通领域；而实际价值较低的货币（所谓劣币）反而充斥市场。这一规律是16世纪英国财政家汤姆斯·格雷欣首先提出来的，故又称为"格雷欣法则"。

（3）跛行本位制。跛行本位制是指国家规定，金币可以自由铸造而银币不允许自由铸造，并且金币与银币可以固定的比例兑换。实际上，银币已经降为附属于金币的地位，起着辅币的作用。跛行本位制只是复本位制向金本位制过渡的一种中间形式而已。

3. 金本位制。金本位制是以黄金为本位币的相对稳定的一种货币制度，其内在特征保证了货币价值对内和对外的稳定，从而促进了商品生产的发展和商品流通的扩大。它在金属货币制度中占有重要地位。金本位有金币本位制、金块本位制、金汇兑本位制三种形式，金币本位制是典型的形式。

（1）金币本位制。19世纪中叶到第一次世界大战前，主要资本主义国家均采用金币本位制。其特点是：

①金币可以自由铸造，自由熔化，具有无限法偿能力。其他金属铸币则限制铸造。金币的自由铸造、自由熔化能够自发调节流通中的货币量，保证金币的币值与其所含黄金的价值一致，使金币币值与实际价值相符。

②流通中的辅币与银行券等可以自由兑换金币。

③黄金可以自由地输出入国境，黄金的自由输出入可保持外汇行市的相对稳定，有利于国际贸易的顺利开展。

（2）金块本位制。金块本位制又称"生金本位制"，是指没有金币的铸造和流通，而由中央银行发行以金块为准备的纸币流通的货币制度。它与金币本位制的区别有：

①金块本位制是以纸币或银行券作为流通货币，不再铸造、流通金币，但金币仍为本位货币，货币单位仍规定含金量。

②金块本位制不再像金币本位制那样实行辅币和价值符号同黄金的自由兑换，而是规定黄金由政府集中储存，居民只有用一定数额以上的银行券或纸币才能按法定含金量兑换金块。例如，英国1925年规定至少需要1700英镑的银行券才允许兑换一次金块，这样高的限额对于大多数人来说是达不到的。英国、法国、比利时、荷兰等国在1924～1928年就是实行这种金块本位制。

（3）金汇兑本位制。金汇兑本位制也称"虚金本位制"，是指以银行券作为流通货币，通过外汇间接兑换黄金的货币制度。实行这种货币制度的国家，货币不再与黄金直接发生关系，但选择一个关系密切的金本位国家，将本国货币与金本位国家的货币确定固定的比价，同时将黄金与外汇存于该金本位国家，作为汇兑基金，并随时按固定价格买卖外汇，以此维持汇率的稳定。本国居民不能用银行券直接兑换黄金，只能通过兑换外汇，从而间接兑换黄金。采用这种币制，必然使本国货币依附于与之相联系的国家的货币，本质上是一种附属的货币制度。

金块本位制和金汇兑本位制都是削弱了的金本位制，是不稳定的货币制度。在1929～1933年的世界经济危机后，金本位制已被不兑现的信用货币制度所代替。

📓 **小资料**

牛顿照亮金本位

提到牛顿，相信多数人都对他在数学、物理学以及天文学上作出的贡献耳熟能详。但是对于他在铸币史上的贡献人们似乎很少提及。

1696年牛顿进入英格兰皇家铸币局，成为铸币局的总监（Warden of Royal Mint），1699年他又被任命为铸币局局长（Master of Royal Mint）。总监只是国王在铸币局的代表，但是1666年英格兰取消铸币税之后总监的职位实际上已经几乎没有事情可做，纯粹是个闲职。但是牛顿却很负责，他大力打击造假者，有时候还亲自去刑场处观看处决罪犯。成为铸币局局长之后，牛顿正式参与到政策讨论和决策当中，并作为具体执行者负责实施议会通过的关于整顿货币的法案。1705年，由于牛顿的科学成就和在铸币局任职期间的功劳，英国女王授予他贵族称号，牛顿因此被褒奖为艾萨克爵士。这样直到牛顿去世的1727年，牛顿前后在皇家铸币局工作了30多年，当了27年的铸币局局长。正是在这一期间，英国由银本位制转向了事实上的金本位制。

虽然直到1816年，英国才以法律形式确立金本位制度，但是众多金融史学家认为，在1717年以后英国实际上已经是一个金本位制国家了。牛顿"提前"了将近100年，让黄金开始作为本位币走上历史舞台。1717年根据牛顿的建议确定的黄金每盎司3英镑17先令10

又 1/2 便士的价格水平稳定地持续了 200 多年，直到 1931 年英国宣布脱离金本位时才被打破。牛顿也因此作为金本位制度的提出者，被永久性地载入了金融发展史。

（二）不兑现的信用货币制度

不兑现的信用货币制度，又称纸币本位制，是指以政府或中央银行发行的不兑换黄金的信用货币作为法定货币。金本位制崩溃后，流通中的银行券丧失了直接或间接地与黄金兑换的条件，被不兑现的纸币所代替。纸币的流通是以国家信用为后盾，靠国家法律强制流通的无限法偿货币，一般由中央银行发行。

不兑现的信用货币制度的优点有：第一，货币供应不受金银数量的限制，具有较大的伸缩性，它可以根据经济发展需要作出调节，对于稳定经济发展具有重大意义。第二，纸币与贵金属脱钩，纸币对外汇率也不受国际贵金属价格的影响，通过调节本国货币供应量，可以对国内经济发展和国际收支进行调节。第三，纸币的制作成本低，便于流通和携带。

不兑现本位制度也存在明显的缺点：第一，由于纸币供应不受黄金准备限制，供给弹性大。有些国家为了弥补赤字，往往超量发行纸币，导致纸币贬值甚至通货膨胀，危及社会经济的安全与稳定。第二，各国纸币与贵金属脱钩，这使得各国货币对外汇率变化波动较大，从而影响到国际贸易发展与国际资本的流动。第三，纸币本位制度的管理操作依赖于政府有效的管理控制，成败与否与管理者的知识经验与判断决策能力直接相关，过多的人为因素往往使纸币本位制度产生不稳定的因素。

四、我国的人民币制度

我国现行的人民币制度是一种不兑现的信用货币制度，人民币是我国的法定货币，人民币既不与金银挂钩，也不依附于任何一种外国的货币。我国人民币制度是独立自主的、统一的、稳定的货币制度。其内容主要包括人民币的单位、发行、流通、黄金外汇储备、汇率以及保护国家货币的规定等。

人民币制度有以下几个基本特点：

（1）人民币是集中统一的货币。中华人民共和国境内唯一合法货币是人民币，也就是说，在我国国内市场上只准人民币流通。中国人民银行以国家信用作保证发行人民币。中国人民银行根据国家授权统一掌管人民币，负责集中统一印制和发行人民币，管理人民币流通。法律保护人民币，任何损害人民币的行为，都将受到法律的制裁。

（2）人民币是相对稳定的货币。人民币是一种不兑现的信用货币，没有法定的含金量，依靠充分的物资保证和不断增加的金融储备作为币值稳定的坚强后盾。但是，人民币是受纸币流通规律所制约的，在一定情况下也会出现通货膨胀的危险，所以，人民币的稳定是相对的，这就要求将"稳定币值"突出地放在货币政策目标的首位。

（3）人民币采取主辅币流通结构。人民币主币的"元"是我国经济生活中法定计价、结算的货币单位，具有无限法偿能力，无论每次支付数额多大，任何单位、个人都不得拒绝。辅币是有限法偿货币，供日常零星使用。在流通中，两者的比例应根据商品流通的客观需要，以满足金额大小不同的购买支付需要。

小资料

人民币的发行

1948 年 12 月 1 日，中国人民银行发行的第一套人民币，共 12 种券别，62 种版别。

1955 年 3 月 1 日发行的第二套人民币，主币有 1 元、2 元、3 元、5 元、10 元 5 种，辅币有 1 分、2 分、5 分、1 角、2 角、5 角 6 种，共计 11 种券别。为便于流通，国务院于 1957 年 12 月 1 日起发行了 1 分、2 分、5 分 3 种金属分币，自此我国进入了纸、金属币混合流通阶段。

第三套人民币于 1962 年 4 月 20 日起陆续发行，共有 1 角、2 角、5 角、1 元、2 元、5 元、10 元 7 种券别，13 种版别；1980 年 4 月 15 日起，增加发行了 1 角、2 角、5 角和 1 元 4 种金属币。

从 1987 年 4 月 27 日起陆续发行的第四套人民币，计有主币 1 元、2 元、5 元、10 元、50 元、100 元 6 种券别，辅币 1 角、2 角、5 角 3 种券别。从 1992 年 6 月 1 日起发行了新版 1 角、5 角、1 元金属币。

从 1999 年 10 月 1 日起陆续发行的第五套人民币，包括 100 元、50 元、20 元、10 元、5 元、1 元、5 角、1 角 8 种面额，适应了改革开放以来我国经济飞速发展对货币流通的要求，是我国货币制度建设的一件大事，是对我国货币制度的进一步完善和发展。

2005 年 8 月，为提升防伪技术和印制质量，中国人民银行发行了 2005 年版第五套人民币。2005 年版第五套人民币 100 元纸币发行以来，自动售货设备和现金自动处理对人民币的机读性能提出了更高要求。为此，中国人民银行决定发行 2015 年版第五套人民币 100 元纸币，在保持规格、主图案、主色调等与 2005 年版第五套人民币 100 元纸币不变的前提下，对票面图案、防伪特征及其布局进行了调整，提高了机读性能，同时还采用了先进的公众防伪技术。2015 年 10 月起，公众可在银行业金融机构网点领取 2015 年版第五套人民币 100 元纸币的宣传手册。

本章小结

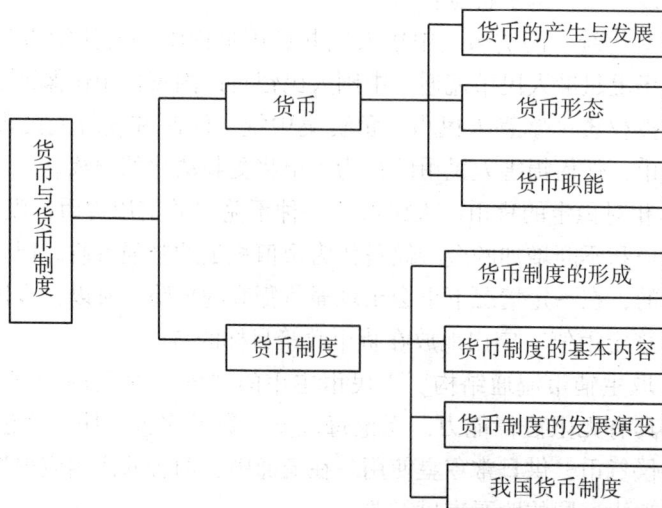

复习思考题

一、单项选择题

1. 与货币的出现紧密相连的是（　　）。
    A. 金银的稀缺性
    B. 商品交换的产生与发展
    C. 国家的强制力
    D. 先哲的智慧

2. 商品价值形式最终演变的结果是（　　）。
    A. 简单价值形式
    B. 扩大价值形式
    C. 一般价值形式
    D. 货币价值形式

3. 当今世界各国普遍采用的是（　　）货币形态。
    A. 实物货币
    B. 金属货币
    C. 代用货币
    D. 信用货币

4. 在下列货币制度中"劣币驱逐良币"的规律出现在（　　）。
    A. 金本位制
    B. 银本位制
    C. 金银复本位制
    D. 金汇兑本位制

5. 代用货币与信用货币的区别在于（　　）。
    A. 货币的材质是否是纸质
    B. 是否可以铸造
    C. 是否有十足的贵金属准备
    D. 自身价值和货币面值是否一致

6. 下列关于金属货币制度的说法错误的是（　　）。
    A. 金属货币不可以自由铸造
    B. 可以发行代替金属货币流通的纸币符号
    C. 金属货币可以自由铸造和熔化
    D. 不会发生通货膨胀

7. 划分货币层次的依据是金融资产的（　　）。
    A. 流动性
    B. 风险性
    C. 安全性
    D. 收益性

8. 在偿还债务中发挥的作用主要货币职能是（　　）。
    A. 价值尺度
    B. 流通手段
    C. 支付手段
    D. 储藏手段

9. 货币执行（　　）职能时可以采用观念上的货币，而不必采用现实的货币。
    A. 价值尺度
    B. 流通手段
    C. 支付手段
    D. 储藏手段

10. 马克思认为货币的本质特征是充当（　　）。
    A. 特殊等价物
    B. 一般等价物
    C. 普通商品
    D. 特殊商品

二、多项选择题

1. 一般而言，要求作为货币的商品具有（　　）的特征。
    A. 价值比较高
    B. 金属的一种
    C. 易于分割
    D. 易于保存
    E. 便于携带

2. 最早出现的实物货币形态包括（　　）。
    A. 贝壳
    B. 黄金
    C. 白银
    D. 铜铁
    E. 牲畜

3. 信用货币包括（　　）。
    A. 银行券
    B. 支票
    C. 活期存款
    D. 商业票据
    E. 定期存款

4. 货币支付手段职能发挥作用的情形有（　　　）。

    A. 赋税　　　　　　B. 各种劳动报酬　　C. 国家财政　　　　D. 银行信用

    E. 房租

5. 对本位币的理解正确的是（　　　）。

    A. 本位币是一国的基本通货　　　　　B. 本位币具有有限法偿性

    C. 本位币具有无限法偿性　　　　　　D. 本位币的最小规格是一个货币单位

    E. 货币本位制度的名称取决于本位币币材的名称

三、问答题

1. 货币的本质是什么？

2. 货币的形态有哪些？

3. 货币制度包括哪些内容？

4. 不兑现的信用货币制度有哪些优缺点？

四、案例分析

1. 战俘营里的货币。第二次世界大战期间，在某集中营中流通着一种特殊的商品货币：香烟。当时的红十字会设法向集中营提供了各种人道主义物品，如食物、衣服、香烟等。由于数量有限，这些物品只能根据某种平均主义的原则在军人之间进行分配，而无法顾及每个军人的特定偏好。但是人与人之间的偏好显然是会有所不同的，有人喜欢巧克力，有人喜欢奶酪，还有的人则可能更想得到一包香烟。因此这种分配显然是缺乏效率的，军人们有进行交换的需要。

但是即便在集中营这样一个狭小的范围内，物物交换也显得非常不方便，因为它要求交易双方恰巧都想要对方的东西，也就是所谓的需求的双重巧合。为了使交换能够更加顺利地进行，需要有一种充当交易媒介的商品，即货币。那么，在集中营中，究竟哪一种物品适合做交易媒介呢？许多集中营都不约而同地选择香烟来扮演这一角色。军人们用香烟来进行计价和交易，如一根香肠值10根香烟，一件衬衣值80根香烟，替别人洗一件衣服则可以换得两根香烟。有了这样一种记账单位和交易媒介之后，军人之间的交换就方便多了。

思考题：为什么香烟能成为该集中营中的货币呢？

2. 一国四币：独特的货币文化现象。人民币、港币、澳门币及新台币之间早已相互流通，这种新的经济文化现象，是具有独特性的。

据有关资料，目前在中国大陆流通的港币现金已超过150亿港元，占香港货币发行总量的30%左右。而从台湾涌向中国大陆和香港的资金高达600多亿美元，其中有相当数量的新台币流到大陆，已在福建等地流通。由于受20世纪90年代末东南亚金融危机的影响，港元、澳门元与币值稳定的人民币关系十分密切，除金融机构相互挂牌外，形成了地域性的如珠江三角洲一带互为流通使用的局面。广州、深圳、珠海等地，接受港元、澳门元的店铺随处可见。中国大陆城乡居民为了使自己拥有的货币收入分散化以及投资或收藏等原因，他们也都会拥有港币、澳门元及新台币。与此同时，人民币在香港、澳门已进入流通领域，在这些地区，越来越多的人以人民币为"硬通货"及结算货币。在香港或澳门的街头上，除银行外，还随处可见公开挂牌买卖人民币的兑换店。更有趣的是，香港、澳门大多数的商店、饭店、宾馆等很多消费场所都直接接受人民币，一些商店门口甚至挂上"欢迎使用人民币"

的牌子招揽顾客。台湾也同样出现了人民币的流通现象，许多人将人民币作为坚挺的货币来看待，不少台胞回内地探亲后，都带着人民币回去使用或留作收藏纪念。

思考题：（1）这种独特的货币现象对中国大陆、香港、澳门、台湾的经济社会发展起到了什么样的作用？

（2）这种现象长期发展下去，试问会不会出现劣币驱逐良币的现象？为什么？

实训项目
货币的产生

通过情景模拟再现，理解货币产生的过程，解释货币产生的原因。

1. 假想不同时期的商品交易环境。
2. 设定多个不同类型的商品交易主体。
3. 模拟不同时期的完整交易过程。
4. 总结各个时期交易得以顺利进行需要的条件。
5. 总结货币产生的过程，货币的职能。
6. 分析目前人民币的货币职能。
7. 将实训所得结果填写在实训报告上。
8. 组织各小组汇报和讨论。

第二章　信用

📚 学习目标

知识目标

- 了解信用产生和发展的过程。
- 理解各种信用形式及其在经济活动中的作用。
- 掌握信用、各种信用形式的含义及信用活动的构成要素。

能力目标

- 能够运用信用的基本知识正确解释现代经济是信用经济。
- 能够依据信用形式的基本理论分析、解释和判断现实社会中的不同信用形式。

【章前引例】

良好坚实的信用是金融体系安全稳定的基础

金融体系就像一幢摩天大厦，由各类金融机构、各类金融产品通过金融市场相互连接，组成了一个复杂的、精巧的有机体。这座摩天大楼除了看得见的建筑主体之外，还有看不见的基石，那就是良好的信用和坚定的信任。单个金融机构的失败不会影响整个金融体系的稳定，就像一扇窗户的破损不会影响大厦的稳定，但基石的破损便会导致整个大厦的倾覆。金融危机就像一座大厦的倒塌，它的基石发生了动摇，信任不复存在，信用烟消云散。可以说，金融体系是现代经济的核心，坚定良好的信用则是现代金融体系的核心。

过去发生过多次债务危机，如20世纪80年代的拉美和1998年的俄罗斯；发生过很多次货币危机，包括1997年亚洲国家的大幅汇率波动和贬值；发生过很多次资本市场的危机，表现为资本市场的大起大落甚至崩盘；发生过很多次银行系统危机，导致银行挤兑和大规模破产。所有这些金融危机归根到底是信用和信任的危机，出于对债务人偿债能力的担忧导致了债务危机，出于对一国货币购买力的担忧导致了货币危机，出于投资者信心的崩溃导致了资本市场危机，出于对银行持续经营能力的担忧导致了银行危机。

2008年发源于美国的国际金融危机起因是次贷危机，而次贷危机的根源在于借款人基于对未来房价上涨预期进行的超出自己还款能力的投机性借贷行为，这些次级房贷再经过复杂的证券化、房地美和房利美的隐性政府担保、投资银行的打包拆分、保险公司的增信合约，以及存在严重利益冲突的信用评级公司给予的不负责任的高评级，使这些原本属于高风险的资产以优质资产的身份大量进入全球各类金融机构的资产负债表。当美国房地产市场发生根本性逆转时，市场首先对次贷债务人的偿债能力产生信任危机，导致次贷危机爆发。随后，被证券化的次贷资产开始侵蚀各类金融机构的资本金，首先是美国本土的房贷公司，其次是在房贷证券化中发挥穿针引线作用的投资银行，第一家是实力最弱的贝尔斯登，最后是雷曼兄弟。雷曼的破产使市场对金融体系偿债能力由怀疑转变为彻底恐慌，所有金融机构害怕其交易对手的垮台拖累自己而不敢进行任何借贷交易，整个金融市场突然陷入全面停滞状态，从局部的次贷危机转变为全面的金融危机爆发。这场危机演变链条生动地刻画了当信任基石消失时，金融体系这座大厦是如何倾覆的。

那么，信用的存在形态、信用活动的构成要素、到底有哪些信用形式，我们已经参与了哪些信用活动，都是值得重视的问题，也都是本章要介绍和讨论的。

第一节　信用概述

【节前引例】

信用、信贷与金融

信贷有广义和狭义之分，广义的信贷包括借和贷两个方面的活动，体现债权、债务关系及还本付息的特征。因此，广义的信贷等同于信用。狭义的信贷一般专指以银行为媒介的信用活动，即银行信贷，是银行存贷款等具体业务的总称，有时仅指银行为授信方提供的银行贷款活动。通常我们所说的信贷多是指狭义的信贷。

信用的范畴是指借贷行为，这种借贷行为的特点是以收回为条件的付出，或以归还为义务的取得。虽然实物借贷长期存在，表现出信用发展对货币运动的独立性，但是货币借贷日益成为借贷的主要形式。信用和货币自古以来就存在着密切的联系，借贷、货币的出现都是为了满足改变所有权为条件的财富调剂需要。在前资本主义时代，信用和货币虽然有着密切联系，但金属铸币制度在很长的历史时期中都是独立于信用关系之外的，而当整个社会进入资本主义时代后，情况逐步发生了变化。信用货币——银行券和存款货币等最终取代了金属货币而成为流通中货币的基本形式。在这种情况下，任何独立于信用活动之外的货币制度已不复存在。相应地，任何信用活动都同时是货币的运动：信用的扩张意味着货币供给的增加；信用的紧缩意味着货币供给的减少；信用资金的调剂影响着货币流通速度和货币供给的部门构成及地区构成……

这样，当货币运动范畴和信用活动范畴各自独立发展的状况彻底终结，而两者不可分解地联结在一起时，一个新的、由这两个原本独立的范畴相互渗透所形成的新范畴就产生了，它就是——金融。

请思考：什么是信用？信用是如何产生的？为什么说现代经济是信用经济？

信用和货币一样，既是一个古老的经济范畴，又是金融学中一个十分重要的概念，它是商品经济发展到一定阶段的产物，在现代经济生活中，信用关系是极为重要的经济关系，已经渗透到社会生活的各个方面。

一、信用的概念

（一）信用的含义
信用一词源于拉丁文"credo"，意思为信任、相信、声誉等。《辞海》1979 年版对信用的解释：信用是指遵守诺言，实践成约，从而取得别人的信任。不同的研究角度对信任有不同的解释。在金融学中，信用的含义则不限于此，它包含更深、更广的含义，并有其作为经济范畴的特征。

这里讨论的是经济意义上的信用，它是指以偿还和付息为条件的商品或货币的借贷行为。这种借贷行为包含价值运动的两个侧面，即以偿还、付息为条件的获得和以收回为条件的出让。

（二）信用的特征

信用作为商品货币经济的范畴，不论其形式如何，都具有以下共同特征。

1. 信用以互相信任为基础。信用作为一种交易行为和交易方式，必须以交易双方互相信任为条件，如果交易双方互相不信任或出现信任危机，信用关系是不可能发生的，即使发生了，也不可能长久持续下去。

2. 信用是有条件的，即偿还本金和支付利息。信用资金的借贷不是无偿的，而是以还本付息为条件的。信用关系一旦确定，债务人将承担按期还本付息的义务，债务人将拥有按期回收本息的权利。利息额的多少与本金额的大小及信用期限的长短紧密相关。一般来讲，本金越大，信用期限越长，需要支付的利息就越多。

3. 信用是价值运动的特殊形式。价值运动的一般形式是通过商品的直接买卖关系来实现的。在买卖过程中，一般卖者让渡商品的所有权和使用权，取得货币的所有权和使用权；而买者刚好相反。信用关系所引起的价值运动是通过一系列借贷、偿还、支付过程来实现的，信用关系存续期间，信用标的的所有权和使用权是分离的。贷出方只暂时转移或让渡商品或货币的使用权，所有权仍掌握在信用提供者手里；相应地，借入者只有暂时使用商品或货币的权力，并不能取得商品或货币的所有权。同时，从当期看，信用是价值单方面的转移，且偿还时是非等额回流，即超值归还。当信用关系结束时，信用标的所有权和使用权才统一在原信用提供者手里。

4. 信用以收益最大化为目标。信用关系赖以存在的借贷行为是借贷双方追求收益最大化或成本最小化的结果。不论是实物借贷还是货币借贷，债权人将闲置资金（实物）借出，都是为了获取闲置资金（实物）的最大收益，避免资金闲置所造成的浪费；债务人借入所需资金或实物同样是为了扩大经营或避免资金不足所造成的经营中断，从而获取最大收益。

二、信用的存在形式

据有关信用的历史资料记载，信用一直是以实物借贷和货币借贷两种形态存在的。在自然经济占主导地位的社会，即以货币为媒介的商品交换关系尚未充分发展之前，当某一个体需要其他个体的某些产品，而目前尚无剩余产品同其交换或无力购买时，他便承诺将来偿还该产品，或以其他产品为条件来交换该产品，这便是实物借贷。这种借贷属于特定社会条件下的经济形式。随着商品货币关系的发展，货币逐渐成为借贷关系的主要对象，但是，货币借贷始终未能取代实物借贷。在一些落后的国家和地区，实物借贷仍广泛地存在着。只有当资本主义经济关系充斥整个经济生活时，或者说商品货币关系已成熟地渗透于经济生活的方方面面时，实物借贷才会正式退出历史舞台。

三、信用的构成要素

信用关系主要由下列要素构成：

1. 债权、债务。信用关系要得以确立，至少应有两个当事人，即借入的债务人（也称受信方）和贷出的债权人（也称授信方）。授信者是信用的承诺者，拥有到期要求债务人归还本金和利息的权利；而受信者是信用的承诺者，应履行到期还款和付息的义务。可见，债权、债务关系构成信用的基本要素。离开了债权、债务关系，就无所谓信用。

2. 时间间隔。信用关系不同于买卖关系。买卖关系是一手交钱，一手交货，钱货两清，价值同时相向运动，不存在时间间隔。而信用是价值运动的特殊形式，这种特殊性的表现之一就是价值在不同时间的相向运动，存在时间间隔即借贷期限，因此，时间间隔是信用的又一要素。

3. 信用工具。信用工具是债权、债务关系的载体。早期信用多用口头约定并确立债权、债务关系，尽管有简便、灵活的特点，但口说无凭，容易引起争执。后来就发展为通过书面签约记载双方的债权、债务关系。这种用来证明债权、债务关系并具有法律效力的书面文件，就是信用工具。信用工具不但可用来确定信用关系，同时也便于信用关系的转移，是现代经济条件下信用的必备要素。

4. 利率。信用作为价值运动的特殊形式，其特殊性还表现在借贷期结束后，流回的价值要高于当初流出的价值，这高出的部分就是授信者得到的回报，即利息。在确定信用关系时一般要同时确定利息与借贷本金的比率，即利率，所以说利率也是信用的重要因素。

四、信用的产生

信用作为一种借贷行为，它的产生、发展同商品货币经济紧密相连。商品货币经济的发展，特别是货币支付手段职能发展是信用赖以存在和发展的坚实基础。

信用是商品货币经济发展到一定阶段的产物。一般认为，当商品交换出现延期支付、货币执行支付手段职能时，信用就产生了。这句话中无疑包含着这样一层意思，即信用产生于货币之后。然而，从现有的资料来看，很难说明二者谁先谁后，从逻辑上也很难推导出谁成为谁的前提条件。不可否认的是信用与货币自古以来就存在着紧密的联系，二者都以私有经济的存在与发展为前提。一般认为，信用的产生必须具备两方面的条件：

首先，信用是在商品货币经济发展的基础上产生的。随着商品生产和交换的发展，在商品流通过程中便会产生出一些矛盾。商品生产过程有长短之分，销售市场有远近之别，这些都给商品价值的实现带来了困难，造成有的商品生产者出售商品时，其买者因自己的商品尚未卖出而无钱购买。为了使社会再生产能够继续进行下去，在销售商品时就不能再坚持现金交易，而必须实行赊销，即延期支付，于是，商品的让渡和其价值实现在时间上就分离了。这样，买卖双方除了商品交换关系之外，又形成了一种债权、债务关系，即信用关系。

其次，信用只有在货币的支付手段职能存在的条件下才能发生。当赊销到期、支付货款时，货币不是充当流通手段，而是充当支付手段，这种支付是价值的单方面转移。由于货币拥有支付手段职能，所以，它能够在商品早已让渡之后独立地完成商品价值的实现；否则，赊销就不可能出现。

五、信用的发展

(一) 高利贷信用

1. 高利贷信用的产生和发展。高利贷信用是高利贷资本的运动形式，是人类历史上最早产生的信用形式。高利贷信用的最突出特征是贷款利息率特别高。高利贷信用最早出现于原始公社末期。第一次社会大分工促进了生产力水平的迅速提高和商品经济的发展并使原始公社内部出现了私有制和贫富之分。穷人缺乏必要的生产资料和生活资料，不得不向富人借贷，并被迫接受支付高额利息的要求，这样就产生了高利贷。高利贷最初是部分以实物形式出现的，随着商品货币关系的发展，货币借贷才逐渐成为高利贷的主要形式，并出现了专门从事货币借贷的高利贷者。

高利贷在奴隶社会和封建社会得到了广泛的发展。这是因为高利贷资本作为生息资本的特殊形式，是同小生产者即自耕农和小手工业者占优势的情况相适应的。小生产者拥有少量的财产作为借款的保证，同时他们的经济基础又十分薄弱，极不稳定，遇到天灾人祸就无法维持生计。为了获得购买手段，以换取必需的生产资料，他们不得不求助于高利贷。小生产者的广泛存在是高利贷信用存在和发展的经济基础。旧中国的高利贷十分活跃、名目繁多，华北盛行"驴打滚"，江浙一带有"印子钱"，广东则有"九扣十三归"。

除了小生产者之外，高利贷的需求者还包括一些奴隶主和封建主。奴隶主和封建主告贷是为了满足其奢侈的生活需要，如购买昂贵的装饰品、建造豪华的宫殿等。有时，他们还出于政治上的需要而告贷，如豢养军队、进行战争等。这些大量的货币支出往往无法通过租税收入得到满足，于是，便不得不向高利贷者求贷，这也促进了前资本主义社会高利贷信用的发展。

2. 高利贷信用的本质。高利贷者大多是商人，特别是掌握着大量货币的货币经营者；还有各种宗教组织，如寺院、庙宇、教堂和修道院等，往往也积聚着大量的货币资财，其主要来源是善男信女们的布施和富有者委托保管的财产，这些宗教组织常常通过发放高利贷敛财；此外，一部分封建地主和富农也向贫苦农民发放高利贷。高利贷的年利息率一般在30%以上，100%～200%的年利息率也是常见的。高利贷的利息率之所以高，是因为两个原因：一是借款人的借款大多不是用于追加资本、获取利润，而是为了取得购买手段和支付手段；二是在自然经济占统治地位、商品货币经济不发达的情况下，人们不容易获得货币，而人们对货币的需求又大，这就为高利贷的形成创造了条件。

当我们用高利贷这个词泛指前资本主义社会中的信用关系时，它应包括这样几重含义：

——那时的经济条件决定了它的利率普遍高于现代社会中占主导地位的利率。

——它是高利盘剥的手段，成为摧残再生产的消极力量。

——同时，它也是经济中的必要因素，对于保持农业再生产、发展商业均有积极作用。

(二) 资产阶级反高利贷的斗争

在资本主义经济开始发展的阶段，资本家需要货币资本支持其发展，而极高的利率水平是资本家不能承担的。因此，反对高利率曾是新兴资产阶级为发展自己的事业而斗争的一项重要内容。

这种斗争并不是纯粹反对借贷关系，而是要使借贷关系服从资本主义发展的需要，其焦点就是要使利率降到资本所能获得的利润率水平之下。这种斗争最初表现为企图以法律来限制利率。例如，英国 1545 年的法案规定最高年利率为 10%，1624 年降到 8%，1651 年为 6%，1714 年又把上限降到 5%。

在前资本主义社会经济条件下，任何降低利率的法令只能一时一地起些作用，而真正动摇其垄断根基的，则是资本主义自身发展所创造的条件。一方面，这是商品货币关系的极大扩展，在经济生活中，各种经济行为主体都会或此时或彼时、或多或少有闲置的货币，从而必然形成大量的货币资本供给。另一方面，迅速增长的货币需求也由于信用关系的发展、不断创造出信用流通工具来替代金属货币，从而得到满足。这就为利率从属于资本主义的需要提供了基础。

但是，高利率在丧失了垄断地位之后并未消失。一国之中某些经济落后的领域、经济发展落后的国度等，仍然有高利贷的活动地盘，甚至在发达的工业化国家中，在今天，"敲骨吸髓"的高利贷以暴力逼债和逼死债务人的事件仍时有所闻。

（三）现代经济是信用经济

现代金融业正是信用关系发展的产物。在市场经济发展初期，市场行为的主体大多以延期付款的形式相互提供信用，即商业信用；在市场经济较发达时期，随着现代银行的出现和发展，银行信用逐步取代了商业信用，成为现代经济活动中最重要的信用形式。总之，信用交易和信用制度是随着商品货币经济的不断发展而建立起来的；进而，信用交易的产生和信用制度的建立促进了商品交换和金融工具的发展；最终，现代市场经济发展成为建立在错综复杂的信用关系之上的信用经济。现代经济是信用经济，具体可以从四方面来把握。

1. 现代经济的社会化大生产的要求。现代经济是一种具有扩张性质的经济，需要去扩大生产规模、更新设备，推动生产。巨额资金的筹集主要是通过负债形式，需要借助各种信用形式来实现，这种扩张性经济的内在特点必然决定其对信用的要求。

2. 现代经济中最基本、最普遍的经济关系是债权债务关系。经济活动中的每一个部门、每一个环节都渗透着债权债务关系。经济越发展，债权债务关系越紧密，越成为经济正常运转的必要条件。从信用关系中的各部门来看，信用关系中的个人、企业、政府、金融机构、国际收支这些部门的任何经济活动都离不开信用关系。其表现在：个人通过在银行储蓄或取得消费贷款与银行形成了信用关系，个人购买国债、企业债券与政府、企业形成了债权债务关系；企业在信用关系中既是货币资金的主要供给者，又是货币资金的主要需求者；政府通过举债、放贷形成与居民、企业、金融机构或其他机构之间的信用关系；金融机构作为信用中介从社会各方面吸收和积聚资金，同时通过贷款等活动将其运用出去；国际收支的顺差、逆差的调节也离不开信用。这说明信用关系已成为现代经济中最基本、最普遍的经济关系。

3. 现代经济中的交易媒介是信用货币和各种信用工具。信用货币是最基本的货币形式。各种经济活动形成各种各样的货币收支，而这些货币收支最终都是银行的资产和负债，都体现了银行与其他经济部门之间的信用关系。同时，各种信用工具成为现代经济发展的投融资媒介，渗透在经济的方方面面，已成为现代经济不可或缺的重要构成内容。

4. 现代信用可以推动经济的增长。一方面，通过信用动员闲置资金，将消费资金转化为生产资金，直接投入生产领域，扩大社会投资规模，增加社会就业机会，增加社会产出，促进经济增长；另一方面，信用可以创造和扩大消费，通过消费的增长刺激生产扩大和产出增加，也能起到促进经济增长的作用。此外，信用为股份公司的建立和发展创造了条件，同时，信用聚集资本，扩大投资规模的作用通过股份公司的形式也得到了充分发挥。

与之并行，现代经济的波动性和风险积聚与信用也密不可分。信用对经济的消极作用主要表现在信用风险和经济泡沫的出现。信用风险是指债务人无法按照承诺偿还债权人本息的风险。在现代社会，信用关系已经成为最普遍、最基本的经济关系，社会各个主体之间债权债务交错，形成了错综复杂的债权债务链条，一旦这个链条上有一个环节断裂，就会引发连锁反应，对整个社会的信用联系造成很大的危害。经济泡沫是指某种资产或商品的价格大大地偏离其基本价值。经济泡沫的开始是资产或商品的价格暴涨，价格暴涨是供求不均衡的结果，即这些资产或商品的需求急剧膨胀，极大地超出了供给，而信用对膨胀的需求给予了现实的购买和支付能力的支撑，使经济泡沫的出现成为可能。

📖 小资料

厉以宁：信用"崩盘"是一场没有赢家的赌博

著名经济学家厉以宁在北京举办的"中国信用经济论坛"上指出，信用是经济生活中对交易者合法权益的尊重与维护。在市场经济中，骗了所有人的后果是被所有人骗了，没有赢者可言。

厉以宁指出，信用体系的崩溃与瓦解将对经济生活造成巨大的损害，对社会生活带来灾难性后果。对经济学中最难回答的"公平"问题，其最合理的认定来自社会认同，而认同感的培育是建立在互信的基础上的。缺乏认同感的社会对经济的破坏是不可估量的，而效率最大化作为经济行为的终极目标，其超常实现的基础在于道德，其核心正是诚信。因此倡导诚信，惩治背信，重建信用道德规范与建设信用法律体系，已是刻不容缓的问题。

著名经济法学家江平强调，我国现今的信用状况可用"危机"二字形容当不为过。信用与风险成反比。市场信用暂时混乱与随之带来的风险并不可怕，可怕的是这种风险过大，这个阶段过长。因此在信用立法上要体现三个原则：一是信用要作为一种资格与能力，成为进入市场的入场券；二是信用要构成一种资本与财富，发挥商誉的品牌效应；三是信用也应成为社会公众可以共享的信息资讯，发挥社会的监督舆论作用。江平同时不无担忧地指出，这三者的执行评估机构本身如果再不讲信用，那可就更加危险了。

（资料来源：2001年9月厉以宁在北京举办的"中国信用经济论坛"上的讲话）

第二节　信用形式

【节前引例】

从房屋按揭贷款被拒谈起

市民郝小姐在一家银行申请房屋按揭贷款时被拒绝了，银行工作人员说她的信用报告上

金融学基础

有不良记录，所以不能发放贷款。郝小姐赶忙来到人民银行查了信用报告，但发现上面并没有什么信息标着"不良"，郝小姐很疑惑为什么银行说她的信用不良？

郝小姐向人民银行工作人员咨询，工作人员告诉她，个人信用报告是客观记录个人信用活动的文件，并不对信用优劣作评价。人民银行征信中心以客观、中立的原则对采集到的信息进行汇总、整合，既不制造信息，也不对个人的信用行为进行评判，所以在信用报告中不会出现"良"或"不良"的字样。比如，某人有一笔贷款逾期几天未还，信用报告中将记载为这笔贷款逾期（主要体现在"当前逾期期数""当前逾期总额""24 个月还款状态""逾期 31~60 天未归还贷款本金"等项目），而不会记载有"此人逾期还款，记录不良"等字样，所以在信用报告中是找不到所谓的"不良记录"的。

在个人申请贷款时银行的工作人员可能会说"因为你有不良记录，所以不能贷"，这实际上是银行工作人员根据信用报告中的客观历史记录，如"24 个月还款状态"栏记载着您曾连续 3 个月出现逾期还款现象，如"累计逾期次数"栏记载着您曾累计 5 次逾期还款等，按照该行的信贷政策、审核标准等对申请人的信用状况作出的判断。各银行的判断标准不尽相同，对同一个人的信用状况可能作出不同的评判。

请思考：住房按揭是一种什么形式的信用？郝小姐贷款为何被拒？郝小姐的不良贷款记录还有可能是哪些其他的信用形式引起的？引用形式到底有哪些？

随着商品货币经济的发展，信用形式日趋多样化。信用形式是信用关系的具体体现。信用按照不同的标准可以进行不同分类。以信用的期限为标准，信用可以分为即期信用、短期信用和长期信用。以有无抵押为标准，信用可分为担保信用和无担保信用。以信用的主体标准，信用可以分为商业信用、银行信用、国家信用和个人信用。本节主要从信用的主体标准分类介绍各种信用形式。

一、商业信用

1. 商业信用及其特点。商业信用是指企业之间相互提供的、与商品交易相联系的信用。其具体形式有赊销商品、分期付款、委托代销、预付定金、预付货款等，归纳起来主要有赊销和预付两大类，其中赊销是商业信用的典型形式。

商业信用具有以下特点：（1）商业信用的参与主体是各种类型的企业，即债权人和债务人都是企业。商业信用是以商品形式提供的信用，不仅债务人是从事商品生产或流通的企业，债权人也必须是从事商品生产或流通的企业。（2）商业信用发生在商品流通过程之中，直接服务于商品生产和流通。商业信用是在企业购销活动中发生的一种信用形式。在当今社会化大生产过程中，各个企业生产经营活动的联系更加紧密，相互依赖的程度更深。对于企业来说，商品销售是重要一环，但购贷方常常没有足够的资金从而无力支付货款。在这种情况下，销货方可以采用赊销的方式向购货方提供商业信用实现销售，购货方按双方约定的期限及利息补偿进行还款，结果是双赢，应当说，商业信用润滑、加速了商品生产和流通的过程，有利于促进经济增长。（3）商业信用是买卖行为和借贷行为的统一，商业信用是企业之间以商品形态提供的信用，在这一过程中包含着两个同时发生的经济行为——买卖行为和借贷行为。授信企业与受信企业之间既是借贷关系，又是买卖关系，借贷行为是建立在商品买卖基础上的，没有商品买卖，就不存在商业信用。

2. 商业信用的局限。商业信用虽然在促成买卖双方成交、润滑整个生产流通过程、促进经济等方面有明显作用而被广泛应用于商品推销和国际贸易领域，但其局限性也不应忽视。

商业信用的局限性主要表现在：（1）商业信用的规模受到授信企业所拥有的货物与资金数量的限制。（2）商业信用在授信方向上受到限制。一般情况下，只能是生产企业向商业企业、批发企业向零售企业、上游企业向下游企业等提供信用，而不能相反。（3）商业信用范围受到限制。商业信用只适用于有经济业务联系的企业之间相互提供，这样就限制了商业信用适用范围。（4）商业信用的期限受到限制。商业信用提供的主体是工商企业，工商企业的生产和经营要循环往复地进行下去，其资金就不能长期被他人占用，否则，就有可能使生产中断。因此，商业信用只能解决短期资金通融的需要。（5）增加了政府宏观调控的难度。商业信用是企业间自发分散地进行的，国家难以直接控制和掌握它的规模和发展方向，当货币政策当局估计不足时，易造成过多的货币投放，引起通货膨胀；而当货币政策当局估计过高时，易造成货币投放不足，引起通货紧缩。

📒 小资料

中美信用制度和信用文化比较

美国人把信用风险视为可以打包并买卖的有价值的商品。信用评级公司、金融担保机构及许多相关专业公司都成了信用链条上的关键环节。

在美国，信用是作为商品在市场上大量生产、大量销售的，把与信用有关的信息加工成信用产品，卖给需求者，使正面信用积累成为扩大信用交易的动力，负面信息传播成为约束失信人的震慑力，从而形成市场经济运行机制的重要组成部分，也使人们的信用理念发生着历史性演化。

1. 贷款消费与信用。19世纪以来，美国社会首先在借贷理念和消费理念上发生了根本变化。借款人或借债人将自己视为足够聪明、有足够技巧运用财务杠杆工具的人，运用财务杠杆是值得骄傲的事情。美国从19世纪中叶，就以分月付款形式销售钢琴、缝纫机等商品；从1910年起，开始分月付款销售汽车，加速了消费信用的发展。而到目前，消费信贷已成了美国人的基本消费方式。据统计，美国已经连续几年出现居民零储蓄现象，消费需求成了拉动美国经济的决定性力量。信用风险的理念发生了根本变化。传统上，贷方总是将信用风险当作一种成本，一种需要防范的风险，而且往往为此放弃信用交易。然而今天，信用及其风险可以重新出售。他们把信用风险视为可以打包并买卖的、有价值的商品。信用评级公司、金融担保机构及许多相关专业公司都成了信用链条上的关键环节。

其次是破产的理念发生了根本变化。过去破产被视为一件令人耻辱的事情，它意味着事业的终止。然而现在美国人普遍认为，破产是一种合理的战略选择。

我国很多人对信用的理解仍停留在传统的道德范畴上，认为信用是衡量个人品德的道德标准。由于我国正处于市场经济转轨时期，人们的借贷理念、消费理念、信用风险理念、破产理念等与信用制度关联度极强的理念，还带有明显的计划经济色彩。消费信贷还没有成为人们的普遍行为，借贷消费还未被广泛接受，我国的储蓄率一直保持在37%～42%之间，消费需求对GDP的贡献率比美国低20多个百分点，对国民经济的拉动作用还远远不够。而且人们为了防范市场风险，习惯于现金交易，信用交易的规模还很小。而在现代市场条件下，信用属于市场经济范畴，信用产品是具有价值和使用价值的特殊商品。现代信用制度催生出崭新的信用理念，崭新的信用理念催生出对信用产品的即期需求和潜在需求，对信用产品日益增长的需求催生出整个社会对失信者的鄙弃和惩戒，整个社会形成的公众信用态度催生出信用交易的秩序，信用交易规范的市场秩序催生出新的市场体系和现代营销方式。如果一个国家进行的实物交易都存在大量假冒伪劣行为，商业欺诈防不胜防，如果因为信用危机转而采用现金交易，市场的规模如何通过信用交易来不断拓展呢？资本周转怎么能不缓慢呢？市场经济又如何从低级形态走向高级形态呢？

2. 美国的信息公开透明。美国国会"减少并保护政府秘密委员会"认为，只有减少了政府秘密的数量，才能有效保护政府的真正秘密。美国信息公开有三个鲜明特点：

（1）立法保证信息公开。美国的《信息自由法》《联邦咨询委员会法》《阳光下的联邦政府法》《美国国家安全法》《隐私权法》《统一商业秘密法》《公平信用报告法》《就接触秘密信息而进行背景调查的调查标准》等大量法律，在保证与信用信息有关的信息披露公开、透明的同时，重点在法律上界定好三个关系：划清信息公开和保护国家秘密的关系；划清信息公开和保护企业商业秘密的关系；划清信息公开和保护消费者个人隐私权的关系。信用服务企业在法律规定的框架下，可以合法地获得大量信用信息，并把它制作成信用产品。

（2）有偿开放政府基础数据，公平地支持数据库增值服务。对于不向整个社会公开的某些基础数据，提供给信用服务公司时政府要收取一定费用，信用服务公司则就此建立其他行业无法比拟的商业数据库。对数据库的处理，即通过筛选、加工生产信用产品使信息增值，是信用服务公司的核心竞争力。美国向信用服务公司提供的政府信息主要有：工商注册、税收、统计、法院、商务活动、FDA 提供的药品与食品等方面的数据资料。

（3）可以多渠道收集与信用有关的信息。在美国，除了政务信息外，公共事业、行业组织、企业和消费者个人信息对信用服务公司都是开放的，只要不违背法律，都可以收集使用。信息的公开、透明和迅速，是支撑信用服务这个现代服务行业生存和发展的基础。

3. 我国在信息公开方面存在的问题。征信数据的开放和使用都缺乏法律上的明确界定。特别是对政务公开信息和国家秘密如何界定，对企业公开信息和商业秘密如何界定，对消费者公开信息和个人隐私如何界定，都没有法律规定，征信数据的收集和应用十分艰难。

政府政务信息没有得到有效的利用。与信用有关的大量信息目前分散在不同的政府部门，如工商、税务、外贸、海关、交通、银行、证券、保险、公安、法院、质检、药监、环保等方面的信息和数据，目前90%以上集中在政府，政府部门之间的信息和数据既不流动也不公开，大量有价值的信息资源被闲置和浪费。

企业和消费者的信息公开尚未开始。我国还未建立个人财产申报制度，个人及家庭的收入状况不透明，缺乏对消费者进行信用记录的基础数据。要建立符合市场经济要求的现代信用制度，对我国来说，当务之急是如何实行信息公开。

二、银行信用

1. 银行信用及其特点。银行信用是银行等金融机构以货币形式向其他经济个体（企业、单位、个人）提供的信用。其表现形式主要是银行吸收存款和银行发放贷款。银行信用是在商业信用基础之上发展起来的一种更高层次的信用，它和商业信用共同构成了经济社会信用体系的主体。

银行信用具有以下特点：（1）银行信用是以货币形式提供的，具有灵活性。银行信用的借贷对象是货币，银行将分散的小额货币以存款等方式聚积成巨额的信贷资金，再以贷款等方式提供给资金短缺的企业、单位和个人，它不受方向、使用范围及数量的限制，具有范围广、规模大、灵活性强的特点。（2）银行信用具有间接性。银行的主要业务是存贷款业务，银行一方面以债务人的身份从社会上广泛吸收存款，一方面又以债权人的身份通过存款聚集的资金向企业、单位和个人贷放，从而成为社会的信用中介。（3）银行信用具有广泛的可接受性。银行等金融机构具有很高的社会信用声誉，债务凭证具有广泛的可接受性，因而银行信用对经济发展具有更大的促进作用。（4）银行信用具有创造货币的功能。任何经济单位都必须先获得商品或货币，然后才能提供信用，唯有银行不仅能从社会上吸收存款，而且还可以派生存款，创造自身的资金来源。

2. 银行信用的地位与作用。银行信用是商业信用发展到一定阶段后产生的，它克服了商业信用的局限性，具有规模大、成本低、风险小的优势；银行作为专门的信用中介机构，具有较强的专业能力来识别与防范风险；银行不仅能提供信用，而且能够创造信用，对商品经济的发展有巨大的推动作用。就我国目前的信用体系而言，银行信用是主体，居于核心地位，其他信用形式都不同程度地依赖银行信用。

小资料

银行信用与商业信用的关系如何

二者是一种互为条件、相互支持、相互促进的伙伴关系。一方面，银行信用是在商业信用的基础上产生和发展起来的，而且商业信用票据化以后，以商业票据为担保的贷款或商业票据贴现业务，比单纯的信用贷款业务风险要小一些，有利于银行进行风险管理。另一方面，商业信用的发展依赖银行信用的支持。如果没有银行信用的支持，商业信用的授信方就会在授与不授、期限长短上有较多的顾虑，而有了银行信用的支持，授信方就可以解除后顾之忧。

银行信用等级的划分、符号及含义

（1）银行间债券市场长期债券信用等级划分为三等九级，符号表示分别为：AAA、AA、A、BBB、BB、B、CCC、CC、C。其等级含义如下：

AAA 级：偿还债务的能力极强，基本不受不利经济环境的影响，违约风险极低。

AA 级：偿还债务的能力很强，受不利经济环境的影响不大，违约风险很低。

A 级：偿还债务能力较强，较易受不利经济环境的影响，违约风险较低。

BBB 级：偿还债务能力一般，受不利经济环境影响较大，违约风险一般。

BB 级：偿还债务能力较弱，受不利经济环境影响很大，有较高违约风险。

B 级：偿还债务的能力较大地依赖于良好的经济环境，违约风险很高。

CCC 级：偿还债务的能力极度依赖于良好的经济环境，违约风险极高。

CC 级：在破产或重组时可获得保护较小，基本不能保证偿还债务。

C 级：不能偿还债务。

除 AAA 级，CCC 级以下等级外，每一个信用等级可用"＋""－"符号进行微调，表示略高或略低于本等级。

（2）银行间债券市场短期债券信用等级划分为四等六级，符号表示分别为：A－1、A－2、A－3、B、C、D。其等级含义如下：

A－1 级：为最高级短期债券，其还本付息能力最强，安全性最高。

A－2 级：还本付息能力较强，安全性较高。

A－3 级：还本付息能力一般，安全性易受不良环境变化的影响。

B 级：还本付息能力较低，有一定的违约风险。

C 级：还本付息能力很低，违约风险较高。

D 级：不能按期还本付息。

三、国家信用

1. 国家信用及其形式。国家信用是指以国家及其附属机构作为债务人或债权人、依据信用原则向社会公众和国外政府举债或向债务国放债的一种形式。

在现代社会中，国家信用主要表现为国家作为债务人的负债行为，若债权人是国内的企业单位、公民，则为国内信用，也叫作国家的内债；若债权人是国外政府、企业、公民，则为国际信用，也叫作国家的外债。国内信用是其主要的构成部分。

国家信用就其内债而言，形式主要有以下几种：

（1）公债，是国家信用的主要形式。所谓公债，是指政府将债券出售给债权人以获得货币，债权人或债券的持有人则凭债券到期获得本金和利息收入。在西方国家，公债的认购对象主要是银行、保险公司、股份公司及个人。

（2）国库券，即政府为解决短期内支出需要而发行的期限在一年以下的短期债券。当然，我国中央政府目前既发行短期的国库券，又发行长期的国库券，即不论期限长短都以国库券为名。

（3）国家信用就其外债而言，形式主要有：①国际债券，即政府委托金融机构在国际资本市场发行的以外币标明面值的债券，目的是筹措中长期外汇资金。②政府借款，即一国政府向其他国家政府、国际金融机构、国外商业银行等借款。

2. 国家信用的作用。国家信用在现代经济生活中起着积极的作用：（1）国家信用是弥补财政赤字、解决政府困难的较好途径。财政赤字的出现是各国经济运行过程中的常态。解决财政赤字的途径有三种，即增加税收、向中央银行借款和向社会举债。增加税收不仅要经过严格的立法程序，而且容易引起公众不满、抑制投资和消费；向中央银行借款或透支将直接导致货币供给增加，容易引发通货膨胀，况且大多国家的中央银行法禁止政府从银行透支；政府向社会举债，只是部分社会资金使用权由非政府部门转移到政府部门，有借有还，有经济补偿，一般不会产生副作用。因此发行国债弥补财政赤字成为当今各国的通行做法。（2）国家信用是政府实施宏观调控的重要手段。一方面，政府可以利用国家信用调节社会总需求，如在经济增长的滞缓阶段，通过增发国债及投资，增加并带动社会投资需求乃至消费需求的扩大，从而拉动经济增长；另一方面，政府可以利用国家信用调节投资方向，如政府将长期国债收入投资于市场不愿配置资源的一些投资大、周期长、利润回报率低、风险大的基础性产业，通过优化投资结构达到优化经济结构的目的。

案例 2-1

我国的国家信用

由于资本主义生产方式的发展在我国起步较晚，在欧洲出现公债的几个世纪以后，清政府才于 1849 年首次发行公债，此后北洋军阀政府和国民党政府也先后多次发行公债。在新民主主义革命时期，中国共产党领导的红色政权也曾多次发行过公债。新中国成立后，我国国债的发展几经风雨，大体上可以划分为四个阶段，见表 2-1。

表 2-1　　　　　　　　　　　　　　　我国国债的发展

阶段	时间	债券名称	说明
第一阶段	1950 年	人民胜利折实公债	为恢复和发展国民经济、解决财政困难而发行
第二阶段	1954～1958 年	国家经济建设公债	为了满足第一个五年计划建设和资金需要，连续五年发行国家经济建设公债，共 35.44 亿元
第三阶段	1959～1980 年		受"左"的思想的影响，这一阶段政府停止了国债发行，把"既无内债，又无外债"当作社会主义制度的优越性
第四阶段	1981 年至今	国库券、经济建设债券、保值国债、特种国债等	1981～2011 年连续 31 年发行了国库券等政府债券，截至 2010 年底，我国国债余额为 7.12 万亿元

四、个人信用

1. 个人信用及其形式。个人信用指的是基于信任、通过一定的协议或契约提供给自然人（及其家庭）的信用，使接受信用的个人不用付现就可以获得商品或服务，它不仅包括用于个人或家庭消费用途的信用交易，也包括用于个人投资、创业以及生产经营的信用。个人信用制度则是关于个人信用交易的规则体系。

个人信用可以表现为个人消费信用和个人经营信用两种形式。个人消费信用是指个人以赊账方式向商业企业购买商品，包括金融机构向个人提供的消费信贷。个人消费信用的对象主要是耐用消费品，如房屋、汽车、家具、电器等，甚至包括教育、医疗及各种劳务。个人经营信用是企业信用的人格化和具体化，是企业信用关系在经营者个人身上的集中反映。

2. 个人信用的作用。个人信用制度要发挥作用需要两个支点：完善的个人信用调查机制和规范的个人资信评估机制。个人信用调查是开展个人信用业务活动的基础。个人资信档案的资料来源于两个方面：一方面是借款人向银行申请贷款时提交的贷款申请表，包括贷款历史、居住状况、收入情况、婚姻状况等方面的信息；另一方面是信用管理的专门机构提供的与借款人信用有关的资料，包括未偿还债务记录、信用卡透支状况、在其他金融机构的贷款记录等。其中居民应用量最大的信用卡资料是极为重要和全面的。

而对个人消费信贷进行评估是个人资信档案的应用和深化，也是消费者获得银行贷款的必经步骤。在国外，银行一般采取主观判断法和信用评分的数量分析法。数量分析法是在一个信用评分的模式上对贷款申请划分等级进行评分。在实际操作中，主观判断法和数量分析法通常相互结合运用，互为补充。其中数量分析法中最重要的是对"支付能力"的评定。"支付能力"指两个方面：一是收入，主要是指稳定的足够的收入来源，包括专职工作收入、兼职工作收入、投资收入等，这是个人信用评定的基础；二是现金流量，即支出与收入的比率，个人支出包括其他未付账款的月平均额、房租、赡养费、抚养费等，这些月支出的总和与月收入的总和比率在40%以下，则认为借款者有足够的能力偿还贷款。

本章小结

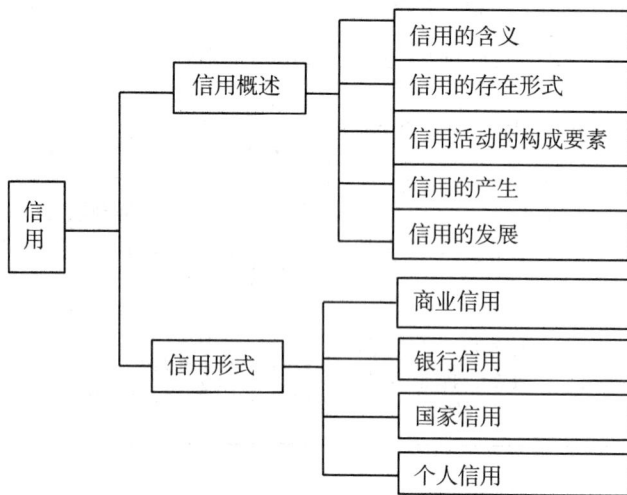

复习思考题

一、单项选择题

1. 信用活动中，货币主要执行（   ）。
   A. 价值尺度职能　　　　　　　　　B. 支付手段职能
   C. 流通手段职能　　　　　　　　　D. 贮藏手段职能
2. 商业信用最典型的做法是（   ）。
   A. 商品批发　　　B. 商品代销　　　C. 商品零售　　　D. 商品赊销
3. 国家信用的主要形式是（   ）。
   A. 发行政府债券　　　　　　　　　B. 短期借款
   C. 长期借款　　　　　　　　　　　D. 征税
4. 利用信用卡透支属于（   ）。
   A. 商业信用　　　B. 银行信用　　　C. 国家信用　　　D. 消费信用
5. 工商企业间在销售商品时由购货企业向销货企业支付的预付款是（   ）性质。
   A. 民间信用　　　B. 银行信用　　　C. 商业信用　　　D. 消费信用

6. （　　）是指工商企业、银行和其他金融机构向消费者个人提供的、用于其消费支出的一种信用形式。

    A. 银行信用　　　　　B. 商业信用　　　　　C. 国家信用　　　　　D. 消费信用

7. 下列关于银行信用和商业信用关系的表述中，错误的是（　　）。

    A. 银行信用克服了商业信用的局限性

    B. 银行信用的出现进一步促进了商业信用的发展

    C. 银行信用在商业信用广泛发展的基础上产生而来

    D. 商业信用在银行信用广泛发展的基础上产生而来

8. （　　）是指以政府作为债权人或债务人的信用。

    A. 银行信用　　　　　B. 商业信用　　　　　C. 国家信用　　　　　D. 消费信用

二、多项选择题

1. 下列属于银行信用的是（　　）。

    A. 银行吸收个人存款　　　　　　B. 银行购买国债

    C. 银行发行信用卡　　　　　　　D. 银行给企业发放贷款

    E. 银行代理收费

2. 下列属于国家信用的是（　　）。

    A. 政府发行债券　　　　　　　　B. 政府从他国政府借款

    C. 政府从国际金融机构借款　　　D. 政府降低税率

    E. 政府向贫困地区增加拨款

3. 银行信用和商业信用的关系是（　　）。

    A. 银行信用在商业信用广泛发展的基础上产生而来

    B. 银行信用克服了商业信用的局限性

    C. 两者完全独立

    D. 银行信用的出现进一步促进了商业信用的发展

    E. 商业信用在银行信用广泛发展的基础上产生而来

4. 目前国家信用的工具主要包括（　　）。

    A. 中央政府债券　　　　　　　　B. 地方政府债券

    C. 金融债券　　　　　　　　　　D. 政府担保债券

    E. 商业票据

三、问答题

1. 国家信用与银行信用关系如何？

2. 简述信用在现代市场经济运行中的作用。

3. 简述商业信用的特点、作用及局限性。

4. 简述银行信用与商业信用的区别和联系。

5. 简述信用的产生和发展。

四、案例分析

1. 充分运用各种信用形式为企业投资服务。

某外向型企业2009年进行了如下筹资、投资活动：（1）向银行借款550万元用于办公设备更新。（2）以分期付款的方式从国内某企业购进 200 万元的原材料。（3）经审批发行期限为 3 年的企业债券，共筹资 3000 万元。（4）向内部职工集资 1000 万元。（5）以延长付款的方式出口货物一批，合同金额为 1000 万元，同时获得我国进出口银行信贷支持 1500 万元。（6）从某发达国家进口材料一批，并商定以产成品偿还。（7）购买了某股份有限公司发行的可转债券 220 万元。（8）购买了当年发行的记账式国债 500 万元。（9）年底在银行存入 3 个月的定期存款 600 万元以备来年之需。此外，该企业还进行了增持某上市公司股份的运作。问：该企业以上投融资活动涉及哪些信用形式？

2. 关于国家助学贷款发展问题的思考。

国家助学贷款是以帮助学校中经济确实困难的学生支付在校期间的学费和日常生活费为目的，运用金融手段支持教育，资助经济困难学生完成学业的重要形式。

中国工商银行、中国农业银行、中国建设银行、中国银行及其下属各基层分行，具体办理审核、发放、回收等项工作。高等院校中经济困难的全日制本、专科学生和研究生，可向上述银行申请国家助学贷款，不用提供担保，一人每年贷款金额不超过 6000 元。其利率按同期贷款利率执行，财政部门贴息 50%。学生所借贷款本息必须在毕业后 4 年内还清。

1999 年，国家助学贷款制度先在北京、上海等 8 个城市进行了试点，2000 年起，在全国范围内全面推行。

从教育部获得的最新数据表明，到 2008 年 3 月底，全国已经获得贷款的学生是 85.5 万人，已经发放的贷款金额是 69.5 亿元，实际获批的人数和金额都没有超过申请总量的 50%。据报道，不少高校毕业生此项贷款的违约率超过了 20%，有的高校甚至达到 30% ~ 40%。一般来说，只有当违约率不超过 4%，银行才能不赔本。因此，部分高校的助学贷款已经暂停。没有停办这项业务的一些商业银行也明确表示，这项贷款风险大、成本高，准备大规模收缩。据粗略统计，列入银行黑名单的高校有 100 多所，约占全国高校总数的 10%。

概括而言，国家助学贷款在目前运行中存在以下问题：

（1）额度有限，僧多粥少，地区满足度不平衡。

（2）助学贷款绝对数量加大，政府的贴息具有扩张的趋势，银行贷款风险也有加大的趋势。

（3）政策性贷款商业化运作，舆论宣传强，实践操作弱。

国家助学贷款发展缓慢的原因：

银行方面：其一，因为借款人还款能力的不确定性以及没有相应的抵押物，所以银行潜在损失的风险巨大，缺少相应的管理经验及风险分散机制。其二，收益低成本高。正是由于这些原因，国有商业银行在自主经营自负盈亏的情况下多有担忧。

学生方面：①少数学生恶意违约。②贷款的学生考上了研究生，没有做好还贷展期工作。③就业比较困难，工资水平比较低，心有余而力不足。④一些偶然因素，比如学生一时遗忘。

学校方面：学校不是借贷的主体，但在国家助学贷款发展还不完善的情况下，学校要承担学生违约的部分责任，鉴于此，学校在为学生和银行"牵线搭桥"的过程中多有顾虑。另外，一些高校领导对国家助学贷款重视不够，与银行合作不到位。

政府方面：鉴于各种原因，目前还没有探索出十分完善的方法来解决国家助学贷款的问题，制约了业务开展的进度。有关方面至今仍未依照文件规定，按时将贴息经费拨入专用账户，影响了银行的积极性。

社会方面：金融信用体系薄弱，这就决定了国家助学贷款发展的外部环境还很不成熟，客观上加大了助学贷款风险，抑制了金融机构开办助学贷款的热情。

思考题：作为大学生，你如何看待助学贷款的违约问题？应如何解决这一问题？（联系国家颁布的助学贷款规定）

实训项目
模拟信用交易

通过不同借贷交易的过程模拟，理解信用的本质和产生条件，总结信用交易的内容。

1. 同学分组。
2. 各组选定一种模拟借贷情境。
3. 各组情境设计及表演。
4. 各组总结借贷交易，分析其过程。
5. 理论总结信用概念和信用交易。
6. 将实训结果写在实训报告上。
7. 组织各小组汇报和讨论。

第三章

利息与利率

学习目标

知识目标

- 了解利息的来源，掌握利息的本质，熟悉利息的计算方法。
- 掌握利率的种类，利率在经济运行中的作用。
- 理解影响利率水平高低的各种因素。

能力目标

- 能够正确计算利息与利率。
- 能够分析利率在经济现象中的影响与作用。

【章前引例】

令人不可小觑的利率功能

362 年前，白人移民用 24 美元的物品，从印第安人手中买下了相当于现在曼哈顿的那块土地，现在这块土地值 281 亿美元，与本金差额整整有 11 亿倍之巨。如果把这 24 美元存进银行，以年利息 8 厘计算，今天的本息和就是 30 万亿美元，可以买下 1067 个曼哈顿；以年利息 6 厘计算，现值为 347 亿美元，可以买下 1.23 个曼哈顿。

利息与利率是金融学里的重要概念，也是调节经济的重要指标。本章的内容将从了解利息的本质入手，分析利息的作用、利率体系与利率的决定，继而引出利率的功能，同时本章还将介绍利息的计量，有助于深入了解利息与利率。

第一节 利息及其计量

【节前引例】

形形色色的利息

利息报酬理论。配第、洛克认为，利息是因暂时放弃货币的使用权（而给贷方带来不方便）而获得的报酬。

资本租金论。达德利·诺思提出，把放出货币所收取的利息看成是地主所收取的租金。

亚当·斯密提出了利息剩余价值说。他认为利息具有双重来源，其一，当借贷的资本用于生产时，利息来源于利润；其二，当借贷的资本用于消费时，利息来源于其他收入，如地租。

西尼尔认为，利息是资本家节欲行为（牺牲眼前的消费欲望）的补偿。

时差论。庞巴·维克认为，现在的物品的价值通常高于未来的同一类和同一数量的物品的价值（满足即期需要，已经控制在手，能投入生产创造利润），其间产生一个差额，利息就是来弥补整个价值差额的。

流动偏好论。凯恩斯认为，利息是在特定时期内，人们放弃货币周转灵活性的报酬。

请思考：你认为利息是什么？可以给出你自己的定义吗？利息怎么计算呢？

在上一章我们学习了信用，信用不仅具有偿还性，还具有付息性，因此，在信用活动中，必然要涉及利息和利率的问题。利率问题是金融市场最基本、最核心的问题之一，几乎所有的金融现象都与利率有着或多或少的联系。

一、利息及其实质

利息是借款人对货币使用所支付的报酬，它反映了有借有还的信用关系。利息来源于资本使用过程中的增值部分，即利润的一部分转化形式。当借贷资本转化成为资本商品时，利息便转化成为借贷资本的价格。按照利息的来源解释利息的本质，它是再生产过程中借贷资本家与职能资本家共同分割的利润，因此利息是剩余价值的转化形式。

在当代经济活动中，人们将放弃持有货币而投资于实物资产或证券，将其得到的收益看成是持有货币的机会成本。一个人今天持有的 1 元货币的价值与若干年之后所持有的 1 元货币的价值是不相等的，它高于若干年后的 1 元货币的价值，因为今天的 1 元货币用于投资会带来收益，如果你不投资而贷出同样能够带回一定的利息收入，这刚好证明货币的使用是有偿的。人们将未来的终值折算成现值，即未来的收入在今天的价值称之为对未来的贴现，于是我们得到一个基本概念：利息是货币的价格。

二、利息的作用

1. 利息是节约资金的杠杆。由于企业在生产和经营中使用银行贷款，使用得越多、期限越长，必然会增加利息负担。同理，在信贷资金量一定的情况下，利息率越高，借款企业的利息负担也越重。因此，利息是促进企业加强经济核算，节约资金的杠杆。企业借款实际上是把利息计入生产成本，在其他条件不变的情况下，利息负担重意味着成本高、利润少；反之，利息支付少，意味着借款企业使用银行贷款少或是借款期限短，成本必然降低，利润相应增加。这样，利息就促进企业提高劳动生产率，降低成本，提高利润水平。必须指出的是，利用利息杠杆调节经济的重要条件是资金供应者和资金需求者必须讲求经济利益，独立进行经济核算，自担风险，自负盈亏，只有这样才会注重利息的支出。否则，不进行经济核算，在资金上吃大锅饭，那么利息杠杆的调节作用就无法发挥，必然会造成银行供应资金的放任，企业使用贷款的浪费。

2. 利息是筹集资金的工具。银行通过信用方式动员资金的主要特征是有偿性和自愿性。人们之所以自愿将钱存入银行，是因为它的有偿性。有偿性的具体表现是支付利息。把暂时不用的闲置资金存入银行或购买有价证券与存放在本单位的小金库里或家庭的小箱子里是不同的。前者把钱存放银行或购买有价证券后，过一段时间货币能发生增值，而后者不但不能增值，而且可能随着通货膨胀的增加发生贬值。因此，通过信用方式动员筹集闲散资金具有一定的吸引力，其根本原因就在于支付利息，并且一般要求利息率要高于通货膨胀率，即实际利率应当大于名义利率与通货膨胀率之差。

3. 利息是国家调节宏观经济的手段。利息是国家管理宏观经济的重要杠杆。国家通过利率的调整实施紧缩或放松的货币政策，以达到调控经济的目的。中国在不同时期，针对当时的经济状况和政策目的要求，制定了不同的利息政策，针对不同地区的实际情况实行差别利率、优惠利率等政策，都对调节国民经济产生了重要的影响。随着银行体制的改革，中央银行在国民经济中的地位越来越重要，通过中央银行灵活地调整利率，利息的作用将得到更好的发挥。

4. 利息是金融企业实行经济核算的基础。金融企业是独立核算、自负盈亏的经济实体，经营金融资产和负债业务必须获取利润。否则，银行业务经营的积极性将受到打击。一般情况下，银行存款利率要低于贷款利率，存贷利率差形成银行业务收入。按照国家规定，银行收入中的一部分通过税收形式，上缴国家财政，形成国家积累资金，用于扩大再生产。因此，银行利息收入的多少，不仅关系到银行自身的发展，同时也是国家积累资金的重要渠道。

5. 利息是影响居民资产选择行为的基础。在中国，居民实际收入水平不断提高，储蓄率日益加大的条件下，出现了资产选择行为，金融工具的增多为居民的资产选择行为提供了客观依据，而利息收入则是居民资产选择行为的主要诱因。从中国目前的情况看，高储蓄率已成为中国经济的一大特征，这为经济高速增长提供了坚实的资金基础，而居民在利息收入诱因下的种种资产选择行为又为实现各项宏观调控政策作出了贡献。

三、利息的计量（货币时间价值）

（一）利息的计算制度

（1）单利制。用利息除以贷款额，所得即为单利率，通过这种计息方式利息不再生息，每期利息相等。

（2）复利制。将所得的利息作为新的本金继续计息，利息再生利息，逐期利息相等，这种计息方式是复利计息。

（二）终值和现值

（1）终值，又称将来值，是指现一定量资金在未来某一时点上的价值，俗称本利和。用字母 F 表示。

（2）现值，又称本金，是指未来某一时点上的一定量资金折合为现在的价值。用字母 P 表示。应该明确的问题是终值和现值在经济上是等价的。

（三）单利的终值和现值

1. 单利终值的计算公式。单利终值如图 3-1 所示。

$F1 = 100 + 100 \times 10\% = 100(1 + 1 \times 10\%)$

$F2 = 100 + 100 \times 10\% + 100 \times 10\% = 100(1 + 2 \times 10\%)$

$$F = P(1 + ni)$$

式中，F 是本利和；P 是本金；i 是利率；n 是计息时期数。

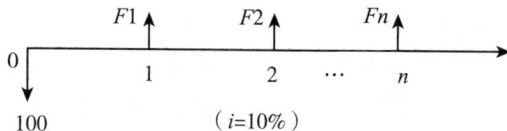

图 3 - 1　单利终值

2. 单利现值的计算公式。单利现值是单利终值的逆运算，其计算公式为：

$$P = F / (1 + ni)$$

单利的计算一般只运用于我国银行的计算。

（四）复利的终值和现值

1. 复利终值的计算。复利终值如图 3 - 2 所示。

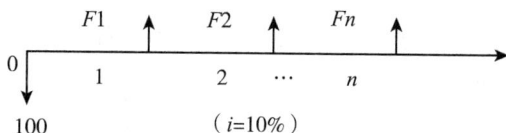

图 3 - 2　复利终值

$$F1 = 100 + 100 \times 10\% = 100(1 + 10\%)$$
$$F2 = 100 + 100 \times 10\% + (100 + 100 \times 10\%) \times 10\% = 100(1 + 10\%)^2$$

$$F = P(1 + i)^n$$

式中，$(1 + i)^n$ 是复利终值系数，记为 $(F/P, i, n)$。

例 3 - 1：某人将 10000 元投资于一项事业，年报酬率为 6%。要求：计算第 3 年末的期终金额为多少？

解：$F = 10000 \times (1 + 6\%)^3 = 10000 \times 1.1910 = 11910$（元）

2. 复利现值的计算。复利现值是复利终值的逆运算。

$$P = F / (1 + i)^n = F(1 + i)^{-n}$$

式中，$(1 + i)^{-n}$ 是复利现值系数，记为 $(P/F, i, n)$。

例 3 - 2：某人拟在 5 年后要取出 1000 元，假设银行存款利率为 10%，按复利计息。问：他现在应存入银行的本金为多少元？

解：$P = 1000 \times (1 + 10\%) - 5 = 1000 \times 0.621 = 621$（元）

📓 小资料

72 法则

金融学上有所谓的"72 法则""71 法则""70 法则"和"69.3 法则"，用于估计投资倍增或减半所需的时间，反映出的是复利的结果。其实所谓的"72 法则"就是以 1% 的复利来计息，经过 72 年以后，本金会变成原来的一倍。这个公式好用的地方在于它能以一推十，例如，利用 8% 年报酬率的投资工具，经过 9 年（72/8）本金就变成 1 倍；利用 12% 的投资工具，则要 6 年（72/12），就能让 1 元钱变成 2 元钱。

假设最初投资金额为 100 元，复息年利率为 9%，利用"72 法则"，将 72 除以 9，得 8，即需约 8 年时间，投资金额滚存至 200 元，而准确需时为 8.0432 年。要估计货币的购买力减半所需时间，可以把与所应用的法则相应的数字，除以通胀率。若通胀率为 3.5%，应用"70 法则"，每单位之货币的购买力减半的时间约为 70/3.5，即 20 年。

第二节　利率及其决定

【节前引例】

利率调整——格林斯潘的"魔杖"

1987 年 10 月 19 日，这一天对华尔街的投资人来说是"黑色的星期一"，道琼斯指数在 3 个小时内暴跌 22.6%，6 个半小时后股票市值缩水 5000 多亿美元，38 名富豪当天告别了《福布斯》富豪榜，亿万富翁亚瑟·凯恩在绝望中饮弹自尽。这一天，格林斯潘就任美联储（美国中央银行）主席刚满两个月。第二天早上，格林斯潘立刻采取行动，宣布降低联邦基金利率，随后，市场长期利率也随之下降。此后经过数个月的调整投资者逐步获得了金钱和信心，美国经济平稳地度过了一场经济泡沫破裂的浩劫。格林斯潘从此赢得了美国人民的信任。在此后的 18 年里，他把利率变成了一根神奇的"魔杖"，根据经济运行情况，适时、适度地调整利率，美国经济因此数次化险为夷，创造了连续 8 年低通胀、高增长、高就业的神话。

请思考：利率为什么会具有如此神奇的魔力？利率变化会如何影响我们日常生活？利率是由什么决定的呢？

一、利率体系

利率表示一定时期内的利息额与贷出的本金之比率。它反映了借贷资本或生息资本的增值程度，也是衡量利息水平高低的尺度。由于受到借贷资本供求的影响和利息来源的制约，在资本主义信用制度下，借贷资本的运动决定了利息率的高低，它被限定在大于零与小于平均利润率之间，因为利息不能超越贷款人使用借贷资本而获得的利润。

利率的分类方式有很多，这里只介绍几种主要的利率。

1. 根据利率体系的地位和作用，利率可划分为基准利率和非基准利率。基准利率是指在整个利率体系中处于关键地位、起决定作用的利率。它是带动和影响其他利率的利率，是决定利率政策和构成利率体系的中心环节，它的变动可预示利率体系的变动趋势，甚至在某种程度上影响人们的预期，具有告示效应。在西方发达国家往往将再贴现率作为基准利率，即央行向其借款银行收取的利率。目前，我国的基准利率是指由中国人民银行对商业银行的再贷款利率。随着货币政策工具的转换，中央银行的再贴现率将逐步成为我国利率体系中的基准利率。非基准利率是指基准利率以外的所有利率。它在利率体系中不处于关键地位、不起决定性作用。当然，在所有非基准利率中，它们各自的地位和作用也是有一定区别的。

2. 根据计息期的不同，利率可划分为年利率、月利率和日利率。年利率（%）是以年为单位计算利息，月利率（‰）是以月为单位计算利息，日利率（‰）是以天为单位计算利息。

它们三者之间的换算关系如下：

$$年利率 = 12 \times 月利率 = 360 \times 日利率$$

在我国，无论是年利率、月利率还是日利率，都习惯用"厘"做单位，如年息 2.25 厘是指 2.25%，月息 3 厘是指 3‰，日息 2 厘是指 2‰。

3. 根据借贷期内利率水平是否调整，利率可划分为固定利率和浮动利率。固定利率是指在整个借贷期限内都固定不变，不随市场利率变化而变化的利率。在贷款期限较短和预期市场利率变化不大的情况下，通常采用固定利率。但当贷款期限较长或市场利率变化较大时，很难预测利率变化趋势，借贷双方都可能要承担利率风险，因此，借贷双方通常都不愿意采用固定利率而喜欢采用浮动利率。浮动利率是指在借贷关系存续期内，可随市场变化定期进行调整的利率。采用浮动利率时，借款人在计算借款成本时要复杂一些，利息负担也不确定，但是，借贷双方承担的利率风险较小。

4. 根据利率是否按市场规律自由变动，利率可划分为市场利率、法定利率和公定利率。市场利率是指由借贷资金的供求关系所决定的利率。当资金供大于求时，市场利率下跌；供小于求时，市场利率上升。资金的供求均衡点决定了市场利率。法定利率是指由政府金融管理部门或者中央银行确定的利率。法定利率是货币管理当局根据宏观经济运行状况和国际收支状况等来决定的，是国家调节经济的重要杠杆。公定利率是由金融机构或行业公会、协会（如银行公会、银行业协会等）按协商的办法确定的利率。这种利率只对参加该公会或协会的金融机构有约束作用，而对其他金融机构则没有约束力。但是，公定利率对整个市场利率有重要影响。我国目前的利率基本上是法定利率。

5. 实际利率和名义利率。实际利率是指在物价不变，货币购买力不变条件下的利率，在通货膨胀情况下就是剔除通货膨胀因素后的利率。名义利率则是没有剔除通货膨胀因素的利率（借贷契约和有价值证券上载明的利率）。在出现通货膨胀时，名义利率提高了，但从实际购买力考察，利率实际上并没有增加或没有名义上增加的那么多。所以要得知实际利率的高低，必须先剔除通货膨胀的影响。

案例 3-1

生活中的负利率现象

所谓负利率，即物价指数（CPI）快速攀升，导致银行存款利率实际为负。银行存款利率还赶不上通货膨胀率就成了负利率。这时居民的银行存款随着时间的推移，购买力逐渐降低，看起来就好像在"缩水"一样，故被形象地称为负利率。在负利率的条件下，相对于储蓄，居民更愿意把自己拥有的财产通过各种其他理财渠道进行保值和增值，如购买股票、基金、外汇、黄金等。

实际利率 = 名义利率 – 通货膨胀率

负利率 = 银行利率 – 通货膨胀率(就是经常听到的 CPI 指数)

例如，2011 的 3 个月定期存款率是 2.85%，2011 年 4 月 CPI 为 5.4%。假设你在 2011 年初存入 1 万元的 3 个月定期，存款到期后，你获得的银行利息为：

$$10000 \times 2.85\% \times 90/360 = 285/4 = 71(元)$$

通货膨胀利息为：

$$10000 \times 5.4\% \times 90/360 = 540/4 = 135(元)$$

$$71 - 135 = -64(元)(值为负值，即为负利率)$$

也就是说 10000 元存在银行 3 个月，表面上增加了 71 元，实际上减少了 64 元。这样，你的 10000 元 3 个月定期存款，实际收益为 –64 元。

6. 根据存贷关系，利率可划分为存款利率和贷款利率。存款利率是指个人和单位在金融机构存款所获得的利息与其存款本金的比率。贷款利率是指金融机构向个人或单位发放贷款所收取的利息与其贷款本金的比率。银行等金融机构对个人和单位的存款要支付利息，对他们的贷款要收取利息。银行利用贷款获得的利息，支付存款的利息及其经营活动的费用，其二者之间的差额构成银行的利润。

7. 根据是否带有优惠性质，利率可划分为一般利率与优惠利率。优惠利率是指政府通过金融机构或金融机构本身对认为需要扶持或照顾的企业、行业所提供的低于一般利率水平的利率。我国目前的优惠利率主要是对老、少及边、穷地区发展经济的贷款，对重点行业的基本建设贷款以及出口贸易贷款等。一般利率则是指不带任何优惠性质的利率。

小资料

利率种类的交叉

各种类型的利率之间是相互交叉的。如果 3 年期的居民储蓄存款利率为 8.6%，则这一利率既是年利率，又是固定利率、长期利率与名义利率。各种利率之间以及内部都相互联系，彼此间保持相对结构，共同构成一个有机整体，从而形成一国的利率体系。

二、决定利率水平的一般因素

1. 社会平均利润率。利息是利润的一部分，平均利润率是决定利率的基本因素。平均利润率是指社会利润总额与社会实体投资总额的比率。在制定利率时，主要考虑企业的中等利润率水平，不能因少数企业利润低而降低利率，也不能按照少数高利润企业的水平而提高利率，而是要根据平均利润率制定利率。平均利润率越高，利率也就越高，但平均利润率是利率的最高量。利息率不能高于平均利润率，只能低于平均利润率，但是无论如何也不能低于零。所以利息率总是在平均利润率和零之间波动。

2. 资金供求状况。利率是资金使用权的"价格"。在成熟的市场经济条件下，利率水平主要是由资金的供求状况决定。当资金供不应求时，利率会上升；反之，利率会下降。利率水平的高低反映资金的供求关系，同时也调节资金供求关系，利率政策是调节资金供求的重要手段。我国是一个资金资源比较匮乏的发展中国家，金融机构的资金供给能力有限，企业的资金需求又缺乏自我约束，资金严重供不应求。在这种情况下，如果完全放开利率，必然导致利率较大幅度的增长，所以，目前我国的利率水平不能完全由资金供求状况决定，但在制定利率时必须考虑资金供求状况。随着我国经济体制改革的深入和利率市场化进程的推进，利率受资金供求状况的影响越来越大，利率对资金供求关系的调节作用也越来越明显。

3. 国家经济政策。国民经济是一个宏观运行的整体，无论是在市场经济还是在计划经济的国家里，为了协调全社会的整体利益，对利率水平和利率结构的确定及设计，是政府以利率杠杆调节经济的具体运用。政府要支持什么地区，支持什么产业，可以用低利率政策体现；相反，可用高利率政策来限制，以贯彻"区别对待，择优扶植"的原则。政府要实行扩张性的经济政策可适当调低利率；反之，可提高利率。

小资料

1952 年 9 月 15 日~2015 年 2 月 9 日人民币存款利率变动见表 3-1。

表 3-1   1952 年 9 月 15 日~2015 年 6 月 28 日人民币存款利率变动

调整时间	活期（%）	三个月（%）	半年（%）	一年（%）	二年（%）	三年（%）	五年（%）
1952 年 9 月 15 日	5.40	10.80	12.60	14.40			
1953 年 1 月 1 日	5.40	9.60	10.80	14.40			
1954 年 9 月 1 日	5.40	9.72	10.80	14.40			
1955 年 10 月 1 日	2.88	5.04	6.12	7.92			
1959 年 1 月 1 日	2.16		3.60	4.80			
1959 年 7 月 1 日	2.16	2.88	4.68	6.12	6.30	6.50	
1965 年 6 月 1 日	2.16		3.24	3.96			
1971 年 10 月 1 日	2.16			3.24			
1979 年 4 月 1 日	2.16		3.60	3.96		4.50	5.04
1980 年 4 月 1 日	2.88		4.32	5.40		6.12	6.84
1982 年 4 月 1 日	2.88		4.32	5.76		6.84	7.92
1985 年 4 月 1 日	2.88		5.40	6.84		7.92	8.28
1985 年 8 月 1 日	2.88		6.12	7.20		8.28	9.36
1988 年 9 月 1 日	2.88		6.48	8.64	9.18	9.72	10.80
1989 年 2 月 1 日	2.88		9.00	11.34	12.24	13.14	14.94
1989 年 6 月 1 日	2.88	7.56					
1990 年 4 月 15 日	2.88	6.30	7.74	10.08	10.98	11.88	13.68
1990 年 8 月 21 日	2.16	4.32	6.48	8.64	9.36	10.08	11.52

调整时间	活期（%）	三个月（%）	半年（%）	一年（%）	二年（%）	三年（%）	五年（%）
1991 年 4 月 21 日	1.80	3.24	5.40	7.56	7.92	8.28	9.00
1993 年 5 月 15 日	2.16	4.86	7.20	9.18	9.90	10.80	12.06
1993 年 7 月 11 日	3.15	6.66	9.00	10.98	11.70	12.24	13.86
1996 年 5 月 1 日	2.97	4.86	7.20	9.18	9.90	10.80	12.06
1996 年 8 月 23 日	1.98	3.33	5.40	7.47	7.92	8.28	9.00
1997 年 10 月 23 日	1.71	2.88	4.14	5.67	5.94	6.21	6.66
1998 年 3 月 25 日	1.71	2.88	4.14	5.22	5.58	6.21	6.66
1998 年 7 月 1 日	1.44	2.79	3.96	4.77	4.86	4.95	5.22
1998 年 12 月 7 日	1.44	2.79	3.33	3.78	3.96	4.14	4.50
1999 年 6 月 10 日	0.99	1.98	2.16	2.25	2.43	2.70	2.88
2002 年 2 月 21 日	0.72	1.71	1.89	1.98	2.25	2.52	2.79
2004 年 10 月 29 日	0.72	1.71	2.07	2.25	2.70	3.24	3.60
2006 年 8 月 19 日	0.72	1.80	2.25	2.52	3.06	3.69	4.14
2007 年 3 月 18 日	0.72	1.98	2.43	2.79	3.33	3.96	4.41
2007 年 5 月 19 日	0.72	2.07	2.61	3.06	3.69	4.41	4.95
2007 年 7 月 21 日	0.81	2.34	2.88	3.33	3.96	4.68	5.22
2007 年 8 月 22 日	0.81	2.61	3.15	3.60	4.23	4.95	5.49
2007 年 9 月 15 日	0.81	2.88	3.42	3.87	4.50	5.22	5.76
2007 年 12 月 21 日	0.72	3.33	3.78	4.14	4.68	5.40	5.85
2008 年 10 月 9 日	0.72	3.15	3.51	3.87	4.41	5.13	5.58
2008 年 10 月 30 日	0.72	2.88	3.24	3.60	4.14	4.77	5.13
2008 年 11 月 27 日	0.36	1.98	2.25	2.52	3.06	3.60	3.87
2008 年 12 月 23 日	0.36	1.71	1.98	2.25	2.79	3.33	3.60
2010 年 10 月 19 日	0.36	1.91	2.20	2.50	3.25	3.85	4.20
2010 年 12 月 26 日	0.36	2.25	2.50	2.75	3.55	4.15	4.55
2011 年 2 月 9 日	0.40	2.60	2.80	3.00	3.90	4.50	5.00
2012 年 7 月 6 日	0.35	2.60	2.80	3.00	3.75	4.25	4.75
2014 年 11 月 22 日	0.35	2.35	2.55	2.75	3.55	4.00	4.00
2015 年 3 月 1 日	0.35	2.10	2.30	2.50	3.10	3.75	3.75
2015 年 5 月 11 日	0.35	1.85	2.05	2.25	2.85	3.50	3.50
2015 年 6 月 28 日	0.35	1.60	1.80	2.00	2.60	3.25	3.25

（资料来源：作者根据银行网络资料整理）

　　4. 物价水平。银行存款利率低于物价上涨率，实际利率就会出现负值，人们在银行存款不但不会增值，还会使本金遭受损失，从而引起人们提取存款。所以，银行存款利率必须高于物价上涨率。物价上涨对银行贷款利率的影响也是显而易见的。如果贷款利率低于物价上涨率，则银行的实际收益将不断减少，甚至造成银行实际自有资本金减少，不利于银行正常的经营活动及经济核算；而贷款企业却可因此减轻债务负担，在物价不断上涨中获得额外收益，使企业产生贷款扩张的冲动，对缓解资金供求紧张的矛盾是十分不利的。所以，银行贷款利率也应高于物价上涨率。

5. 国际利率水平。在经济与金融全球化的今天，一个国家的利率水平必然受到国际利率水平的影响。当国内利率水平高于国际利率水平时，国外资本就会向国内流动，导致国内金融市场上资金供给增加，从而国内利率水平会下降，最终趋向于国际利率水平；反之，当国内利率水平低于国际利率水平时，国内资本就会外流，导致国内金融市场上资金供给减少，国内利率水平上升。当然国际利率水平对一个国家利率水平的影响与一国的开放程度有关。一个国家开放程度越高，国际利率水平对其国内利率水平影响就越大。

影响利率变动的因素还有很多，如借贷风险、借贷期限、利率管制、税率和汇率等。任何一个时期的一项具体利率，总是由多种因素综合决定的。

三、利率的经济功能

市场经济可以说是一种信用经济。利息收付和利率的高低，涉及各方利益，因而它能够成为重要的经济杠杆，在经济生活中发挥着重要的作用。随着市场经济体制和信用制度的不断完善，利率的作用会不断地扩大。利率不仅影响企业，也涉及政府和个人。

（一）利率对微观经济活动中的调节作用

1. 对企业经济活动的调节。首先，利率影响企业的投资决策。在其他条件不变的情况下，如果利率降低，可以减少企业生产成本中的利息支出，从而增加企业盈利，使得企业更加有利可图，于是刺激企业扩大投资、扩大生产。反之，如果提高利率，则会使企业减少投资，压缩生产规模。其次，利率能促使企业加强经济核算。为了降低成本，企业要减轻利息负担，从而不断加强经济核算，力求节约资金，加速资金周转，提高经营管理水平和资金使用效益。因此，如果企业经营管理不善，资金周转慢，贷款逾期不还，效益不佳，则会被市场经济所淘汰。

2. 对个人与家庭经济活动的调节。首先，利率能调节储蓄与消费之间的比例，人们获得的收入，通常不能全部用于当前的消费，为了应付未来的一些支出，必须将一部分收入储蓄起来。利率能够调节储蓄与消费的比例，如果利率水平提高，会增强人们的储蓄愿望和热情，增加储蓄份额，相应减少当前消费的份额。反之，如果利率水平过低，会挫伤人们储蓄的积极性。其次，利率能调节金融资产组合。对于个人家庭来说，用于消费后的节余收入，既可以存入银行，也可以用于购买国债、企业债券、基金和股票等金融证券。利率可以影响人们对金融资产的选择。一般而言，当利率水平下降时，证券价格趋于上升，持有证券会给人们带来更多的收益，所以人们会减少银行存款的持有，而增加债券与股票持有数量。当然，在进行金融资产之间的选择时，不但要考虑收益性，还要考虑安全性。但是收益往往是人们进行选择时所着重考虑的因素，所以，利率对家庭金融资产组合选择的调节作用比较大。

（二）利率对宏观经济活动中的调节作用

1. 调节社会总供求。社会总需求与社会总供给保持基本平衡，是经济稳定发展的必要条件。利率既可以调节总需求，也可以调节总供给，使二者趋于平衡。一方面，利率的高低可以使总需求发生变化。在其他条件不变的情况下，调高利率可以使更多的社会闲散资金以存款方式集中到银行，从而推迟消费品社会购买力，减少了社会总需求。调低利率则相反。另一方面，利率也可以调节总供给。商品的总供给取决于生产主体对生产的投资规模。高利率不利于企业扩大投资规模，这样会增加生产成本，导致产品价格过高而影响销售和盈利，从而使商品供给减少。相反，调低利率，对企业投资具有刺激作用，企业减少生产成本中的利息支出，可以增加企业盈利，使企业有利可图而扩大投资规模，从而增加商品供给量。例如，2007 年央行连续多次调高利率水平，主要是为了抑制经济过热、需求过旺，尤其是控制投资需求，而到了 2008 年采取降息，主要也是为了抑制经济下滑。

2. 优化产业结构。利率作为资金的价格，会自发地引导资金从利润率低的部门流向利润率较高的部门，实现社会资源的优化配置。同时国家可以利用差别利率政策，对急需发展的农业、能源、交通运输等行业以及有关的企业和产品，适当降低利率或实行优惠利率政策，大力支持其发展；对需要限制发展的部门、企业及产品，适当提高利率，限制其发展，从而优化产业结构，实现经济结构的合理化。

3. 调节货币供给量。经济发展的良好环境是货币总供给与货币总需求基本相适应。货币供给量超过货币需求量出现物价上涨，货币出现贬值。利率调节货币总供给量主要体现在信用规模上。调高利率可以抑制信用需求，紧缩信用规模，减少货币量，达到稳定物价的目的，而调低利率会有相反的效果。

4. 平衡国际收支。当国际收支出现不平衡的时候，可以通过利率杠杆调节。例如，当国际收支出现比较严重的逆差时，可以将本国的利率水平调节到高于其他国家的程度，这样一方面可以阻止本国资金流向利率较高的其他国家，另一方面还可以吸引外资流入本国。但是，当国际收支逆差发生在国内经济衰退时期，则不宜采取调节利率的做法，而只能通过调整利率结构来平衡国际收支。

本 章 小 结

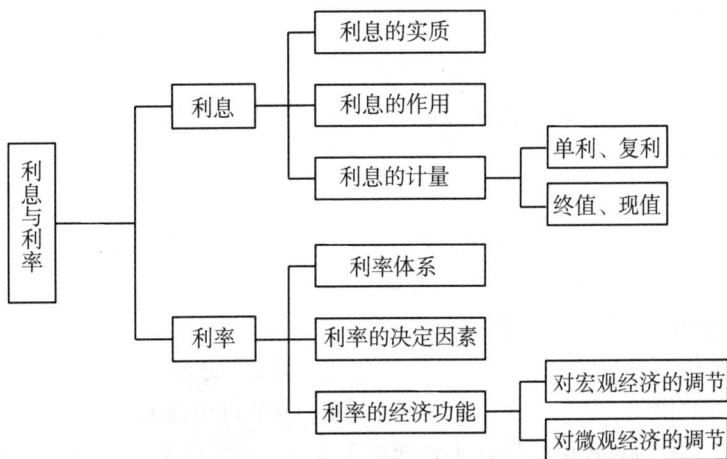

复习思考题

一、单项选择题

1. 马克思认为决定利率的基本因素是（　　）。
　　A. 平均利润率　　　　　　　　B. 供求和竞争
　　C. 社会再生产状况　　　　　　D. 物价水平

2. 目前我国的（　　）利率已实现市场化。
　　A. 存款　　　　B. 贷款　　　　C. 同业拆借　　　　D. 存款准备金

3.（　　）是指针对不同的贷款种类和贷款对象实行不同的利息率，一般可按期限、行业、项目和地区设置。
　　A. 固定利率　　　B. 浮动利率　　　C. 差别利率　　　D. 优惠利率

4. 通货膨胀条件下的实际利息率是指（　　）。
　　A. 名义利率加通货膨胀率　　　　B. 名义利率减通货膨胀率
　　C. 银行公布的利率　　　　　　　D. 定期调整一次的利率

5. 利息是（　　）的价格。
　　A. 货币资本　　　B. 借贷资本　　　C. 外来资本　　　D. 银行资本

6. 我国习惯上将年息、月息、日息都以"厘"作单位，但实际含义却不同，若年息6厘，月息4厘，日息2厘，则分别是指（　　）。
　　A. 年利率为6%，月利率为4‰，日利率为2‰
　　B. 年利率为6‰，月利率为4%，日利率为2‰
　　C. 年利率为6%，月利率为4‰，日利率为2‰
　　D. 年利率为6‰，月利率为4‰，日利率为2%

7. 资金市场上由借贷双方通过竞争而形成的利率，一般称为（　　）。
　　A. 市场利率　　　B. 实际利率　　　C. 浮动利率　　　D. 差别利率

8. 市场利率的高低取决于（　　）。
　　A. 统一利率　　　　　　　　　　B. 浮动利率
　　C. 借贷资金的供求关系　　　　　D. 国家政府

二、多项选择题

1. 下列属于贷款利率范畴的有（　　）。
　　A. 贴现率　　　B. 再贴现率　　　C. 再贷款利率
　　D. 同业拆借利率　　E. 证券利率　　　F. 市场利率

2. 马克思认为影响利率的因素有（　　）。
　　A. 平均利率　　　B. 供给和竞争　　　C. 社会再生产状况
　　D. 物价水平　　　E. 国家经济政策

3. 利率对经济的宏观作用表现在（　　）。
　　A. 稳定物价　　　　　　　　　　B. 调节需求总量和结构
　　C. 增加有效供给　　　　　　　　D. 调节货币流通

4. 凯恩斯认为人们对货币的偏好主要起因于（　　）。

A. 保值动机　　　B. 交易动机　　　C. 预防动机　　　D. 投机动机

E. 盈利动机

5. 下列关于利息的说法，正确的有（　　）。

A. 利息不仅存在于资本主义经济关系中，在社会主义经济关系中也存在

B. 利息属于信用范畴

C. 利息是剩余价值的转化形式

D. 利息是利润的一部分

E. 利息是在信用的基础上产生的

6. 根据名义利率与实际利率的关系，下列说法，正确的有（　　）。

A. 名义利率高于通货膨胀率时，实际利率为正利率

B. 名义利率高于通货膨胀率时，实际利率为负利率

C. 名义利率等于通货膨胀率时，实际利率为零

D. 名义利率低于通货膨胀率时，实际利率为正利率

E. 名义利率低于通货膨胀率时，实际利率为负利率

三、问答题

1. 利息的实质是什么？利息有什么作用？

2. 利率的种类有哪些？

3. 决定利率水平的一般因素有哪些？

4. 利率对宏观经济的调节作用是什么？

5. 利率对微观经济的调节作用如何？

四、计算题

1. 假设三年期定期存款利率为年利率 5%，某储户存入一笔 10 万元的三年期定期存款，试分别以单利和复利计算到期后应得利息。

2. 某居民存入零存整取存款，如果 10 年后需支用 10 万元，年利率为 2.4%，那么他现在应存入多少元？

五、案例分析

利率市场化的制度改革

日本的利率市场化改革进程有其自身的特点，采取的是三步走战略。一是国债利率的市场化。20 世纪 70 年代经济增长放慢后，企业和家庭对资金的需求逐渐降低，而政府为刺激经济增长，扩大了国债的发行规模。1977 年，日本政府批准国债上市流通，次年以招标方式发行中期国债，开始了利率市场化的步伐。二是丰富货币市场交易品种。1978 年，银行间拆借利率的弹性化和银行间票据买卖利率的市场化均得以实现。70 年代末，日本政府选择 CD（大额可转让定期存单），以增加货币市场交易品种。1981 年，在 CD 市场之外又形成了政府短期债券流通市场，1986 年又引入了短期国债。三是实现小额交易的利率市场化。利率的完全市场化最终要放开对普通存、贷款利率的管制。日本政府采取的办法是逐步降低已实现利率市场化的交易品种的交易单位，如降低 CD 发行单位和减少大额定期存款的起始存入额。随着存款利率的市场化进程，贷款利率也逐步放开。1991 年"窗口指导"停止实

施，1993 年实现定期存款利率和流动性贷款利率的市场化，1994 年日本利率完全市场化。

英国利率市场化也分为三个阶段，首先以中央银行贴现率为利率中心，商业银行存、贷款利率随央行贴现率同步浮动。其次取消央行贴现率，商业银行利率不再与英格兰银行贴现率挂钩，由市场调节。最后商业银行不再根据英格兰银行每周公布的最低贷款利率来调整自身利率，改为由市场资金供求关系来调整。

纵观发达国家的利率市场化改革，我们发现这些国家金融体制和市场环境相对成熟，但由于一些历史的偶然因素，或者文化、政治方面的原因，部分发达经济体对利率实施了一定程度的管制。当历史条件发生改变时，管制也开始放松或解除。这类国家利率市场化的特点，主要是放松管制一般不需要一系列前提条件的支撑，利率放开后，对社会经济的冲击也不大，面临的主要问题是放松管制的时机选择问题。一般而言，当导致管制利率的特殊历史事件（如发生危机）的影响基本消除时，市场化的时机随即成熟。

不同的发展中国家，由于利率市场化的环境不同，采取市场化的具体措施也有差异，造成利率市场化改革的效果也迥然不同。总体来看，发展中国家和地区利率市场化可以分为两种情况：一种是以印度尼西亚、韩国、中国台湾地区为代表的亚洲新兴国家和地区的改革，基本达到了预期目标；另一种是以智利、阿根廷、乌拉圭为代表的拉美国家利率市场化改革，基本以失败告终。

拉美国家的利率市场化改革是从 20 世纪 70 年代中期开始的，当时这些国家宏观经济不稳定，财政赤字居高不下，通货膨胀率极高，而储蓄率、投资率非常低，经常账户有较大赤字。在这种宏观背景下，拉美国家基本采取的是激进式改革。阿根廷于 1975 年取消了储蓄存款利率以外所有利率限制，1976 年放宽了储蓄存款利率限制，1977 年 6 月取消了所有利率管制，实行利率的全面市场化，整个过程只用了两年时间。智利从 1974 年 5 月开始放松利率管制，到 1975 年 4 月取消所有利率管制，利率市场化进程只用了一年时间。乌拉圭也在较短的时间内完成了利率市场化改革。

总体来看，亚洲发展中国家（地区）利率市场化改革比较成功。印度尼西亚于 1983 年取消利率管制，但对利率上限仍实行控制，经过三年的运行后，才开始全面开放利率，实现利率全面市场化。即便如此，印度尼西亚的利率市场化改革也还是遭受了挫折。但印度尼西亚政府对银行体系的严格监管和有效调控，加之其他配套改革审慎进行，其利率市场化改革取得了初步成功。韩国利率市场化改革更为谨慎。韩国从 20 世纪 80 年代开始逐渐放松对部分存贷款利率的限制，这一进程一直持续到 90 年代，1996 年全部贷款利率和大部分存款利率市场化，然后又经过两年时间，实现利率的全面市场化。韩国在利率市场化改革进程中，首先是进行结构性调整和其他金融自由化改革尝试，以加强金融系统竞争格局，增强市场机制作用。在宏观经济相当稳定，有效的银行监管机制建立起来后，才开始放开利率管制，同时加强和完善银行监管体系，保证利率市场化的成功实施。中国台湾地区从 1980 年开始逐步撤销对利率的管制，先从撤销货币市场的利率管制开始，再逐步撤销对存、贷款利率的管制。至 1989 年，台湾地区基本实现了利率市场化。

思考题：（1）利率市场化在各国的效果如何？

（2）结合我国实际情况讨论推进我国利率市场化进程的措施有哪些？

实训项目
深入了解利率

以小组为单位完成下列问题讨论：

1. 在利率为20%和10%的情况下，明天的一元钱在哪种情况下会增值更多？

2. 为什么分期付款时，总和会大于现在的应缴现金总额？

3. 经常听说债券投资（特别是国债投资）毫无风险，真的吗？

4. 我国利率水平是上升了还是下降了，为什么？查我国利率统计数据。

5. 将实训所得结果填写在实训报告上。

6. 组织各小组汇报和讨论。

第四章

金融工具

📚 学习目标

知识目标

● 了解货币市场金融工具和资本市场金融工具的含义、特点。

● 掌握各种金融工具的联系和区别。

● 能根据各种金融工具的特点，选择不同的金融工具进行相应投资。

能力目标

● 能够正确认识和应用恰当的金融工具。

【章前引例】

关于记忆的记忆

如果说，我们从 1990 年的 12 月算起，中国股市已经走过 20 多年，中国股市正意气风华，成长的欲望不可抑制。回望来时路，有那么多的探索与开创，有那么多的苦涩与艰辛值得我们去记忆。

在这里，我们会看到党的十一届三中全会是在怎样的社会背景之下开放了中国改革开放的大门，从有计划的经济到商品经济，再到社会主义市场经济，从根本上，奠定了中国股市得以生存的政治环境。在这里，我们会看到第一张纸质股票，你知道第一个发行股票的企业是谁吗？你知道，这些企业发行股票背后的故事吗？你见过最早的一批纸质股票都长得是什么模样吗？

第一节　金融工具的特点与分类

【节前引例】

"双 11"来了，新型金融工具应运而生

2016 年 "双 11"，阿里公布的实时交易数据在开场 52 秒之后，交易额冲到了 10 亿元，6 分钟 58 秒之后，交易额破百亿元。而 2015 年，阿里巴巴 12 分钟 28 秒破百亿元，2014 年破 100 亿元用了 37 分钟。

"双 11" 消费狂欢节进入第 8 个年头，随着互联网金融的更新迭代，相关的金融产品发生了翻天覆地的变化。在打造 "买买买" 的平台之外，互联网公司提供的消费信贷、消费保险、消费理财产品为消费者提供了更多的选择。

2016 年的 "双 11"，各大电商平台、金融机构都在挖掘消费链条背后的金融商机，各种新型的金融工具，也成为了撬动年度消费大促的重要工具。

近年来，在经济转型打造新经济增长引擎的时代背景下，消费金融迎来快速发展。截至2016年上半年，全国从事互联网消费金融的机构已经超过100家，市场参与主体包括了商业银行、汽车消费金融公司、电商巨头、P2P网贷机构及其他互联网公司等。

"双11"无疑是输出金融产品的绝佳场景。从"掏钱购物"到分期付款、预支消费，蚂蚁金服、京东金融、苏宁消费金融等机构纷纷入场，开始成为"双11"消费支付的主角，打响消费金融促进消费之战。

2016年"双11"，各大品牌消费金融大战早在一个月之前就已经打响。花呗从10月18日便开始"提额"。蚂蚁金服透露，原计划的总额度是100亿元，但截至11月1日，2016年用户提额已经达到170亿元，且还在紧急追加额度，用户数是去年活动结束时的1.5倍。

与此同时，另一个电商巨头京东金融也针对"双11"升级了其"白条"功能，如推出京东小金库和白条用户6天6期免息、线下银联POS机使用白条闪付购物立减等优惠。

"双11"将至，退运费险、物流破损险、保价险等消费相关保险也跟着热门起来。规模大、增速高，消费保险正逐渐成为保险业发展的一个全新而独立的领域。

（资料来源：作者根据搜狐财经摘编）

金融工具是指在金融市场中可交易的金融资产，用来证明融资双方权利义务的条约，是货币资金或金融资产借以转让的工具，如我们熟悉的债券、股票都属于金融工具。

一、金融工具的特点

1. 期限性。期限性是指金融工具具有规定的偿还期限，债务人必须按期向债权人支付利息和偿还本金。各种金融工具在发行时一般都具有不同的偿还期，从长期来说，有10年、20年、50年。还有一种永久性债务，这种公债借款人同意以后无限期地支付利息，但始终不偿还本金，这是长期的一个极端。而另一个极端就是银行活期存款，随时可以兑现，其偿还期实际等于零。

2. 流动性。流动性是指金融资产在转换成货币时，其价值不会蒙受损失的能力。除货币以外，各种金融资产都存在着不同程度的不完全流动性。其他的金融资产在没有到期之前要想转换成货币的话，或者打一定的折扣，或者花一定的交易费用。一般来说，金融工具如果具备下述两个特点，就可能具有较高的流动性：第一，发行金融资产的债务人信誉高，在已往的债务偿还中能及时、全部履行其义务。第二，债务的期限短。这样它受市场利率的影响很小，变现时所遭受亏损的可能性就很少。

3. 安全性。安全性指投资于金融工具的本金是否会遭受损失的风险。风险可分为两类：一类是债务人不履行债务的风险。这种风险的大小主要取决于债务人的信誉以及债务人的社会地位。另一类是市场的风险，这是金融资产的市场价格下跌的风险。

4. 收益性。收益性是指金融工具能定期或不定期给持有人带来收益的特性。金融工具收益性的大小，是通过收益率来衡量的，其具体指标有名义收益率、实际收益率、平均收益率等。

一般来说，期限性与收益性呈正相关，即期限越长，收益越高，反之亦然。流动性、安全性则与收益性呈反相关，安全性、流动性越高的金融工具其收益性越低。反过来也一样，收益性高的金融工具其流动性和安全性就相对要差一些。正是期限性、流动性、安全性和收益性相互间的不同组合导致了金融工具的丰富性和多样性，使之能够满足多元化的资金需求和对上述"四性"的不同偏好。

二、金融工具的分类

根据不同的分类方法，金融工具被分为不同的种类，具体如下：

1. 按金融工具的期限分类，可分为短期金融工具和长期金融工具。短期金融工具是指偿还期限在1年或者1年以内的各种金融工具，包括票据、借据、短期国库券等。长期金融工具是指偿还期限在1年以上的金融工具，如长期债权、股票等。

2. 按融资形式分类，可分为直接金融工具和间接金融工具。直接金融工具是指资金供求双方直接进行资金融通时所使用的金融工具，如股、债券等。间接金融工具是指资金供求双方通过银行等金融中介机构进行资金融通时所使用的金融工具，如银行存单等。

3. 按权利与义务分类，可分为债权债务类金融工具和所有权类金融工具。债权债务类金融工具主要是指票据、债权等代表债权债务关系的书面凭证。所有权类金融工具以股票为代表，是一种表明所有权关系的书面凭证。

4. 按是否与直接信用活动相关分类，可分为原生金融工具和衍生金融工具。原生金融工具是在实际信用活动中出具的能证明债权债务关系或所有权关系的合法凭证，主要有商业票据、债券等债权债务凭证和股票、基金等所有权凭证。衍生金融工具是在原生金融工具基础上派生出来的各种金融合约及其组合形式的总称，主要包括金融期货、金融期权和金融互换。

第二节 基础性金融工具

【节前引例】

侨兴债引爆债券危机 垃圾债如何被"洗白"
——侨兴债"萝卜章"案件始末

2014年，侨兴电信和侨兴电讯在广东股交中心备案发行了两笔债券，本金10亿元左右。在这之后，广东股交中心把债券发到了平台上，侨兴这笔债券为了符合互金门槛，引入了浙商财险。

除此之外，浙商还与广发银行签订了保函，浙商财险敢担保的前提是有反担保，那么谁做反担保呢？是广发银行惠州分行。这个事情是不是本身有点蹊跷？如果广发银行都愿意替人家做担保的话，它为什么不愿意直接把钱借给侨兴呢？问题就在于这里。

侨兴发的债券中大概有7亿元，主要是来还广发银行惠州分行的借款，当然广发银行为了尽快把钱收到手里面，也有可能在其中扮演了一种角色。而正是这种"双保险"，成为了"罗生门"的起源。

12月15日，侨兴向广东股交中心发送了《保险告知函》，到期的债是还不出来了。这样一来，浙商保险包括广发银行就开始相互质疑。广发银行最早就说保函是假的，浙商财险之后在官方网站上公布了多份重要文件，证明保函是有效的。

私募债务如何变成定期理财？

一个私募债怎么可以包装成一个理财产品到一个大的平台去发售？

这实际上是一个相当危险的事情。就等于把高风险的产品，售卖给了普通投资者。从APP上我们就能看出，一般投资者根本搞不清楚里面结构产品的复杂，他只是相信了平台的信用。那么如果问题更大一点，一旦出现违约，可能导致大规模索赔事件的发生。

侨兴私募债认购金额设定为1万元，一定程度上规避了对于合格投资者的门槛要求。但后面却容易引发问题。如此看来，像侨兴债券这样的垃圾债券，被包装成有稳定收益的理财产品，造成的社会风险远远比萝卜章还要大。

（资料来源：作者：水皮，华夏时报，2016 - 12 -28）

一、票据

商业票据是指由金融公司或某些信用较高的企业开出的无担保短期票据。商业票据的可靠程度依赖于发行企业的信用程度，可以背书转让，可以承兑，也可以贴现。商业票据的期限在1年以下，由于其风险较大，利率高于同期银行存款利率，商业票据可以由企业直接发售，也可以由经销商代为发售。但对出票企业信誉审查十分严格，如由经销商发售，则它实际在幕后担保了售给投资者的商业票据，商业票据有时也以折扣的方式发售。商业票据是一种可转让的金融工具，通常是不记名的。从融资成本看，发行商业票据与存款单应没有什么区别，因为两者的收益率是相当的，但商业票据的期限通常在30天以内，以避免与存款单市场竞争。

根据不同的分类标准，商业票据可分为不同类型。按出票人不同，商业票据分为银行汇票（Banker's draft）、商业汇票（Trade Bill）。按承兑人的不同，商业票据分为商业承兑汇票（Commercial Acceptance Bill）、银行承兑汇票（Bank's Acceptance Bill）。按付款时间不同，商业票据分为即期汇票（Sight Bill or Demand draft）、远期汇票（Time Bill or Usance Bill）。按有无附属单据，商业票据分为光票（Clean Bill）、跟单汇票（Documentary Bill）。本书重点讲解商业汇票。

商业汇票是指由付款人或存款人（或承兑申请人）签发，由承兑人承兑，并于到期日向收款人或被背书人支付款项的一种票据。所谓承兑，是指汇票的付款人愿意负担起票面金额的支付义务的行为，通俗地讲，就是它承认到期将无条件地支付汇票金额的行为。商业汇票的承兑期限由交易双方商定，一般为3~6个月，最长不得超过6个月。商业汇票按其承兑人的不同，可以分为商业承兑汇票和银行承兑汇票两种。本书重点讲解这种分类。

1. 商业承兑汇票。商业承兑汇票是由银行以外的付款人承兑的票据。商业承兑汇票可以由付款人签发并承兑，也可以由收款人签发交由付款人承兑。商业汇票的付款人为承兑人。商业承兑汇票的出票人为在银行开立存款账户的法人以及其他组织，与付款人具有真实的委托付款关系，具有支付汇票金额的可靠资金来源。

（1）商业汇票承兑汇票的特点：付款期限，最长不超过6个月；提示付款期限，自汇票到期日起10天；可以背书转让；持票人需要资金时，可持未到期的商业承兑汇票向银行申请贴现；适用于同城或异地结算。

长期以来我国商业银行资产业务单一，以信用放款为主，在票据业务中也是银行承兑汇票一枝独秀，商业承兑汇票发展缓慢，在推广过程中也存在着诸多制约因素。

（2）商业承兑汇票的作用。商业承兑汇票有利于中小企业流动资金得到有效补充。融资难题在众多中小企业中普遍存在，商业承兑汇票有利于中小企业流动资金得到有效补充。

商业承兑汇票有利于企业合作关系进一步优化。目前阻碍中小企业发展的一大"痼疾"是产业链龙头企业对其配套中小企业延期付款问题，主要表现为"打白条"、口头信用等。通过应付账款票据化，不仅能使产业链龙头企业不动用自身资金即可完成货款支付，同时也避免了中小企业资金占用，从而达到了双赢的效果。

商业承兑汇票有利于增加银行利润增长点。统计数据显示，商业承兑汇票贴现利率通常执行 6 个月以内的流动资金贷款基准利率，比银行承兑汇票贴现利率高 1.2～1.5 个百分点。

商业承兑汇票有利于培育企业诚信。由于商业承兑汇票使企业信用具备了金融属性，使越来越多的企业珍惜商誉并主动申请商业承兑汇票贴现授信资格。

2. 银行承兑汇票。银行承兑汇票是由在承兑银行开立存款账户的存款人出票，向开户银行申请并经银行审查同意承兑的、保证在指定日期无条件支付确定的金额给收款人或持票人的票据。对出票人签发的商业汇票进行承兑是银行基于对出票人资信的认可而给予的信用支持。我国的银行承兑汇票每张票面金额最高为 1000 万元（含）。银行承兑汇票按票面金额向承兑申请人收取万分之五的手续费，不足 10 元的按 10 元计。承兑期限最长不超过 6 个月，承兑申请人在银行承兑汇票到期未付款的，按规定计收逾期罚息。

（1）银行承兑汇票具有以下特点：

信用好，承兑性强。银行承兑汇票经银行承兑到期无条件付款，这就把企业之间的商业信用转化为银行信用。对企业来说，收到银行承兑汇票，就如同收到了现金。

流通性强，灵活性高。由于银行承兑汇票是以商业银行的信用作为担保，其信用远高于其他票据，所以其流动性强。当持票人需要现金时，既可以背书转让，也可以申请贴现，不会占压企业的资金。

节约资金成本。对于实力较强、银行比较信得过的企业，只需交纳规定的保证金，就能申请开立银行承兑汇票，用以进行正常的购销业务，待付款日期临近时再将资金交付给银行。

（2）银行承兑汇票的作用。企业为了保证生产经营的资金需求，应加强应收账款的管理，应充分发挥银行承兑汇票在货款回笼中的重要作用。银行承兑汇票给出票人带来以下的好处：

可以给出票人降低财务费用。通过"信用货币"购买公司所需的材料或设备，从而降低财务费用。

可以获得谈判的筹码，提高企业形象。在资金难以回笼的市场上，公司提出支付银行承兑汇票，比企业信用强多了，在谈判中可要求供应商降低采购价格而获得利益；另外，因为银行承兑汇票本身就是"信用票据"，说明该企业的经营效益好、信用高，在当地是优秀的企业之一，以此来增加合作者的信心。

可以加强企业的财务监督，提高财务管理水平。银行承兑汇票可以控制资金流向和流量，防止资金人为的流失，同时还可以更有效地实施资金筹划和合理化库存结构。

可以解决固定资产流动性问题。要获得银行承兑汇票开票权，除企业本身的信誉外，银行还会要求用固定资产作为担保，其实质就是固定资产流动化。

银行承兑汇票给收票人带来以下的好处：

可以增加资产的流动性，进而增强资产的弹性。银行承兑可用于背书、贴现等，财务部门根据财务票据的运用原则，弹性使用。

可以避免应收账款的风险，提高资金的回笼速度。收到银行承兑汇票后，增加了应收票据，减少了应收账款的坏账风险，提高收账率。

可以扩大销售。金融危机进一步扩大，对企业信用产生了严重的影响，仅凭企业信用的销售往往不敢做，而附加了银行信用，收款风险就明显降低，增强了营销能力。

加强银行对企业的信用。银行通过开出汇票时，要求企业存入一定数额的保证金（10%～30%不等），增加银行存款；还可以通过办理贴现、再贴现、转贴现等业务取得收益，从而加强了企业与银行之间的合作。

商业承兑汇票和银行承兑汇票的承兑人不同，决定了商业承兑汇票是商业信用，银行承兑汇票是银行信用。目前银行承兑汇票一般由银行签发并承兑，而商业承兑汇票可以不通过银行签发并背书转让，但在信用等级和流通性上低于银行承兑汇票，在银行办理贴现的难度较银行承兑汇票高。

二、债券

债券是指发行人按照法定程序发行的并约定在一定期限还本付息的有价证券，反映了债权人与债务人之间的债权债务关系。

1. 债券的特点。

（1）偿还性。偿还性是指债券有规定的偿还期限，债务人必须按期向债权人支付利息和偿还本金。债权人到期还本付息后，债权人和债务人的债权债务关系随之结束，而股东和股份公司之间的关系在公司存续期内是永久的。

（2）流动性。流动性是指债券持有人可按需要和市场的实际状况，灵活地在债券市场上转让债券，以提前收回本金和实现投资收益。

（3）安全性。安全性是指债券持有人的收益相对稳定，不随发行者经营收益的变动而变动，并且可按期收回本金。一般来说，具有高度流动性的债券同时也是较安全的，因为它不仅可以迅速地转换为货币，而且还可以按一个较稳定的价格转换。

（4）收益性。收益性是指债券能为投资者带来一定收入，即债权投资的报酬。债券收益可以表现为三种形式：一是利息收入，即债权人将债券一直持有至期满，在此期间可以按约定的条件分期、分次取得利息或者到期一次取得利息；二是资本损益，即债权人到期收回的本金与买入债券或中途卖出债券与买入债券之间的价差收入；三是再投资收益，即投资债券所获现金流量再投资的利息收入，受市场收益率变化的影响。

2. 债券的分类。债券的种类很多，可根据不同的标准分类。

根据发行主体划分，可分为政府债券、金融债券和公司债券。

（1）政府债券。政府债券的发行主体是政府。中央政府发行的债券称作国债，其主要目的是解决由政府投资的公共设施或重点建设项目的资金需要，弥补国家财政赤字及拉动社会总需求。

地方政府发行的债券称为地方政府债券，也称市政债券。其发行筹集的资金主要用于公共设施建设、住房建设和教育文化等地方建设需要。地方政府债券以地方政府收入作为担保，其安全性低于国债；发行量较小，流通性也不如国债。

（2）金融债券。金融债券是发行主体为银行和非银行金融机构依照法定程序发行并约定在一定期限内还本付息的有价证券。银行和非银行金融机构是社会信用的中介，它们的资金来源主要靠吸收公众存款和金融业务收入，但有时它们为改变资产负债结构或者用于某种特定用途，也有可能发行债券以增加资金来源。虽然存款和发行债券都是金融机构的资金来源，但是，存款的主动性在存款户，金融机构不能完全控制，是被动负债；而发行债券则是金融机构的主动负债，有更大的主动性和灵活性。金融债券的期限以中期较为多见。

金融债券的特征主要表现在：

A. 专用性。在资金运用方面，发行金融债券筹集的资金，一般情况下是专款专用，用于定向的特别贷款。而通过吸收存款所取得的资金，通常用于一般性贷款。

B. 集中性。在筹资权利方面，发行金融债券是集中的，它具有间断性，而且有一定的规模限额。在某种意义上，金融债券操作的主动权完全在于金融机构。而吸收存款对于金融机构来说，是经常的、连续的业务，而且无限额，不能拒绝存款者，规模由存款者决定，主动权掌握在存款者一方。

C. 高利性。在筹资成本方面，金融债券一般利率较高，相对来说成本较大；而相同期限的存款利率往往比金融债券低，成本较小。

D. 流动性。金融债券不能提前兑现。作为一种债券，它一般不记名、不挂失，可以抵押，可以在证券市场上流通转让。

（3）公司债券。广义上的公司债券是指一般企业和股份公司为筹集资金而发行的债务凭证，又称为公司（企业）债券；狭义的公司债券仅指股份公司依照法定程序发行、约定一定期限还本付息的有价证券。公司发行债券的目的主要是为了满足经营需要。由于从事生产经营的公司的情况千差万别，影响公司经营的因素又错综复杂，公司的信誉状况差别较大，因此，公司债券的风险较政府债券和金融债券要大一些。

三、股票

股票是证券投资产品中最重要、最基础的投资产品，也是目前被广大投资者广泛接受和投资的品种。股票是股份公司发行的证明股东权利的书面法律凭证，它是股东向公司提供资金的权益合同，也是股东对公司所有权的凭证。

📝 小资料

我国最早的股票

19世纪70年代，清政府洋务派兴办了一些股份制企业，股票也在此时应运而生。我国见于文字记载的最早的股票是1872年10月由轮船招商局发行的，但目前已找不到实物。迄今藏有实物的我国最早的股票是1882年由山东烟台缫丝局发行的股票。

改革开放后，第一个发行股票的是辽宁省的抚顺红砖公司，该公司于1980年1月发行了280万股股票，此后伴随着我国改革开放的深入进行，有越来越多的企业进行了股份制改造并发行了股票。

1. 股票的特征。

（1）收益性。收益性是股票最基本的特征，也是投资者投资股票的主要原因。股票收益主要有两个来源：一是公司分配的红利和股息，其大小取决于公司的经营状况和盈利水平；二是资本利得，即股票买卖的差价收入。

（2）风险性。任何一种投资都是有风险的，股票也不例外。投资者买入股票时，会有自己的预期收益，但是实际收益和预期收益往往会有偏差，这就是股票的风险。股票风险的内涵也就是投资收益的不确定性，或者说是实际收益与预期收益的偏离程度。因此，股票的风险和利益并存，不仅如此，两者还是对称的，即"高风险高收益、低风险低收益"。由此可见，风险并不意味着损失，它本身仅仅是一个中性概念。

（3）流动性。投资者可以根据自己的意愿，自由地在股票市场中进行交易。现实生活中，股票的流动性较高，可以在证券市场上转让、买卖，也可以继承、赠与、抵押，因此深受广大投资者的喜爱。

（4）永久性。股票所载明权利的有效性是始终不变的，其有效期与股份公司的持续期相关联。对股东而言，股票是长期投资，只能通过转让出售股份，而不能退股；对公司而言，投资者不能要求退股，所以募集到的资金是稳定的自有资本。

（5）参与性。股东有权参与公司的重大决策。股东通过出席股东大会，对重大经营事项进行投票表决和选举公司董事来实现参与性。股东参与公司重大决策权利的大小取决于其持有股份数量的多少。

2. 股票的种类。股票的种类很多，按其是否写有股东姓名，可分为记名股票和不记名股票；按股票票面上是否标有金额，可分为面值股和无面值股。而最常用的分类方法是按股东权益来分，将股票分为普通股票和优先股票。所谓普通股是股份公司资本金最基础的构成部分，其持有者享有股东最基本的权利义务，既没有特权也没有限制，是最常见、最基本的股票；优先股是相对于普通股而言一种特殊的股票，在某些方面比普通股享有优先权，但同时又在其他某些方面失去一些权利。这里重点讲解一下普通股和优先股。

（1）按股东权益来划分，股票可以分为普通股股票和优先股股票。

①普通股票。普通股是最常见、最基本的股票，是股份公司资本金最基础的构成部分，其持有者享有股东最基本的权利义务，既没有特权也没有限制，其权利主要有：

A. 经营决策参与权。股东可以通过股东大会行使投票表决权参与公司经营决策。

B. 利润分配权。普通股股东可按照法定分配顺序对公司的经营利润进行分配，即股息和红利（习惯把两者合称为股利）。持有者能获得股利的多少主要取决于公司的经营业绩、优先股的数量和其股息率的高低等。在公司盈利较多时，普通股股东可获得较高的股利；反之，当公司经营不善时，也可能一分钱也分不到，甚至赔本。因此，普通股股东承担着较大的风险。

C. 剩余财产分配权。股份公司破产或结业进行清算时，普通股股东有权分得公司剩余资产，但其分配顺序列在公司的债权人、优先股股东之后，相应地风险较高。

D. 优先认股权。当股份公司为增加公司资本金而决定增加发行新的股票时，原普通股股东享有按其持股比例、以低于市价的某一特定价格优先认购一定数量新发行的股票。比如某公司原有 10 万股，投资者 X 拥有 1000 股，占 1%，现公司增发 1 万股普通股，那投资者 X 就有权按其持股比例优先认购 100 股。

②优先股票。优先股是相对于普通股而言一种特殊的股票，在某些方面比普通股享有优先权，但同时又在其他某些方面失去一些权利。其特点主要有：

A. 股息率固定。绝大多数优先股的股息率是在发行时就确定了的，无论公司经营状况和盈利水平如何变化，股息率一般都是固定不变的，也就是说即使普通股股东没有股息，优先股股东也应照常分得股息。

B. 盈余分配优先。在利润分配顺序上，优先股要排在普通股的前面先进行分配。

C. 剩余财产分配优先。当股份公司破产或结业进行清算分配剩余财产时，优先股股东的分配顺序排在普通股股东之前，排在债权人之后。

D. 无经营决策参与权。优先股股东一般不能参与公司的经营决策，也没有投票表决权，但在涉及优先股股东重大权益的问题上也拥有一定的投票权。

E. 无优先认股权。优先股一般没有优先认股权。

值得注意的是，我国只有极少数非上市公司发行过少量的优先股，而上市公司基本上没有发行过优先股。在我国法律上，对优先股的规范和监管也存在盲区，如《公司法》和《证券法》对优先股这一品种涉及甚少。

（2）按照投资主体划分。我国股票市场起步较晚，在发展中既借鉴了西方发达国家的经验，也针对我国的具体国情作了一些调整。目前我国的股票类型主要按投资主体的不同进行分类，将股票分为国家股、法人股、社会公众股和外资股。

①国家股。国家股是指有权代表国家投资的部门或机构以国有资产向公司投资形成的股份，包括公司现有国有资产折算成的股份。例如，全民所有制企业改制成为股份公司后，全民所有制企业的资产就折算成国家股。由于我国大部分股份制企业都是由原国有大中型企业改制而成的，因此，国家股在公司股权中占有较大的比重。

②法人股。法人股是指企业法人、具有法人资格的事业单位和社会团体以其可支配的资产投入公司形成的非上市流通股份。作为发起人的企业法人或具有法人资格的事业单位和社会团体在认购股份时，可以用货币出资，也可以用其他形式的资产，如实物、工业产权、非专利技术、土地使用权等作价出资，但对其他资产必须进行评估作价，核实财产，不得高估或低估作价。

③社会公众股。社会公众股是指社会公众依法用自己的合法财产投入公司形成的可上市流通的股份。我国投资者通过其股东账户在股票市场买卖的股票都是社会公众股。

④外资股。外资股是指股份公司向外国和我国香港、澳门、台湾地区投资者发行的股票。这是我国在经济发展过程中吸收外资的一种方式。外资股按上市地域可以分为境内上市外资股和境外上市外资股。

A. 境内上市外资股。境内上市外资股是指股份有限公司向境外投资者募集并在我国境内上市的股份，投资者限于外国的自然人、法人和其他组织，我国香港、澳门、台湾地区的自然人、法人和其他组织，定居在国外的中国公民等。这类股票称为 B 股，以人民币标明股票面值，以外币认购、买卖，在境内证券交易所上市交易。上交所的 B 股以美元购买，深交所的 B 股以港币购买。值得注意的是，B 股原本只对境外投资者开放，但 2001 年 2 月 19 日中国证监会宣布，经国务院批准，允许境内居民以合法持有的外汇开立 B 股账户，交易 B 股股票。此后，境内投资者逐渐成为 B 股市场的主要投资主体，这标志着 B 股的"外资股"性质也由此发生了一定的变化。

B. 境外上市外资股。境外上市外资股是指股份有限公司向境外投资者募集并在境外上市的股份。它采用记名股票形式，以人民币标明面值，以外币认购。这类股票除了应符合我国的有关法规外，还须符合上市所在地国家或者地区证券交易所制定的上市条件。境外上市外资股主要有 H 股、N 股、S 股、L 股等，分别取其上市地的首字母作为其名称，如 H 股是指公司注册地在我国内地、上市地在我国香港的外资股。

四、基金

基金也称为证券投资基金，是指由不确定多数投资者不等额出资汇聚成基金（主要通过向投资者发行股份或受益凭证方式募集），交由专业性投资机构管理，投资机构根据与客户商定的最佳投资收益目标和最小风险，把集中的资金再适度并主要投资于各种有价证券和其他金融商品，获得收益后由原投资者按出资比例分享，而投资机构本身则作为资金管理者获得一笔服务费用。

基金是证券市场发展的必然产物，在发达国家已有上百年的历史。作为一种大众化的投资理财工具，一般认为基金起源于英国。

我国的基金依据基金合同设立，基金份额持有人、基金管理人和基金托管人是基金合同的当事人，简称基金当事人。

基金份额持有人是指购买一定数量的基金份额或基金单位，参与基金投资的个人投资者或机构投资者，是基金的出资人、基金资产的所有者和基金回报的受益人。基金份额持有人享有基金信息的知情权、表决权和收益权等权利。基金的一切投资活动都应是为了增加投资者的收益，一切风险管理都是围绕保护投资者利益来考虑的。

基金管理人是基金产品的募集者和管理者，其最主要职责就是按照基金合同的约定，负责基金资产的投资运作，在有效控制风险的基础上为基金投资者争取最大的投资收益。基金管理人在基金运作中具有核心作用。在我国，基金管理人只能由依法设立的基金管理公司担任。

为了保证基金资产的安全，《中华人民共和国证券投资基金法》规定，基金资产必须有独立于基金管理的基金托管人保管。在我国，基金托管人只能由依法设立并取得基金托管资格的商业银行担任。

1. 基金的特点。投资基金是一种间接的投资工具，与其他投资工具相比具有如下特点：

（1）集合理财，专业管理。基金将众多投资者分散的资金集中起来，交给基金管理人进行投资，表现出集合理财的特点。在参与证券投资时，资本越雄厚，优势越明显，而且可能享有大额投资在降低成本上的相对优势，从而获得规模效益的好处。

基金管理人一般拥有大量的专业投资研究人员和强大的信息网络，能够更好地对证券市场进行全方位的动态跟踪与深入分析。将资金交给基金管理人管理，使中小投资者也能享受到专业化的投资管理服务。

（2）组合投资，分散风险。在投资活动中，风险和收益总是并存的，因此"不能把鸡蛋放在一个篮子里"。但对于中小投资者而言，由于资金量小一般无法通过购买数量众多的股票分散投资风险。而基金则可以帮助中小投资者解决这个困难，即可以凭借其集中的巨额资金，在法律规定的投资范围内进行科学的组合，分散投资于多种证券，实现资产组合多元化，从而减少投资风险。

（3）利益共享，风险共担。基金投资者、基金管理人、基金托管人均是基金的当事人，基金托管人、基金管理人为基金提供服务，并能按规定收取一定比例的托管费、管理费，基金投资者则依据其所持有的基金份额比例参与基金投资收益扣除由基金承担的费用后的全部盈余部分的分配。

（4）严格管理，信息透明。基金监管机构对基金业实行严格的监管，对各种有损于投资者利益的行为进行严厉的打击，并强制基金进行及时、准确、充分的信息披露，这使得基金投资更加规范，也在一定程度上减少投资风险。

（5）独立托管，保障安全。基金管理人负责基金的投资操作，本身并不参与基金财产的保管，基金财产的保管由独立于基金管理人的基金托管人负责，从而形成了相互制约、相互监督的制衡机制，更有利于保护投资者的利益。

2. 证券投资基金的分类。

（1）按照组织形式的不同分类。根据基金的组织形式不同，基金可分为契约型基金和公司型基金。不同国家（地区）具有不同的法律环境，基金能够采用的法律形式也有所不同。目前我国的基金全部都是契约型基金，而美国的绝大多数基金则是公司型基金。

①契约型基金。契约型基金又称为单位信托基金，是指将投资者、管理人、托管人三者作为基金的当事人，通过签订基金契约的形式发行受益凭证而设立的一种基金。契约型基金是基于信托原理而组织起来的代理投资方式，没有基金章程，也没有公司董事会，而是通过基金契约规范三方当事人的行为。基金管理人负责基金的管理操作；基金托管人作为基金资产的名义持有人，负责基金资产的保管和处置，对基金管理人的运作实行监督。

②公司型基金。公司型基金是按照公司形式组成的，具有独立法人资格并以营利为目的的基金公司。公司型基金以发行股份的方式募集资金，投资者购买基金公司的股份后，以基金持有人的身份成为基金公司的股东，凭其持有的股份依法享有投资收益。公司型基金在组织形式上与股份有限公司类似，由股东选举董事会，由董事会选聘基金管理公司，基金管理公司负责管理基金业务。

（2）按照基金运作方式的不同分类。根据基金运作方式的不同，可以将基金分为封闭式基金和开放式基金。

①封闭式基金。封闭式基金是指基金份额在基金合同期限内固定不变，基金份额可以在依法设立的证券交易所交易，但基金份额持有人不得申请赎回的一种基金运作方式。这里封闭式基金的期限指基金的存续期，即基金从成立起到终止之间的时间。

②开放式基金。开放式基金是指基金份额不固定，基金份额可以在基金合同约定的时间和场所进行申购或赎回的一种基金运作方式。

（3）按照投资对象的不同分类。根据投资对象不同，基金可分为股票基金、债券基金、货币市场基金、混合基金等。

①股票基金。股票基金是指以股票作为主要投资对象的基金。股票基金在各类基金中历史最悠久，也是最广泛流行的一种基金类型。根据中国证监会对基金类别的分类标准，基金资产60%以上投资于股票的为股票基金。从长期看，股票基金收益可观，但风险较高。

②债券基金。债券基金是以债券为主要投资对象的基金。根据中国证监会对基金类别的分类标准，基金资产80%以上投资于债券的为债券基金。债券基金的价格波动性通常比股

票基金小，常常被投资者认为是收益、风险适中的投资工具，对追求稳定收入的投资者具有较强的吸引力。

③货币市场基金。货币市场基金是以货币市场工具为主要投资对象的基金。根据中国证监会对基金类别的分类标准，所有基金资产仅投资于货币市场工具的为货币市场基金。由于货币市场一般是供大额投资者参与，所以货币市场基金的出现为小额投资者进入货币市场提供了机会。货币市场基金具有风险低、流动性好的特点，是厌恶风险、对资产流动性和安全性要求较高的投资者进行短期投资的理想工具，或暂时存放现金的理想场所，但其长期收益率较低，并不适合进行长期投资。

④混合基金。混合基金是同时以股票、债券为主要投资对象，以期通过在不同资产类别上的投资实现收益与风险之间的平衡。根据中国证监会对基金类别的分类标准，投资于股票、债券和货币市场工具，但股票投资和债券投资比例不符合股票基金、债券基金规定的为混合基金。它为投资者提供了一种在不同资产类别之间进行分散投资的工具，比较适合较为保守的投资者。

除了以上四种分类以外，根据基金投资目标的不同，还可以将基金分为成长型基金、收入型基金和平衡型基金；根据募集方式不同，可以将基金分为公募基金和私募基金；另外还有特殊类型基金，包括交易型开放式指数基金（exchange traded funds，ETF）是一种在交易所上市交易的、基金份额可变的开放式基金。它采用被动式投资策略跟踪某一标的的市场指数；上市开放式基金（listed open-ended funds，LOF）是一种既可以在场外市场进行基金份额申购、赎回，又可以在交易所（场内市场）进行基金份额交易和基金份额申购或赎回的开放式基金。

3. 证券投资基金的作用。

（1）为中小投资者拓宽了投资渠道。基金可以把众多投资者的小额资金汇集起来进行组合投资，由专家来管理运作，经营稳定，收益客观，可以说是专为中小投资者设计的间接投资工具，大大拓宽了中小投资者的投资渠道。随着基金进入越来越多的家庭，它必将成为一种大众化的投资工具。

（2）通过把储蓄转化为投资，有力地促进了产业发展和经济增长。基金吸收社会上的闲散资金，为企业在证券市场上募集资金创造了良好的融资环境，实际上起到了把储蓄资金转化为生产资金的作用，这种转化为产业发展和经济增长提供了重要的资金来源。随着基金的发展壮大，这种作用会越来越大。

（3）有利于证券市场的稳定和发展。证券市场的稳定与否同市场的投资者结构密切相关。基金能有效地改善证券市场的投资者结构，成为稳定市场的中坚力量。基金由专业的基金管理公司进行投资运作，其投资行为相对比较理性，客观上能起到稳定市场的作用。同时，基金一般注重资本的长期增值，多采取长期的投资行为，较少在证券市场上频繁进出，能减少证券市场的价格波动。随着基金的发展壮大，它已成为推动证券市场发展的重要力量。

（4）有利于证券市场的国际化。很多发展中国家对开放本国证券市场持谨慎态度，在这种情况下，与外国合作组建基金，逐步、有序地引进外国资本投资到本国证券市场，不失为一个明智的选择。与直接向投资者开放证券市场相比，这种方式使监管当局能控制好利用外资的规模和市场开放程度。

第三节　衍生金融工具

【节前引例】

神华通过2017年度金融衍生工具业务年度方案议案

　　中国神华（01088）公布，2016年12月23日，该公司第三届董事会第二十次会议审议通过了《关于中国神华2017年度金融衍生工具业务年度方案的议案》。该公司2017年度金融衍生工具业务年度方案具体内容如下：

　　因公司存在以日元和美元计价的中长期债务，在当前人民币日趋国际化、市场化的宏观环境下，为有效防范因人民币汇率双向波动带来的外币债务汇率风险，根据该公司风险管控原则和策略，拟结合实际需要，选择适合的市场时机开展外汇衍生工具交易业务。

　　同时，该公司境外建设和运营的项目，因项目贷款为浮动利率的美元贷款，为有效防范因美元利率波动带来的利率风险，根据公司风险管控原则和策略，拟结合项目实际需要，选择适合的市场时机开展美元利率衍生工具交易业务。

　　（资料来源：神华官网）

　　衍生金融工具也叫衍生金融工具，是指建立在基础产品或基础变量之上，其价格取决于基础金融产品价格（或数值）变动的派生金融产品。基础金融产品主要有三大类：货币（包括本币和外汇）、债务工具和股权工具。

　　2007年10月，起源于美国的信贷危机波及全球金融市场，进而把全球经济带入下降轨道。美联储估计原本规模约1000亿美元的美国次级贷款，何以最终波及大量金融机构，最终放大为一场"金融海啸"呢？很多人将其归咎于衍生金融工具的泛滥和难以估值、无法约束。早在2002年，巴菲特就在其致股东的信中断言衍生产品是"魔鬼""定时炸弹"，甚至是"大规模杀伤武器"。衍生金融工具的功过，还是要坚持一分为二的辩证立场，不能因为"金融海啸"就彻底否定它。因此，强化对衍生金融工具的政府监管、信息披露以及市场参与者的自律将是必要之举。

一、金融远期合约

　　金融远期，是一种合约，就是金融远期合约。金融远期合约是最基础的金融衍生产品。它是交易双方在场外市场上通过协商，按约定价格在约定的未来日期（交割日）买卖某种标的金融资产的合约。

　　在合约中规定将来买入标的物的一方称为多方，而在未来卖出标的物的一方称为空方。未来买卖标的物的价格称为交割价格。

　　远期合约是非标准化合约，它不在交易所交易，而是在金融机构之间或金融机构与客户之间通过谈判后签署。在签署远期合约之前，双方可以就交割地点、交割时间、交割价格、合约规模、标的物的品质等细节进行谈判，以便尽量满足双方的需要。

1. 金融远期合约的基本特征。

（1）协议非标准化。

（2）场外交易。由于远期合约没有固定的、集中的交易场所，不利于信息交流和传递，不利于形成统一的市场价格，市场效率较低。

（3）灵活性不强。由于每份远期合约千差万别，这给远期合约的流通造成较大的不便，远期合约的流动性较差。

（4）无保证金要求。远期合约的履约没有保障，当价格变动对一方有利时，对方有可能无力或无诚意履行合约，因此远期合约的违约风险较高。

（5）实物交割。

2. 金融远期合约的分类。根据基础资产划分，常见的金融远期合约包括四个大类。

（1）股权类资产的远期合约。股权类资产的远期合约包括单个股票的远期合约、一篮子股票的远期合约和股票价格指数的远期合约三个子类。

（2）债券类资产的远期合约。债券类资产的远期合约主要包括定期存款单、短期债券、长期债券、商业票据等固定收益证券的远期合约。

（3）远期利率协议。远期利率协议是指交易双方约定在未来某一日、交换协议期间内一定名义本金基础上分别以合同利率和参考利率计算的利息的金融合约。其中，远期利率协议的买方支付一合同利率计算的利息，卖方支付以参考利率计算的利息。

（4）远期汇率协议。远期汇率协议是指按照约定的名义本金，交易双方在约定的未来日期交换支付浮动利率和固定利率的远期协议。

二、金融期货

期货交易是指交易双方在集中的交易所以公开竞价方式进行的期货合约的交易。期货合约是指由期货交易所统一制定的，规定在将来某一特定的时间和地点交割一定数量和质量商品的标准化合约。金融期货是期货的一种，是以金融商品合约为交易对象的期货。

1. 金融期货的基本特征——金融期货与金融现货的区别。金融期货的特征是由其交易本身的基本特性决定的，与现货交易的"一手交钱、一手交货"相比，金融期货主要有以下特征：

（1）交易对象不同。金融现货交易的对象是某一具体形态的金融工具。通常，它是代表着一定所有权或债权关系的股票、债券或其他金融工具。而金融期货交易的对象是金融期货合约。这一合约是由期货交易所设计的一种对指定金融工具的种类、规格、数量、交割月份、交割地点都作出统一规定的标准化书面协议。

（2）交易目的不同。金融现货交易的目的是为了获得价值或收益权，为生产或经营筹集必要的资金或为暂时闲置的货币资金寻找生息获利的投资机会。金融期货交易主要是为了套期保值，即为不愿承担价格风险的生产经营者提供稳定成本、保住利润的条件，从而保证生产经营活动的正常进行。

（3）交易方式不同。金融现货交易一般要求在成交后的几个交易日内完成资金与金融工具的全额交割，成熟市场中通常也允许进行保证金买入或卖空，但所涉及的资金或证券缺口部分系由经纪商出借给交易者，要收取相应利息。期货交易则实行保证金交易和逐日盯市制度，交易者并不需要在成交时拥有或借入全部资金或基础金融工具。

（4）结算方式不同。金融现货交易通常以基础金融工具与货币的转手而结束交易活动。而在金融期货交易中，仅有少数的合约到期进行实物交收，绝大多数的期货合约是通过作相反交易实现对冲而平仓的。

2. 金融期货的功能。

（1）套期保值。套期保值是指通过在现货市场与期货市场建立相反的头寸，从而锁定未来现金流的交易行为。期货交易之所以能够套期保值，其基本原理在于某一特定商品或金融资产的期货价格和现货价格受相同经济因素的制约和影响，从而它们的变动趋势是一致的。而且，现货价格与期货价格具有市场走势的收敛性，即当期货合约临近到期日时，现货价格与期货价格将逐渐趋合，它们之间的价差即基差将接近于零。

套期保值的基本做法是：在现货市场买进或卖出某种金融工具的同时，作一笔与现货交易品种、数量、期限相当但方向相反的期货交易，以期在未来某一时间通过期货合约的对冲，以一个市场的盈利来弥补另一个市场的亏损，从而规避现货价格变动带来的风险，实现保值的目的。套期保值的基本类型有两种：一是多头套期保值，是指交易者先在期货市场买进期货，以便将来在现货买进时不至于因价格上涨而给自己造成经济损失的一种期货交易方式；二是空头套期保值，是指交易者先在期货市场卖出期货，当现货价格下跌时以期货市场的盈利来弥补现货市场的损失，从而达到保值的一种期货交易方式。

（2）价格发现。价格发现功能是指在一个公开、公平、高效、竞争的期货市场中，通过集中竞价形成期货价格的功能。期货价格具有预期性、连续性和权威性的特点，能够比较准确地反映出未来商品价格的变动趋势。期货市场之所以具有价格发现功能，是因为期货市场将众多影响供求关系的因素集中于交易所内，通过买卖双方公开竞价，集中转化为一个统一的交易价格。由于期货价格与现货价格走向一致并逐渐趋同，所以今天的期货价格可能就是未来的现货价格，这一关系使世界各地的套期保值者和现货经营者都利用期货价格来衡量相关现货商品的近、远期价格发展趋势，利用期货价格和传播的市场信息来制定各自的经验决策。这样，期货价格就成为世界各地现货成交价的基础，它能够比较真实地反映一定时期世界范围内供求关系影响下的商品或金融资产的价格水平。

3. 金融期货的种类。

（1）外汇期货。外汇期货又称货币期货，是以外汇为基础工具的期货合约，是金融期货最早产生的品种。其目的主要是为了规避外汇风险。所谓外汇风险，也称汇率风险，是指由于外汇市场汇率的不确定性而使人们遭受损失的可能性。

外汇期货交易自 1972 年在芝加哥商业交易所（CME）所属的国际货币市场（IMM）率先推出后得到了迅速发展。其后，英国、澳大利亚等国也相继建立了外汇期货的交易市场。目前，外汇期货成为一种世界性的交易品种。

（2）利率期货。利率期货是指以债券类证券为标的物的期货合约，它可以回避银行利率波动所引起的证券价格变动的风险。利率期货一般可分为短期利率期货和长期利率期货，前者大多以银行同业拆借市场 3 月期利率为标的物，后者大多以 5 年期以上长期债券为标的物。

20 世纪 70 年代末，由于受两次石油危机的冲击，美国和西方各主要资本主义国家的利率波动非常剧烈，使借贷双方面临着巨大的风险。为了降低或回避利率波动的风险，1975年美国芝加哥商业交易所首先开办了利率期货。虽然比外汇期货晚了 3 年，但其发展速度与应用范围都远较外汇期货来得迅速和广泛。

（3）股票价格指数期货。股票价格指数期货，简称股指期货，是一种以股票价格指数为标的物的期货交易。它是 20 世纪 80 年代金融创新中出现的最重要、最成功的衍生金融工具之一。股指期货标的物的特征决定了它独特的交易规则。股指期货合约的价格是由标的指数的点数与某一固定金额（每点价格）的乘积表示的，如恒生指数每点价格为 50 港元，即恒生指数每降一个点，则该期货合约的买者（多头）每份就亏 50 港元，卖者（空头）每份合约则赚 50 港元。由于股价指数本身并没有任何的实物存在形式，因此股价指数是以现金结算方式来结算交易的。在现金结算方式下，每一未平仓合约将于到期日得到自动冲销，即买卖双方根据最后结算价计算出盈亏金额，通过借记或贷记保证金账户而结清交易部位。这种现金交割方式是股指期货合约的一大特征。

股指期货是为了适应人们规避风险，尤其是系统性风险的需要而产生的。股指期货之所以能回避股票交易中的风险，主要是因为股价指数的变动代表了整个股价变动的方向和水平，而大多数股票价格的变动是与股指同方向的。因此，在股票现货市场和股价指数期货市场作相反的操作，并通过系数进行调整，就可以抵消股票市场面临的风险。

股指期货本身是一个完全的零和游戏，多空两方的盈利必然建立在对方的亏损上，全体参与者必定盈亏相等，不会创造任何新的价值，也不会损失任何财富。从整个市场来说，股指期货本身并不会创造风险。在零和游戏的机制下，风险只会从一方转移到另外一方，股指期货只是一个对现有风险的转移和再分配的工具。通过这种风险转移和再分配，系统风险得到了疏通渠道：防止系统风险过度积累导致市场剧烈波动；有效地提高了证券市场抗击风险的弹性；另外，也为市场提供了一套行之有效的避险机制，满足投资者日益增长的多样化金融需求。

小资料

我国股指期货"历史首演"

2010 年 4 月 16 日，国内首只股指期货——沪深 300 指数期货合约正式挂牌，这无疑是中国资本市场金融创新最引人瞩目的历史性时刻，也是完善优化金融生态和深层次资本体系建设进程中迈出的关键一步，其对国内股票市场和期货市场亦将产生积极深远的影响。

为了维护市场正常交易秩序，股指期货设置了价格日涨跌幅限制（见表 4-1），内容主要包括三点：第一，股指期货合约的涨跌停板幅度为上一交易日结算价的 ±10%。第二，季月合约上市首日涨跌停板幅度为挂盘基准价的 ±20%。上市首日成交的，于下一交易日恢复到合约规定的涨跌停板幅度；上市首日无成交的，下一交易日继续执行前一交易日的涨跌停板幅度。第三，股指期货合约最后交易日涨跌停板幅度为上一交易日结算价的 ±20%。

表 4-1   沪深 300 指数期货合约

合约标的	沪深 300 指数
合约乘数	每点 300 元
报价单位	指数点
最小变动价位	0.2 点

续表

合约标的	沪深 300 指数
最低保证金	合约价值的 12%
每日价格最大波动	上一个交易日结算价的 ±10%
合约月份	当月、下月及随后两个季月
交易时间	9：15 - 11：30 13：00 - 15：15
最后交易日交易时间	9：15 - 11：30 13：00 - 15：00
最后交易日	合约到期月份的第三个周五（遇法定假日顺延）
交割日期	同最后交易日
交割方式	现金交割

（资料来源：作者根据 2010 年 4 月 16 日上海证券报相关资料整理）

三、金融期权

期权又称选择权，是指其持有者能在规定的期限内按交易双方商定的价格购买或出售一定数量的基础工具的权利。期权交易就是对这种选择权的买卖。

金融期权是指以金融工具或金融变量为基础工具的期权交易形式。具体地说，其购买者在向出售者支付一定费用后，就获得了能在规定期限内以某一特定价格向出售者买进或卖出一定数量的某种金融工具的权利。

1. 金融期权的特征。与金融期货相比，金融期权的主要特征在于它仅仅是买卖权利的交换。期权交易实际上是一种权利的单方面有偿让渡。期权的买方以支付一定数量的期权费为代价而拥有了以事先确定的价格向期权的卖方买进或卖出某种金融工具的权利，但不承担必须买进或卖出的义务；期权的卖方则在收取了一定数量的期权费后，在一定期限内必须无条件服从买方的选择并履行成交时的承诺。也就是说金融期权的买方有选择的权利但无义务，而卖方则只有义务没有选择的权利。

2. 金融期货与金融期权的区别。

（1）标的物不同。一般地说，可作期货交易的金融商品都可作期权交易，但可作期权交易的金融工具却未必可作期货交易。在实践中，只有金融期货期权，没有金融期权期货，即只有以金融期货合约为基础资产的金融期权交易，而没有以金融期权合约为基础资产的金融期货交易。一般而言，金融期权的基础资产多于金融期货的基础资产。

随着金融期权的日益发展，其基础资产还有日益增多的趋势，不少金融期货无法交易的金融产品均可作为金融期权的基础资产，甚至连金融期权合约本身也成了金融期权的基础资产，即所谓复合期权。

（2）投资者权利与义务的对称性不同。金融期货交易的双方权利与义务对称，即对任何一方而言，都既有要求对方履约的权利，又有自己对对方履约的义务。而金融期权交易双方的权利与义务存在着明显的不对称性，期权的买方只有权利而没有义务，而期权的卖方只有义务而没有权利。

（3）履约保证不同。金融期货交易双方均需开立保证金账户，并按规定缴纳履约保证金。在金融期权交易中，只有期权的卖方，尤其是无担保期权的卖方才需开立保证金账户，并按规定缴纳保证金，以保证其履约的义务。至于期权的买方，因没有义务，故无需开立保证金账户，也就无需缴纳任何保证金。

（4）现金流转不同。金融期货交易双方在成交时不发生现金收付关系，但在成交后，由于实行每日结算制度，交易双方将因价格的变动而发生现金流转，即盈利一方的保证金账户余额将增加，而亏损一方的保证金账户余额将减少。当亏损方保证金账户余额低于规定的维持保证金时，他必须按规定及时追加保证金。因此，金融期货交易双方都必须保有一定的流动性较高的资产，以备不时之需。而在金融期权交易中，在成交时，期权购买者为取得期权合约所赋予的权利，必须向期权的卖方支付一定的期权费；但在成交后，除了到期履约时，交易双方将不发生任何现金流转。

（5）盈亏特点不同。金融期货交易双方都无权违约，也无权要求提前交割或推迟交割，只能在到期前的任一时间通过反向交易实现对冲或到期进行实物交割。而在对冲或到期交割前，价格的变动必然使其中一方盈利而另一方亏损，其盈利或亏损的程度取决于价格变动的幅度。因此，从理论上说，金融期货交易中双方潜在的盈利或亏损都是无限的。相反，在金融期权交易中，由于期权的买方和卖方在权利和义务上的不对称性，他们在交易中的盈利和亏损也具有不对称性。从理论上说，期权买方在交易中潜在亏损是有限的，仅限于他所支付的期权费，而他可能取得的盈利却是无限的；相反，期权卖方在交易中所取得的盈利却是有限的，仅限于他所收取的期权费，而他可能遭受的损失却是无限的。

（6）套期保值的作用与效果不同。人们利用金融期货进行套期保值，在避免价格不利变动造成损失的同时，也必须放弃价格有利变动可能获得的收益。人们利用金融期权进行套期保值，若价格发生不利变动，套期保值者可通过执行期权来避免损失；若价格发生有利变动，套期保值者又可通过放弃期权来保护利益。

但这并不是说金融期权比金融期货更为有利。如从保值角度来说，金融期货通常比金融期权更为有效，也更便宜，而且要在金融期权交易中真正做到既保值又获利，事实上也并非易事。所以，金融期权和金融期货可谓各有所长，各有所短。在现实的交易活动中，人们往往将二者结合起来，通过一定的组合或搭配来实现某一特定目标。

3. 金融期权的分类。

（1）按照选择权性质不同分类。根据选择权的性质不同，可将金融期权划分为看涨期权和看跌期权。

看涨期权又称买入期权或认购权，是指期权的买方具有在约定期限内按约定价格（也称为行权价）买入一定数量金融资产的权利。投资者之所以买入看涨期权，是因为他预期这种金融资产的价格在近期内将会上涨。如果判断正确，按协议价买入该项资产并以市价卖出，可赚取市价与协议价之间的差额；如果判断错误，则损失期权费。

看跌期权又称卖出期权或认沽权，是指期权的买方具有在约定期限内按约定价格卖出一定数量金融资产的权利。投资者之所以买入看跌期权，是因为他预期该项金融资产的价格在近期内将会下跌。如果判断正确，可从市场上以较低的价格买入该项金融资产，再按协议价卖出，将赚取协议价与市价的差额；如果判断失误，将损失期权费。

（2）按照合约所规定的履行时间不同分类。按照合约所规定的履约时间不同，可将金融期权分为欧式期权、美式期权和修正的美式期权。欧式期权只能在期权到期日执行；美式期权则可在期权到期日或到期日之前的任何一个营业日执行；修正的美式期权也称为百慕大期权或大西洋期权，可以在期权到期日之前的一系列规定日期执行。

（3）按照金融期权基础资产性质不同分类。按照金融期权基础资产性质不同，可将金融期权分为股权类期权、利率期权、货币期权、金融期货合约期权、金融互换期权等。

①股权类期权。股权类期权可进一步细分为单只股票期权、股票组合期权和股票指数期权。

单只股票期权简称为股票期权，是指买方在交付了期权费后，即取得在合约规定的到期日或到期日以前按协议价买入或卖出一定数量相关股票的权利。

股票组合期权是以一篮子股票为基础资产的期权，代表性品种是交易所交易基金的期权。

股票指数期权是以股票指数为基础资产，买方在支付了期权费后，即取得在合约有效期内或到期时以协定指数与市场实际指数进行盈亏结算的权利。股指期权没有可作实物交割的具体股票，只能采取现金轧差的方式结算。

②利率期权。利率期权是指买方在支付了期权费后，即取得在合约有效期内或到期时以一定的利率（价格）买入或卖出一定面额的利率工具的权利。利率期权合约通常以政府短期、中期、长期债券，以及大额可转让存单等利率工具为标的物。

③货币期权。货币期权又叫外币期权、外汇期权，是指买方在支付了期权费后即取得在合约有效期内或到期时以约定的汇率购买或出售一定数额某种外汇资产的权利。货币期权合约主要以美元、欧元、日元、英镑、瑞士法郎、加拿大元及澳大利亚元为基础资产。

④金融期货合约期权。金融期货合约期权是一种以金融期货合约为交易对象的期权，它赋予其持有者在规定时间内以协定价格买卖特定金融期货合约的权利。

⑤金融互换期权。金融互换期权是以金融互换合约为交易对象的选择权，它赋予其持有者在规定时间内以规定条件与交易对手进行互换交易的权利。

四、金融互换

根据国际清算银行的定义，互换（swap）是指双方签约同意，在确定期限内互相交换一系列现金流的一种金融活动。金融互换是指两个（或两个以上）当事人按照商定的条件，在约定的时间内，交换不同金融工具的一系列支付款项或收入款项的合约。

1. 金融互换的基本特征。

（1）品种多样化。互换按标的不同可分为货币互换、利率互换、商品互换和股权互换。最基本的金融互换品种是指货币互换（Currency Swap）和利率互换（Interest Rate Swap）。而在原有的互换品种基础上进行组合配置可以说是无穷的，20世纪90年代后互换新品种不断出现，如特殊结构互换，互换期权，混合互换，互换期货等，从而使互换交易呈现品种多样化的特点。

（2）结构标准化。1985年2月，以活跃在互换市场上的银行、证券公司为中心，众多的互换参与者组建了旨在促进互换业务标准化和业务推广活动的国际互换交易协会（International Swap Dealer's Association，ISDA），并在《国际金融法规评论》上发表了该协会会员克里斯托弗·斯托克关于互换业务标准化的著名论文，拟定了标准文本"利率和货币互换协议"。该协议的宗旨，就是统一交易用语，制定标准的合同格式，统一利息的计算方式。该协议要求交易双方在达成第一笔互换交易前（或之后）签订这样一个"主协议"，同时可对各项条款进行讨论、修改和补充。由此在以后每一笔互换交易时，就省去了拟定、讨论文本的大量时间。到目前为止，世界上大多数银行、投资银行等均已成为该协会的成员，极大地推动了互换交易标准化的进程。该协议的实施，标志着金融互换结构进入标准化阶段，为金融互换交易的深入发展创造了良好的条件，大大提高了交易效率。

（3）功能扩大化。互换交易的基本经济功能有两个：①在全球金融市场之间进行套利，从而一方面降低筹资者的融资成本或提高投资者的资产收益；另一方面促进全球金融市场的一体化。②互换交易提高了利率和货币风险的管理效率，即筹资者或投资者在得到借款或进行投资之后，可以通过互换交易改变其现有的负债或资产的利率基础或货币种类，以期从货币或汇率的变动中获利。

随着互换交易的发展，其功能也逐步扩大，表现在：第一，完善了价格发现机制。金融互换所形成的价格反映了所有可获得的信息和不同交易者的预期，使未来的资产价格得以发现。第二，拓宽了融资渠道。利用金融互换，筹资者可以在各自熟悉的市场上筹措资金，通过互换来达到各自的目的，而不需要到自己不熟悉的市场去寻求筹资机会。第三，投资银行家可利用互换创造证券。由于大多数互换是在场外交易，可以逃避外汇、利率及税收等方面的管制，同时互换又具有较强的灵活性，使得投资银行家能创造一系列的证券。第四，获取投机收益。随着互换的不断发展，一些专业交易商开始利用其专业优势，对利率与汇率进行正确预测而运用互换进行投机。一旦遇到市场波幅大，且其判断正确时，收益丰厚。

（4）参与机构多元化。互换市场参与机构包括最终用户和中介机构（最终用户是指各国政府尤其是发展中国家的政府及其代理机构、世界范围内的银行和跨国公司、储蓄机构和保险公司、国际性代理机构与证券公司等。中介机构主要包括美国、英国、日本、德国、加拿大等国的投资银行和商业银行、证券交易中心等）。互换交易的发展，使上述两类机构在实践中的交叉越来越多，许多机构积极参与了双方的活动，即同一机构既可能是最终用户也可能是中介机构。特别是为数众多的大商业银行与投资银行以及信誉卓著的跨国公司，它们常常利用自身信誉高、信息广、机构多的优势直接进行互换，从而大大减少了对中介机构的需要。

（5）业务表外化。金融衍生产品的交易不构成有关交易方的资产与负债，属于表外业务。而金融机构本身就属于金融衍生产品的一个重要部分，其业务当然具有表外化的特点。也就是说，金融互换在时间和融资方面独立于各种借款或投资之外，即具体的借款或投资行为与互换中的利率基础和汇率基础无关。这一特点，决定了可利用金融互换逃避外汇管制、利率管制以及税收限制，不增加负债而获得巨额利润扩充资本，达到提高资本充足率等目的。这一特点也表明，在金融互换本身存在风险的前提下，若在资产负债表中不对金融互换作适当揭露，将不能充分准确地反映经济主体的经营行为及风险状况。

（6）监管国际化。由于金融互换是表外业务，而且是场外交易，标准合约又可以协商修改，因而其透明度较低，各国监管机构至今尚未专门针对金融互换的监管提出非常有效的方式。同时一项互换交易往往涉及两个或两个以上国家的不同机构，必然要求互换监管的国际化。

2. 金融互换的分类。金融互换虽然历史较短，但品种创新却日新月异。除了传统的利率互换和货币互换外，一大批新的金融互换品种不断涌现。

（1）利率互换。利率互换是指双方同意在未来的一定期限内根据同种货币的同样的名义本金交换现金流，其中一方的现金流根据浮动利率计算出来，而另一方的现金流根据固定利率计算。互换的期限通常在 2 年以上，有时甚至在 15 年以上。利率互换的基本特征：

①交换双方使用相同的货币。

②在互换整个期间没有本金的交换，只有利息的交换，但名义本金在互换中是计算利息的基础。

③最基本的利率互换是固定对浮动利率互换。固定利率在互换开始时就已确定，在整个互换期间内保持不变；浮动利率在整个互换期间参照一个特定的市场等量利率确定，在每期前预先确定，到期偿付。

（2）货币互换。货币互换是将一种货币的本金和固定利息与另一货币的等价本金和固定利息进行交换。其主要原因是双方在各自国家中的金融市场上具有比较优势。货币互换的基本特征：

①互换双方所支付款项的币种不同。交换双方使用的货币不同，即货币交换中存在的两种货币的本金金额。

②在协议到期时始终会有本金额的交换。货币互换在到期日必须有本金的交换，而互换初始可以没有本金的交换。

③货币互换中的本金交换率依据当时的市场即期汇率确定。两种货币之间存在的利率差则按利息平价原理，由货币利率较低方向货币利率较高方定期贴补。

④互换双方的利息支付可以是：均为固定利率；均为浮动利率；一方固定一方浮动。

（3）其他互换。除此以外，互换还包括交叉货币利率互换。它是利率互换和货币互换的结合，是一种货币的固定利率交换另一种货币的浮动利率。基点互换：交换的利息支付额以两种不同的浮动利率指数进行核算，如 3 个月期的美元伦敦银行同业拆放利率对美国商业票据利率的互换交易。零息互换：指固定利息的多次支付流量被一次性的支付所代替，该一次性支付可在期初或在期末。远期互换：互换生效日是在未来某一确定时间开始的互换。互换期权：本质上是期权而不是互换，该期权的标的物为互换。股票互换：以股票指数产生的红利和资本利得与固定利率或浮动利率交换。

本章小结

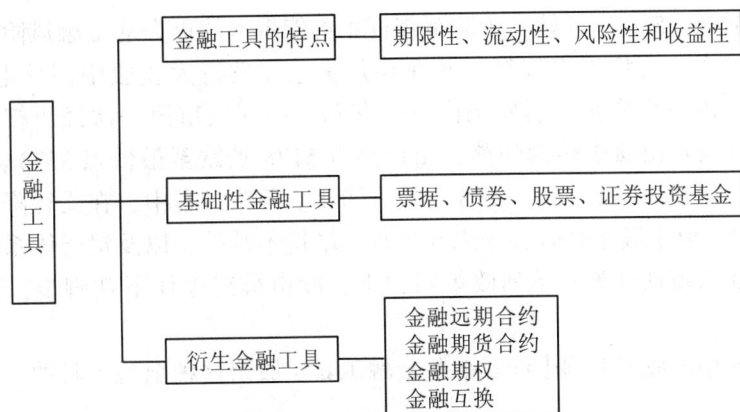

复习思考题

一、单项选择题

1. 商业票据的期限为（　　）。
   A. 1 年以上　　　　B. 2 年以上　　　C. 1 年以内　　　D. 期限不定
2. 债券的特点不包括（　　）。
   A. 永久性　　　　　B. 流动性　　　　C. 安全性　　　　D. 收益性
3. 基金公司对资金进行托管，由（　　）机构负责。
   A. 证券公司　　　　　　　　　　　　B. 中央银行
   C. 基金公司　　　　　　　　　　　　D. 具体情况具体分析

二、多项选择题

1. 金融工具的特征包括（　　）。
   A. 偿还性　　　　　B. 流动性　　　　C. 安全性　　　　D. 收益性
2. 下列（　　）金融工具属于基础性金融工具。
   A. 股票　　　　　　　　　　　　　　B. 商业汇票
   C. 大额可转让存单　　　　　　　　　D. 短期国债
3. 下列（　　）金融工具属于衍生工具。
   A. 股票　　　　　　B. 金融期权　　　C. 股指期货　　　D. 金融互换

三、问答题

1. 期权和期货的区别是什么？
2. 金融工具的分类有哪些？
3. 金融互换包括那些类型？
4. 基金的作用是什么？

四、案例分析

2015 中国股灾

2014 年 7 月以后的一波牛市，又称改革牛、杠杆牛，融资余额不断攀升，场外配资、伞形信托异常活跃。5 月底开始，为防范杠杆牛可能带来的更大的金融风险，证监会开始着手清查场外配资，给疯牛去杠杆，并在 6 月份连续发行大盘股中国核电和国泰君安，导致市场流动性进一步紧张，引发场内资金踩踏。中国股市第一次经历杠杆牛市，突如其来的去杠杆让股市由疯牛转为快熊，由最高点 5178 点跌至最低点 3373 点，18 天时间下跌了 1805 点，极端跌幅 35%，酿成了股灾惨剧。下跌过程中，在央行降准降息，证监会宣布暂停 IPO，要求股东高管在未来 6 个月只增持不减持，以及银行体系通过向证金公司注资向股市注入流动性等一系列政策呵护下，股市最终停住下跌脚步，步入漫长的震荡修复期。

讨论：2015 中国股灾案例中涉及哪些金融工具？股票这种金融工具的特点在案例中是如何反映的？

实训项目
衍生金融工具的使用

通过情景模拟再现，理解衍生金融工具的原理。

1. 设定多个不同类型的衍生金融工具交易主体。
2. 模拟衍生金融工具的完整交易过程。
3. 总结衍生金融工具使用的必要性。
4. 分析衍生金融工具的优劣。
5. 将实训所得结果填写在实训报告上。
6. 组织各小组汇报和讨论。

第五章

金融机构体系

📚 **学习目标**

知识目标

- 掌握金融机构的含义，理解金融机构的作用和职能。
- 掌握中央银行、商业银行的性质和职能。
- 掌握现代金融机构体系的构成，了解金融机构体系的发展情况。
- 熟悉我国金融机构体系的构成。
- 了解国际金融机构体系的发展与构成。

能力目标

- 能够认识和分析各种金融机构的作用和职能。
- 能够系统地阐述我国金融机构体系的构成。
- 能够与商业银行、保险公司、证券机构等金融机构进行简单业务往来。

【章前引例】

世界金融中心——华尔街

荷兰联合西印度公司去美洲做贸易的时候发现了一处天然良港，于是在此地建立了一座城市，叫作"新阿姆斯特丹"，后来这座城市被命名为"纽约"。荷兰人为了防止敌人抢走这片地盘，在城市周围建立了城墙。随着城市的扩大，城墙最终被拆除，原城墙之外30米的空地却被保留下来成为一条主要街道，因为毗邻原城墙，故被命名为"Wall Street"，就是著名的华尔街。这里是美国乃至全世界的金融中心，集中了形形色色的金融机构，如纽约证券交易所、美国证券交易所、投资银行、政府和市办的证券交易商、信托公司、联邦储备银行、保险公司的总部以及美国洛克菲勒、摩根等大财团开设的银行、保险、证券公司的总管理处。

你知道这些金融机构的作用和职能吗？你知道他们在金融市场上扮演着什么样的角色吗？你知道我们国家的金融机构体系是由哪些机构组成的吗？本章将为大家介绍金融机构体系的有关内容：金融机构体系的含义、构成、发展；我国金融机构体系；国际金融机构体系。

第一节　金融机构体系概述

【节前引例】

北京有一条金融街

北京金融街是北京市第一个大规模整体定向开发的金融产业功能区，位于北京市西城区，地处北京市中轴对称中心地带，南起复兴门内大街，北达阜成门内大街，西抵西二环路，东临太平桥大街。金融街所在地区，元代起就被称为"金城坊"，遍布金坊、银号，商贾云集。至清朝末期，户部银行即设于此，后改称大清银行，1912 年又改为中国银行。新中国成立后，这一地区一直是中国人民银行等国家最高金融管理机构所在地。

鉴于这块具有悠久历史的"宝地"的独特性，1993 年，经国务院批准的《北京市城市总体规划》，提出在西二环阜成门至复兴门一带建设国家级金融管理中心，集中安排国家级银行总行和非银行金融机构总部，北京金融街应运而生。

1994 年北京金融街正式开工建设。经过 20 多年的建设，北京金融街已形成一定规模。目前，金融街集中了中国人民银行、中国证监会、中国银保监会等中国最高金融决策和监管机构，几乎所有有关中国金融的重大决策都在这里酝酿、讨论和最终形成，令金融街成为中国的金融决策监管中心；金融街云集了国内包括银行、证券、保险等在内的绝大多数经营性金融机构的总部以及外资金融机构，金融街内金融机构管理的金融资产总额达 40 万亿元，占北京金融资产的 82%，占全国的 47.6%，控制着全国 95% 以上的信贷资金和 65% 的保费资金运作，每天的资金流量超过 100 亿元人民币，金融街共有金融从业人员 14 万人，占北京市金融从业人员的 56%，令金融街成为中国的金融资产管理中心；人民银行清算总中心、中国国债登记结算公司、中央证券登记结算公司等中央金融企业聚集，令金融街成为中国金融业的资金结算中心；伴随该区域的不断发展，凭借其金融决策监管部门与金融机构总部集中的优势，辅之畅通发达的通信系统，及时汇集、传递全国乃至世界各地的经济、金融信息，令金融街成为中国的金融信息中心。北京金融管理中心已基本形成，有人称北京金融街为中国的"华尔街"。

请思考：金融街聚集了大量的金融机构，什么是金融机构？你知道有哪些金融机构？

政府机关、企事业单位都要在银行开户办理业务，个人和家庭也经常会去银行、证券公司和保险公司存取款、买卖证券或购买保险。种类繁多、功能各异的金融机构之间分工协作、相互联系，形成了一个系统完整的金融机构体系。现代市场经济中的货币、信用和金融活动都与金融机构有关，金融机构与金融市场相互支持共同实现了金融对经济发展的重要作用。

一、金融机构的含义

金融机构是指从事金融活动的组织，也称为金融中介或金融中介机构。从某种程度上说，金融机构是社会资金运动的组织者和运营者，是金融活动的载体和媒介。在间接融资领域中的金融机构，是作为资金余缺双方进行交易的媒介体，如各类银行和非银行金融中介机构；在直接融资领域中的金融中介机构，是为筹资者和投资双方牵线搭桥的证券公司。

金融机构作为金融活动中起中介作用的主体，其作用主要体现在两个方面：一方面，金融机构充当支付中介，在不同经济主体间传递或转移货币，发挥着货币资金支付的中介作用；另一方面，金融机构充当调剂中介，为资金的盈余单位和赤字单位提供资金融通的便利，发挥了调剂资金余缺的中介作用，并通过资金的重新调配有效地配置社会资源。

相互联系的金融机构的总体构成了金融机构体系。金融机构体系是指金融机构的组织体系，简称金融体系。它是一个由经营和管理金融业务的各类金融机构所组成的有机整体，它包括各类金融机构的构成、职责分工和相互关系。一个国家建立什么样的金融机构体系，是由这个国家的经济发展水平、经济体制、货币信用发达程度等因素来决定的。

二、金融机构体系的构成

现代金融机构种类繁多，除银行这一传统的金融机构以外，还有许多非银行金融机构，它们从事综合的或专门的金融业务和金融服务，形成相互联系、相互影响的统一体，即构成金融机构体系。世界各国金融机构体系的形成不同，其组成环节和划分方法也各有特色，但概括起来看，各国金融机构体系基本上由中央银行、商业银行、专业银行、非银行金融机构构成。

（一）中央银行

中央银行是国家赋予其制定和执行货币政策、对国民经济进行宏观调控和管理监督的特殊金融机构。中央银行是一个国家的金融管理机构，它是在商业银行的基础上发展形成的，是现代各国金融体系的核心，它具有特殊的地位和功能。

1. 中央银行的产生。中央银行是适应商品货币信用及商业银行体系发展的需要而产生的。它的产生有其深刻的经济背景和客观经济条件。就世界范围来说，中央银行最早产生于17世纪后半期，形成于19世纪初叶。最早可以追溯到1656年的瑞典银行和1694年的英格兰银行。英格兰银行是中央银行发展史上的一个重要里程碑，是现代中央银行的鼻祖。尽管它的产生要晚于瑞典银行近40年，但它最先真正、全面地发挥了中央银行的职能。在这一时期，资本主义经济发生了重大的变化，主要表现在商品经济的迅猛发展、资本主义经济危机频繁出现、银行信用的普遍发展等。

社会生产力的快速发展和商品经济的迅速扩大，促使货币信用制度进一步发展完善，商业银行体系也随之建立起来。也正是商业银行发展过程中的诸如信用问题、银行券流通问题、票据交换与清算问题以及金融监管问题呼唤着中央银行的产生。这些问题的产生与解决恰恰是中央银行形成的客观经济基础。

（1）银行的支付保障能力，即"最后贷款人"问题。随着资本主义商品经济的迅速发展，工商客户对贷款的要求与日俱增，而商业银行单凭自己吸收的存款来发放贷款是很难满足其自身发展需要的，并且对吸收的存款过度运用，又会削弱其本身的清偿能力。在众多的商业银行中，往往有些银行营运资金不足、头寸调度不灵、周转困难甚至会濒临挤提、倒闭的边缘。这样，客观上要求有一家大的银行既能集中众多银行的存款准备，又能不失时宜地为其他商业银行提供必要的周转资金，为银行充当最后的贷款人，中央银行的出现正是适应了这样的客观需求。

（2）银行券，即信用货币的发行问题。在银行业发展初期，几乎每家银行都有发行银行券的权力，许多商业银行除办理存贷和汇兑等业务外，还从事银行券的发行。但随着经济的发展、市场的扩大和银行机构的增多，银行券分散发行的弊病就越来越明显。一是在资本竞争加剧、银行林立的情况下，一些银行特别是小的商业银行，由于信用能力薄弱、经营不善或同业挤兑，无法保证自己所发银行券的兑现，从而无法保证银行券的信誉及其流通的稳定，容易引起社会的混乱；二是一些银行由于资力、信用和分支机构等问题，其信用活动的领域受到限制，所发行的银行券只能在国内有限的地区流通，从而给生产和流通带来困难。

由此，客观上要求有一个资力雄厚，并在全国范围内享有权威的银行来统一发行银行券。这样，在解决银行券分散发行问题的过程中，产生了垄断本国货币发行的银行，这一银行就是中央银行的最早雏形。

（3）票据交换和清算问题。随着银行业的不断发展，银行经营必然日趋扩大，银行每天收受票据的数量增多，各家银行之间的债权、债务关系日趋复杂化，由各家银行自行轧差进行当日清算已发生困难，这种状况不仅表现为异地结算矛盾突出，即使同城结算也成问题。因此，客观上要求建立一个全国统一的、有权威的、公正的清算中心，而这个中心只能由中央银行来承担。

（4）金融监督与管理问题。银行业和金融市场的发展，需要政府出面进行必要的管理，而有效的方法是政府通过一个专门的机构来实施。这一机构不仅在业务上与一般银行有密切联系，而且还必须能依据政府的意图制定一系列金融政策和管理条例，以此来统筹、管理和监督全国的货币金融活动。很显然，这一使命由中央银行来承担最为合适。

2. 中央银行的类型。就各国的中央银行制度来看，中央银行大致可以归纳为四种类型：单一中央银行制、复合中央银行制、准中央银行制和跨国中央银行制。

（1）单一中央银行制。单一中央银行制是指国家设立专门的中央银行机构，纯粹行使中央银行职能。单一中央银行制又有以下两种具体形式：一元式，是指一国由独家中央银行及其众多的分支机构来执行中央银行职能。世界上大多数国家都采用这种形式，我国也是如此。二元式，是指在一国内建立中央和地方两级相对独立的中央银行机构，如美国、德国等。

（2）复合中央银行制。复合中央银行制是指在一国之内，不设立专门的中央银行，而是由一家大银行来同时扮演商业银行和中央银行两种角色，如苏联和东欧部分国家。

（3）准中央银行制。准中央银行制是指国家不设通常完整意义上的中央银行，而设立类似的中央银行的金融管理机构，或由政府授权某个或几个商业银行行使部分中央银行职能的制度形式。实行准中央银行制度的国家或地区主要有：新加坡、马尔代夫、利比里亚和中国香港等。

（4）跨国中央银行制。跨国中央银行制是指两个以上的主权国家设立共同的中央银行。它一般是与一定的货币联盟联系在一起的，如欧洲货币联盟已建立了统一的中央银行。

3. 中央银行的职能。中央银行的职能一般可以表述为发行的银行、银行的银行和政府的银行。

（1）发行的银行。发行的银行是指由中央银行垄断货币发行权，成为全国唯一的现钞发行机构，这是中央银行最基本、最重要的标志，也是中央银行履行全部职能的前提和基础。中央银行独占货币发行权，一方面有利于防止因分散发行造成信用膨胀、货币紊乱；另一方面也有利于调节和控制货币流通，有利于货币稳定和宏观调控。

（2）银行的银行。银行的银行是指中央银行为商业银行和其他金融机构融通资金，成为最后贷款人，同时对商业银行及其他金融机构进行管理。银行的银行这一职能是中央银行作为特殊的金融机构最为直接的表现，也是中央银行作为金融体系核心的基本条件。同时也是中央银行对商业银行和其他金融机构施加影响的重要途径。中央银行作为银行的银行，具体体现在三个方面：集中保管商业银行的存款准备金；作为最后贷款人为商业银行和其他金融机构提供信贷资金；为商业银行和其他金融机构办理清算业务。

（3）政府的银行。政府的银行是指中央银行代表政府制定和执行货币金融政策，代表政府管理财政收支以及为政府提供各种金融服务。作为"政府的银行"，中央银行为政府提供以下几方面金融服务：代理政府债券的发行和兑付；为政府融通资金；制定与实施货币政策；组织与实施金融监管；保管黄金外汇储备；代表政府参与国际活动等。

（二）商业银行

在西方国家，商业银行以机构数量多、业务渗透面广和资产总额比重大而成为金融机构体系中的骨干和中坚力量，它是最早出现的现代银行机构。

1. 商业银行的性质。商业银行是以追求最大利润为目标，以多种金融负债和金融资产为经营对象，能够利用负债进行信用创造，全方位经营各类金融业务的综合性、多功能的金融服务企业。

（1）商业银行具有一般的企业特征。获取最大利润不仅是商业银行产生的基本前提和商业银行的基本目标，也是商业银行的内在动力。

（2）商业银行不仅仅是一般的企业，而是经营货币资金的特殊企业。商业银行的活动范围是货币信用领域，其创造的是能够充当一般等价物的信用货币。

（3）商业银行不同于其他金融机构。首先，商业银行不同于中央银行。其次，商业银行也不同于中央银行之外的其他金融机构。

2. 商业银行的职能。商业银行在现代经济活动中发挥的功能主要表现在以下几个方面：

（1）信用中介。信用中介是指商业银行充当将经济活动中的赤字单位与盈余单位联系起来的中介人的角色。信用中介是商业银行最基本的功能，它在国民经济中发挥着多层次的调节作用：一是将闲散货币转化为资本；二是使闲置资本得到充分利用；三是将短期资金转化为长期资金。

（2）支付中介。支付中介是指商业银行借助支票这种信用流通工具，通过客户活期存款账户的资金转移为客户办理货币结算、货币收付、货币兑换和存款转移等业务活动。商业银行发挥支付中介功能的主要作用有：节约了流通费用，降低银行的筹资成本，扩大银行的资金来源。

（3）信用创造。信用创造是指商业银行通过吸收活期存款、发放贷款，从而增加银行的资金来源、扩大社会货币供应量。商业银行发挥信用创造功能的作用主要在于通过创造存款货币等流通工具和支付手段，既可以节省现金使用，减少社会流通费用，又能够满足社会经济发展对流通手段和支付手段的需要。

（4）金融服务。金融服务是指商业银行利用在国民经济中联系面广、信息灵通等的特殊地位和优势，利用其在发挥信用中介和支付中介功能的过程中所获得的大量信息，借助电子计算机等先进手段和工具，为客户提供财务咨询、融资代理、信托租赁、代收代付等各种金融服务。

3. 商业银行的组织形式。受国内外政治、经济、法律等多方面因素的影响，世界各国商业银行的组织形式可以分为单一银行制、分支银行制和集团银行制。

（1）单一银行制。单一银行制是指不设立分行，全部业务由各个相对独立的商业银行独自进行的一种银行组织形式，这一体制主要集中在美国。

单一银行制度有以下优点：首先，可以限制银行业的兼并和垄断，有利于自由竞争；其次，有利于协调银行与地方政府的关系，使银行更好地为地区经济发展服务；最后，由于单一银行制富于独立性和自主性，内部层次较少，因而其业务经营的灵活性较大，管理起来也较容易。

单一银行制的缺点也很明显。首先，单一制银行规模较小，经营成本较高，难以取得规模效益；其次，单一银行制与经济的外向发展存在矛盾，人为地造成资本的迂回流动，削弱了银行的竞争力；最后，单一制银行的业务相对集中，风险较大。随着电子计算机推广应用的普及，单一制限制银行业务发展和金融创新的弊端也愈加明显。

（2）分支银行制。分支银行制又称总分行制。实行这一制度的商业银行可以在总行以外普遍设立分支机构，分支银行的各项业务统一遵照总行的指示办理。

分支银行制按管理方式不同又可进一步划分为总行制和总管理处制。总行制即总行除了领导和管理分支行处以外，本身也对外营业；而在总管理处制下，总行只负责管理和控制分支行处，本身不对外营业，在总行所在地另设分行或营业部开展业务活动。

分支银行制有很多优点。实行这一制度的商业银行规模巨大，分支机构众多，便于银行拓展业务范围，降低经营风险；在总行与分行之间，可以实行专业化分工，大幅度地提高银行工作效率，分支行之间的资金调拨也十分方便；此外，它还易于采用先进的计算机设备，广泛开展金融服务，取得规模效益。虽然分支银行制度也有一些缺点，如容易加速垄断的形成，而且由于实行这一制度的银行规模大，内部层次多，从而增加了银行管理的难度等，但就总体而言，分支银行制更能适应现代化经济发展的需要，因而受到各国银行界的普遍认可，已成为当代商业银行的主要组织形式。

（3）集团银行制。集团制银行又称为持股公司制银行，是指由少数大企业或大财团设立控股公司，再由控股公司控制或收购若干家商业银行。

银行控股公司分为两种类型。一是非银行性控股公司，它是通过企业集团控制某一银行的主要股份组织起来的，该种类型的控股公司在持有多家银行股票的同时，还可以持有多家非银行企业的股票。二是银行性控股公司，是指大银行直接控制一家控股公司，并持有若干小银行的股份。

集团制银行在美国发展最快，其原因是商业银行试图借此逃避法律上对设立银行分支机构的限制。目前，集团制银行已成为美国商业银行最基本的组织形式。

集团银行制的优点是能够有效地扩大资本总量，增强银行实力，提高银行抵御风险的能力，弥补单一银行制的不足；其缺点是容易引起金融权力过度集中，并在一定程度上影响了银行的经营活力。

（三）专业银行

专业银行是专门经营某种特定范围的金融业务和提供专门性金融服务的银行。它是在商业银行的基础上逐渐形成和建立起来的专业化金融机构。专业银行的出现，是社会分工的发展在金融业上的反映。随着社会生产力的发展，社会分工越来越细，要求银行必须精通某一方面的知识，提供专门的、有特色的金融服务，才能更好地满足经济发展的需要，确保资金的安全和盈利。

（1）投资银行。投资银行是指专门对工商企业办理投资和长期信贷业务的银行。其资金来源主要靠发行自己的股票和债券来筹集，有些国家的投资银行被允许接受定期存款或从其他银行获取贷款作为来源。其主要业务有：对工商企业的股票和债券进行直接投资；发放中长期贷款；为工商企业代办发行或包销股票与债券，参与企业的创建和改组活动；为企业提供投资和财务咨询服务等。投资银行的名称各国有所不同，在欧美国家，它被称为投资银行、投资公司等，在日本，它被称为证券公司。

（2）开发银行。开发银行是指专门为满足长期投资需要而设立的银行，它以基本建设项目和资源开发项目为主要投资对象，如工业、农业、电信、铁路、公路、港口及公共事业、文化教育等工程项目。这类项目投资量大、投资时间长、见效慢、风险大，一般商业银行不愿承担，所以多由国家或政府创办的开发银行来承担，开发银行不以营利为目的，以促进某一区域的经济建设的发展为宗旨，财政上自负盈亏，所以，一般都由国家或政府组建。

（3）进出口银行。进出口银行是指专门提供对外贸易及非贸易结算、信贷等国际金融服务的银行。这类银行的设立主要是为了支持本国对外贸易事业的发展，促进本国产品的出口，加强国际间金融合作，广泛吸引国际资本和收集国际信息。其业务重点是为本国企业提供优惠出口信贷以增强本国产品的出口竞争能力，同时执行政府对外经济援助及资本输出的任务，其业务的具体形式主要有国内业务的出口信贷、对外直接借款和提供国内外投资贷款的担保等。因其职能特殊，进出口银行一般是政府组建的非营利性的官方性机构，如美国的进出口银行，日本的输出入银行，中国进出口信贷银行等，都属于政府金融机构，其资金来源大部分来自于官方的投资以及向政府借款或通过发行债券来筹措的。也有半官方性质的，如法国的对外贸易银行就是由法兰西银行与一些商业银行共同出资组建的。

（4）储蓄银行。储蓄银行是指专门以吸收居民储蓄存款为资金来源的专业银行，储蓄银行的名称各国不同，如美国称为互助储蓄银行、储蓄贷款协会等，在英国称其为信托储蓄银行。储蓄银行的资金来源主要是靠吸收小规模的居民储蓄存款和定期存款，这种资金来源相对稳定，所以储蓄银行的资产业务主要用于中长期贷款或投资，如向居民个人发放中长期不动产抵押贷款，购买政府债券和公司债券等。近年来，储蓄银行面临竞争的压力越来越大，如商业银行也办理储蓄业务，多种金融工具的不断涌现，都在一定程度上分流储蓄银行的资金来源。所以，储蓄银行的业务也在不断拓新，如涉足商业贷款以及从事融资租赁等非传统的业务。

（5）抵押银行。抵押银行也称不动产抵押银行，是指专门从事土地、房屋及其他不动产等抵押贷款的长期放款银行。它一般不办理存款业务，资金来源主要靠发行不动产抵押证券以及短期票据贴现来筹集，其贷款对象主要是以土地或房屋作抵押的土地所有者、购买者和建筑商。在很多国家，这类银行都很发达，如法国的房地产信贷银行、德国的私人抵押银行、美国的联邦全国抵押贷款协会均属于此类专业银行。它们的贷款业务均占据了抵押贷款市场的较大份额。

小资料

形形色色的银行

无息银行。银行一般以利息为主要收入，但在世界上有45个国家设立了"伊斯兰无息银行"，这些银行因为恪守教义不收利息，而以收取佣金的方式来维持生存。

家居银行。家居银行是指一些发达国家为了将传统银行柜台业务延伸到家居和办公环境，在有线电视视讯宽带网的基础上，以电视机与机顶盒为客户终端，实现联网，办理银行各类业务。

汽车银行。汽车银行是指美国田纳西州的第一国民银行，没有固定房屋，而是设在汽车上，每天在城市内巡回办理存取款业务。

电话银行。奥地利的格拉兹市有一家银行，它的全部业务均通过电话办理，即使存取款也都是客户电话通知，银行派人上门服务。

掌纹银行。日本有一家银行，客户在存取款时不用存单，而是在电子设备中储存客户的掌纹，取款时按掌即可。

手机银行。这种银行主要是通过网络将客户的手机连接至银行，通过手机直接完成查询、转账、缴费、证券服务、外汇买卖、账户管理等多项理财功能。

（四）非银行金融机构

一般将中央银行、商业银行、专业银行以外的金融机构称为非银行金融机构。因此，这一类机构比较庞杂，它们属于信用机构，如保险公司、信用合作社、财务公司、养老基金会等。

1. 保险公司。保险公司是专门通过经营保险业务，为保障社会经济生活的安全和连续而提供经济补偿的一种金融机构。保险是一种经济补偿制度，是为了弥补在生产和生活中发生意外事故给人们带来不同程度的经济损失，并使生产不致中断、生活继续有所保障而通过交纳保费、获取补偿的一种措施。保险公司的资金来源主要是靠吸纳投保人的保费以及发行人寿保险单的方式筹集资金。保险公司收入的保险费，除支付赔款和业务开支外，剩余的款项形成一笔巨大资金，在没有形成巨额赔款的支付之前，这笔资金比银行存款还稳定可靠，可以进行长期投资。所以保险公司一般主要以进行有价证券的投资为主，如购买政府债券、企业债券和股票，或发放不动产抵押贷款。

保险公司有许多种类，大体可分为财产保险公司、人寿保险公司、火灾和事故保险公司、老年和伤残保险公司、信贷保险公司等。

2. 信用合作社。信用合作社是指在特定行业或特定范围之内发展起来的一种互助合作性的金融组织。如在城市，有主要以城市手工业者为成员的城市信用社。在农村，有农民组建的农村信用社，这类金融机构一般规模不大，其资金来源主要是合作社成员缴纳的股金以及吸收的存款，其资金主要用于解决其成员的资金需要，向其成员发放短期生产性贷款或消费贷款。在资金充裕时，信用社也从事以不动产或以证券为抵押的中长期贷款。

3. 财务公司。财务公司主要是指靠吸收大额定期存款或发行商业票据、债券和股票获得资金，其资金主要用于发放抵押贷款，支持汽车、电视机及其他耐用消费品的购买者及部分工商企业的资金需要。财务公司的资产结构比商业银行更具有灵活性，它一般不受商业银行法规的限制，无须交存款准备金，其依靠吸收大额存款、发放小额贷款，往往可以更合理地安排资产负债结构。

我国的财务公司和国外财务公司有所不同，通常是由产业集团各公司集资组建并主要为集团内企业提供信贷和金融服务的金融机构。

4. 养老基金会。这类机构是指由雇主或雇员按期交付工资的固定比例，在退休后，可取得一次付清或按月支付的退休养老金。该基金聚集的资金主要投向公债券、企业债券和股票、不动产抵押贷款等。

5. 共同基金。共同基金是指人们在自愿的基础上，以一定的方式组织基金，并在金融市场上进行投资，以获取高收益的金融机构。共同基金在英国和中国香港称为"单位信托基金"，在日本、韩国和中国台湾地区称为"证券投资信托"。

6. 资产管理公司。资产管理公司是指美国、日本、韩国等一些国家，对从金融机构中剥离出的不良资产实施公司化经营而设立的专业金融机构。

除此之外，列为非银行金融机构的还有消费信贷机构、租赁公司和邮政储蓄机构等。

三、金融机构体系的发展

金融体系的分工与组成并不是一成不变的，金融业的发展经历了分业经营到混业经营的过程。

20 世纪以来，在大多数国家的金融机构体系中，商业银行与非银行金融机构有较明确的业务分工，各国纷纷立法将商业银行业务与投资银行业务分开，将一般银行业务与信托业务和证券业务分离，各银行和非银行金融机构在经营业务范围上有严格的区别，不允许不同类型的金融机构跨业务范围经营。

20 世纪 70 年代以来，经济自由主义占了上风，以美国、英国为代表的国家政府为减少政府对经济的干预，更好地发挥市场对经济的作用，开始放松管制。这使得金融机构之间的竞争日益加剧。金融行业的竞争促使各银行和非银行金融机构不断推出各种新的业务品种。银行不断进行金融创新，并提供全方位服务吸引客户；银行业通过兼并带来优势互补，拓展业务领域，争取广泛的客户。金融创新活动在各市场经济国家的广泛兴起，使金融机构的分业经营模式逐渐被打破。一些新的金融业务虽然在形式上没有违背分业经营的法规，但实际已融合银行业务和非银行金融机构的业务。分业经营向多元化、综合性经营过渡。1999 年 11 月美国参众两院分别以压倒多数票通过了《金融现代化服务法案》，标志着金融业分业经营时代的结束。自此，各种金融机构原有的差异日趋缩小，银行业、证券业、保险业之间的界限已经变得不清晰，综合性、全能化的金融机构成为金融机构的发展趋势。我国是世界上为数不多的实行分业经营、分业监管的国家。

案例 5 –1

摩 根 大 通

摩根大通是一家于 1968 年成立的金融控股公司，总部设于美国纽约市，属于跨国金融服务机构，美国最大的银行之一，业务遍及 50 个国家，包括投资银行、金融交易处理、投资管理、商业金融服务、个人银行等。摩根大通旗下有超过 9000 万名客户，包括多家大型批发客户。它为 3000 多万名消费者以及企业、机构和政府客户提供服务。该公司拥有约 7930 亿美元资产，是投资银行业务、金融服务、金融事务处理、投资管理、私人银行业务和私募股权投资方面的领导者。

摩根大通是全球盈利最佳的银行之一，管理的资金超过 6300 亿美元。公司在全球拥有 772 名销售人员，覆盖近 5000 家机构投资者客户；股票研究覆盖 5238 家上市公司，其中包括 3175 家亚洲公司。自 1998 年以来，由摩根大通担任主承销的股票在上市后股价走势表现突出，一周后股价平均上涨 17%，一个月内平均上涨 27%，3 个月内平均上涨 37%。公司在全球拥有 9 万多名员工，在各主要金融中心提供服务。摩根大通亚太总部位于中国香港，在亚太地区 15 个国家的 23 座城市，拥有 8500 名员工。摩根大通名列 1993 年以来亚洲股票和股票相关发行的第一名，自 1993 年以来，公司为亚洲公司主承销了 88 次股票交易，共募得超过 150 亿美元的资金。摩根大通是目前美国按资产计算最大银行，也是盈利能力最强的银行，被公认是最稳健的银行。

第二节　我国的金融机构体系

【节前引例】

深圳前海微众银行

2014 年 7 月 25 日，银监会下发了腾讯、立业集团和百业源三家合办民营银行的批文，同意在深圳市筹建深圳前海微众银行（英文名 Webank）。因腾讯在其中占股 30%，处于相对控股地位，故民间一般称其为"腾讯银行"。2014 年 12 月 12 日，银监会表示国内互联网巨头腾讯公司旗下民营银行——深圳前海微众银行已正式获准开业。2015 年 1 月 4 日，李克强总理在深圳前海微众银行敲下电脑回车键，卡车司机徐军就拿到了 3.5 万元贷款，这是微众银行作为中国首家开业的互联网民营银行完成的第一笔放贷业务。该银行既无营业网点，也无营业柜台，更无需财产担保，而是通过人脸识别技术和大数据信用评级发放贷款。

微众银行将以普惠金融为目标，致力于服务工薪阶层、自由职业者、进城务工人员等，以及符合国家政策导向的小微企业和创业企业。主要经营模式是针对目标客户群的需求，通过充分发挥股东优势，提供差异化、有特色、优质便捷的存款、理财投资、贷款、支付结算等服务，全力打造"个存小贷"特色品牌。微众银行具有自身特色的科技平台，可将各类信息科技和生物科技充分运用到产品、服务和经营管理的各方面，从而显著提升客户体验、降低业务成本。微众银行还将在建立数据和先进分析方面增强核心竞争力，在深刻了解和满足客户需求基础上构建更全面的风险管理机制。

经过 40 年改革开放的发展，中国金融业取得了巨大的进步，金融机构体系日臻完善，已经形成了中国人民银行等为主导、大中小型商业银行为主体、多种非银行金融机构并存的层次丰富、种类较为齐全、服务功能比较完备的金融机构体系。

一、银行类金融机构

我国的银行类金融机构主要包括商业银行和政策性银行。

（一）商业银行

商业银行业是我国金融业的主体，以银行信贷为主的间接融资在社会总融资中占主导地位。

我国的商业银行有六种类型：一是国有专业银行转轨而成的商业银行，包括中国工商银行、中国银行、中国建设银行、中国农业银行。1995 年《中华人民共和国商业银行法》颁布实施后称为国有独资银行，2003 年起陆续进行了股份制改革，借助资本市场的力量，通过财务重组和增资扩股改善财务状况，建立并陆续完善了公司治理结构。二是按股份制模式组建的商业银行，如交通银行、中信银行、光大银行、华夏银行、浦发银行和股本来自民间的民生银行等。三是城市商业银行，1995 年，在原城市信用社的基础上，由城市企业、居民和地方政府投资入股组成了地方性股份制商业银行。四是农村商业银行和村镇银行，2001 年 11 月，在农村信用社基础上改制组建的首批股份制农村商业银行成立。2006 年，为增加农村金融供给，我国又开始在农村地区设立主要为当地农民、农业和农村经济发展提供金融服务的村镇银行。五是外资商业银行。外资银行在我国一些经济发达地区和一些重要业务领域已占据相对重要地位，市场影响日益扩大，外资银行在银团贷款、贸易融资、零售业务、资金管理和衍生产品等业务方面的服务存在一定的优势。六是中国邮政储蓄银行。1986 年 2 月，为了更有效地利用遍及全国城乡的邮政机构的现有基础设施，并发挥它们点多、面广、相关业务联系密切和四通八达的电信网络等优势，在全国开办邮政储蓄业务，并在邮政总局下设立邮政储蓄局。随着中国金融体制改革的不断深化，既有邮政储蓄管理体制已不能满足市场发展以及银行业监管法制化、规范化管理的要求。2006 年 12 月，银监会批准由中国邮政集团公司以全资方式出资成立邮政储蓄银行，2007 年 3 月，正式挂牌。

（二）政策性银行

政策性银行是由政府组建、参股或保证，专门在某一领域从事政策性金融业务的国家银行，也是我国金融体系的重要组成部分。政策性银行不同于商业银行，因为它的业务活动不以营利为目的。政策性银行虽然与专业银行一样，从事某一专业、某一领域的金融业务，但也不同于专业银行，因为它受政府的扶植和控制，决不像专业银行那样完全出自某一方面的信用需要，独立开展业务而不必秉承政府意图，政策性银行的任务主要是执行国家产业政策，对某些行业和企业发放低息优惠贷款，支持重点产业部门、基础产业部门和支柱产业部门的发展。政策性银行的业务有严格的政策界定并接受中国人民银行的监督。1994 年，国务院决定建立在中央银行调控之下的政策性金融与商业性金融相分离的金融机构体系，为此建立了三家政策性银行。

1. 国家开发银行。国家开发银行的主要任务是集中资金支持国家扶植的基础设施、基础产业的政策性基本建设和技术改造项目，以及达不到社会平均利润的其他政策性项目和国务院决策的重大建设项目。

2. 中国农业发展银行。其主要任务是对农业基础建设、农副产品、农业发展等提供资金支持。

3. 中国进出口银行。中国进出口银行的主要任务是为大型成套设备进出口提供买方信贷和卖方信贷；为成套机电产品出口信贷贴息及提供出口信用担保。

与 1994 年政策性银行成立之初相比，当前我国宏观经济环境、产业结构和市场需求都发生了许多变化，带有补贴性、政府指令的政策业务逐渐减少，而自营开发性业务逐渐增多，政策性银行的业务结构中市场化比重不断提高，面临继续发挥政策性银行作用和向市场转轨的任务。2006 年，国务院明确提出深化并推进政策性银行改革的战略，由中国人民银行和财政部具体负责，三家政策性银行研究设计符合各自特点的改革方案。2008 年年底，国家开发银行的改革方案获得批准，向商业银行转轨，主要开展长期信贷业务和股权投资金融业务。

📋 **小资料**

中国农业银行与中国农业发展银行签署全面战略合作协议
——将以涉农金融业务合作为重点

2014 年 12 月，中国农业银行与中国农业发展银行在京签署《全面战略合作协议》。根据协议，双方将本着"平等互利、相互支持、务实合作、共同发展"的原则，建立全面业务合作伙伴关系，以涉农金融业务合作为重点，综合开展代理支付结算业务、金融同业、银团贷款、银银平台、现金管理、投资银行、产业投资基金、银行卡、养老金、托管、控股子公司业务等多领域的合作。通过上述合作，双方将在优势互补的基础上，实现"强强联合、联手支农"，共同服务我国经济社会发展。

据了解，农业银行与农发行具有历史渊源，早在 1995 年两行就曾签署过《中国农业发展银行委托中国农业银行代理业务协议书》，多年来一直保持良好合作关系。近年，双方合作领域主要包括债券投资、代理支付结算、现金管理等。此次《全面战略合作协议》的签署，是大型商业银行与政策性银行深化合作的重要探索，是贯彻中央农村工作会议精神的重要举措，标志着双方合作进入了一个新的阶段。

二、非银行金融机构

1. 保险公司。中国人民保险（集团）公司是经营国内外保险和再保险业务的金融机构。其主要任务是：组织和集聚保险基金、建立社会经济补偿制度，保持生产和人民生活的稳定，增进社会福利；经营国内外保险和再保险业务以及与保险业务有关的投资活动，促进社会生产、流通和对外贸易的发展。为适应经济发展的需要，中国人民保险（集团）公司的财险业务和寿险业务现已分离。另外，我国还设有中国太平洋保险公司、中国平安保险公司、中国人寿保险股份有限公司、太平保险公司和太平人寿保险股份有限公司等。国外一些著名的保险公司如美国友邦保险公司等也在国内设有分支机构。

2. 信托投资公司。我国的信托投资公司有三种类型：国家银行附属的信托投资公司；全国性的信托投资公司如中国国际信托投资公司；地方信托投资公司，它是地方政府为促进本地区与国外的经济技术合作而在大中城市建立的信托投资公司。信托投资公司的业务范围包括：吸收信托存款，经营委托贷款与投资及信托贷款与投资，从事融资性租赁，办理担保与代理业务，经营有价证券的发行和买卖以及在境外发行外币有价证券，筹措境外外币借款，经营外汇信托投资业务等。

📋 **小资料**

中国信托业的历史演进

我国信托业自改革开放恢复以来，与其他金融行业相比走过了一条跌宕起伏的独特发展之路。信托是目前唯一可以横跨货币市场、资本市场和实业市场的金融行业，拥有资产管理、投融资、中介代理等诸多功能。然而，信托制度的灵活性却引发了信托行业的不规范经营问题，总共经历了六次大规模全行业的治理整顿，信托业一度陷入发展—整顿—再发展—再整顿的恶性循环之中。长期处于众说纷纭的模糊状态，游离在人们的认识之外。信托业至今尚未成为与银行、证券、保险并驾齐驱的现代金融业四大支柱之一。

在不断的探索和总结经验过程中，监管当局对信托业的发展思路逐步明晰，自 2001 年《中华人民共和国信托法》（简称"信托法"）颁布以来，人民银行、银监会、财政部等有关部委，相继颁布了一系列与信托相关的规范性文件，形成了目前以商业信托为主的信托法律法规体系。随着监管主体和思路的不断变革，中国的信托法律法规体系也经历了一系列的演变。2007 年由银监会颁布实施新的《信托公司管理办法》和《信托公司集合资金信托计划管理办法》，由此以新的"一法两规"为基础和核心的信托法律法规体系显现雏形。

近年来，信托行业呈现良好的发展趋势，行业注册资本、净资产稳步攀升，行业总收入和净利润呈现螺旋式上升。信托资产规模获得爆发式增长，2015 年 8 月 3 日，中国信托业协会发布的《2015 年 2 季度中国信托业发展评析》显示，截至 2015 年二季度末，全国 68 家信托公司管理的信托资产规模达到 15.87 万亿元，比 2015 年一季度末的 14.41 万亿元环比增长 10.13%，比 2014 年二季度末增长 27.16%，相比更早前 2004 年全行业 150 亿元，已经增长了 1000 倍。金融行业的支柱作用日益显现。

3. 信用合作组织。我国的城市和农村信用合作社是群众性合作制金融组织，是对国家银行体系的必要补充和完善。它的本质特征是：由社员入股组成，实行民主管理，主要为社会提供信用服务。城市信用合作社是城市合作金融组织，是由个体工商户和城市集体企业入股组建的，入股者民主管理，主要为入股人提供金融服务，具有法人地位的金融机构。目前，我国大部分城市的信用合作组织已经通过合并、改组成为城市合作银行，后成为地方城市商业银行，只剩下为数不多的城市信用社法人机构。农村信用合作社是由农民和集体经济组织自愿入股组成，由入股人民主管理，主要为入股人服务的具有法人资格的金融机构，是我国农村金融的主要形式。其业务主要是：办理个人储蓄，办理农户、个体工商户、农村合作经济组织的存、贷款，代理银行委托业务及办理批准的其他业务。

4. 金融资产管理公司。金融资产管理公司是经国务院决定设立的收购国有银行不良贷款，管理和处置因收购国有银行不良贷款形成的资产的国有独资非银行金融机构。1999 年 4 月 20 日，我国第一家经营商业银行不良资产的公司——中国信达资产管理公司在北京宣告成立。同年 8 月 3 日，华融、长城、东方等三家资产管理公司同时宣告成立。

5. 金融租赁公司。金融租赁公司是指以经营融资租赁业务为其主要业务的非银行金融机构。所谓融资租赁业务，是指出租人根据承租人对租赁物和供货人的选择或认可，将其从供货人处取得的租赁物按合同约定出租给承租人占有、使用，向承租人收取租金的行为。1981 年 2 月，我国第一家租赁公司——中国东方租赁公司成立，这是一家与日本东方租赁公司合资的中外合资企业。同年 7 月，中国租赁公司成立，这是国内第一家股份制租赁公司。1986 年 11 月，为更好地促进国内租赁业务的发展，中国人民银行批准中国租赁公司为第一家持有金融营业许可证的金融租赁公司。金融租赁公司作为主要从事融资租赁业务的非银行金融机构，在促进企业产品销售、探索新的融资渠道和融资方式等方面作出了积极有益的尝试和贡献。

6. 汽车金融公司。汽车金融公司是我国加入世界贸易组织后，为履行开放汽车消费信贷的承诺而新设立的一类非银行金融机构。汽车金融公司的主要职能是提供汽车消费信贷及其他与汽车相关的金融服务。与商业银行开办汽车消费信贷业务相比，汽车金融公司是提供汽车销售融资的专门机构，其专业化程度更高，更具有专业优势。

7. 证券机构。我国的金融市场上活跃着许多为证券投资活动提供服务的金融机构，主要包括证券交易所、证券登记结算公司、证券公司、投资基金管理公司等。不同的机构在证券投资活动中扮演着不同的角色，从事着不同业务，发挥不同的作用。

8. 财务公司。我国的财务公司和国外的财务公司有着很大的区别。我国的财务公司是由大型企业集团成员单位出资组建，以加强企业集团资金集中管理和提高企业集团资金使用效率为目的，为企业集团成员单位提供财务管理服务的非银行金融机构。

⬤ 案例 5－2

中国电力财务有限公司

中国电力财务有限公司（以下简称"中国电财"）成立于1993年，是经中国银行业监督管理委员会批准的一家全国性非银行金融机构。中国电财的注册资本金为50亿元，由国家电网公司控股、各省（市、区）电力公司等50家电力企、事业单位共同参股组建。经银监会批准，中国电财拥有东北、西北、华中和华东等多家区域性分公司，注册资本金、资产规模、利润总额等多项指标在国内财务公司行业中均名列前茅，在电力和金融行业树立了良好的企业形象，当选为中国财务公司协会理事长单位。

经中国银行业监督管理委员会核准，中国电财的经营业务包括：对成员单位办理财务和融资顾问、信用鉴证及相关的咨询、代理业务；协助成员单位实现交易款项的收付；经批准的保险代理业务；对成员单位提供担保；办理成员单位之间的委托贷款及委托投资；对成员单位办理票据承兑与贴现；办理成员单位之间的内部转账结算及相应的结算、清算方案设计；吸收成员单位的存款；对成员单位办理贷款及融资租赁；从事同业拆借；经批准发行财务公司债券；承销成员单位的企业债券；对金融机构的股权投资；有价证券投资；成员单位产品的消费信贷、买方信贷及融资租赁。

三、监管类金融机构

1. 中国人民银行。中国人民银行是我国的中央银行，是领导和管理全国金融的国家机关。中国人民银行履行下列职责：依法制定和执行货币政策，发行人民币，管理人民币流通，按照规定审批、监督管理金融机构，按照规定监督管理金融市场，发布有关金融监管和业务的命令和规章，持有、管理、经营国家外汇储备和黄金储备，管理国库，维护支付、清算系统的正常运行，负责金融业的统计、调查、分析和预测，代表国家从事有关的国际金融活动和履行国务院规定的其他职责。

2. 中国证券业监督管理委员会。1992年10月，国务院证券委员会和中国证券监督管理委员会成立。1998年4月，根据国务院机构改革方案，决定将国务院证券委员会与中国证监会合并组成国务院直属正部级事业单位。中国证监会是我国证券业的监管机构，根据国务院授权，中国证监会依法对证券、期货业实施监管。

3. 中国银行保险监督管理委员会。1994 年的金融体制改革中，我国确立了"分业经营、分业监管"的金融监管体制。为了实现对银行业监管的规范化与专业化，2003 年 4 月，中国银行业监督管理委员会成立，银行业的监管职能由中国人民银行划给中国银监会。

中国保监会设立于 1998 年 11 月 18 日，隶属于国务院，是我国保险业的监管机构，专司全国商业保险市场的监管职能。

为深化金融监管体制改革，解决现行体制存在的监管职责不清晰、交叉监管和监管空白等问题，强化综合监管，优化监管资源配置，更好统筹系统重要性金融机构监管，逐步建立符合现代金融特点、统筹协调监管、有力有效的现代金融监管框架，守住不发生系统性金融风险的底线，国务院机构改革方案提出，将中国银行业监督管理委员会和中国保险监督管理委员会的职责整合，组建中国银行保险监督管理委员会，作为国务院直属事业单位。2018 年 3 月，十三届全国人民代表大会第一次会议表决通过了关于国务院机构改革方案的决定，设立中国银行保险监督管理委员会。2018 年 4 月 8 日上午，中国银行保险监督管理委员会正式挂牌，中国银行业监督管理委员会和中国保险监督管理委员会成为历史。

银保监会依照法律法规统一监督管理银行业和保险业，维护银行业和保险业合法、稳健运行，防范和化解金融风险，保护金融消费者合法权益，维护金融稳定。2018 年 5 月 14 日，商务部办公厅发布通知，已将制定融资租赁公司、商业保理公司、典当行业务经营和监管规则职责划给中国银行保险监督管理委员会，自 4 月 20 日起，有关职责由银保监会履行。

第三节　国际金融机构

【节前引例】

从亚投行的筹建说开去

亚洲基础设施投资银行（Asian Infrastructure Investment Bank，AIIB）是一个政府间性质的亚洲区域多边开发机构，重点支持基础设施建设，成立宗旨是促进亚洲区域的建设互联互通化和经济一体化的进程，加强中国及其他亚洲国家和地区的合作。总部设在北京。亚投行法定资本 1000 亿美元。

2013 年 10 月 2 日，习近平主席提出筹建倡议，2014 年 10 月 24 日，包括中国、印度、新加坡等在内 21 个首批意向创始成员国的财长和授权代表在北京签约，共同决定成立亚洲基础设施投资银行。

截至 2015 年 4 月 15 日，亚投行意向创始成员国确定为 57 个，其中域内国家 37 个、域外国家 20 个。涵盖了除美日和加拿大之外的主要西方国家，以及亚欧区域的大部分国家，成员遍及五大洲。其他国家和地区今后仍可以作为普通成员加入亚投行。

2015 年 6 月 29 日，《亚洲基础设施投资银行协定》签署仪式在北京举行，亚投行 57 个意向创始成员国财长或授权代表出席了签署仪式，其中已通过国内审批程序的 50 个国家正式签署《协定》。各方商定将于 2015 年年底之前，经合法数量的国家批准后，《协定》即告生效，亚投行正式成立。

请思考：亚投行是首个由中国倡议筹建的国际金融机构，对世界经济金融格局的发展与走向都有深远的意义。在此之前，国际金融机构多由美国主导成立，那么你知道现存的国际金融机构有哪些吗？它们成立的原因是什么？又有哪些功能呢？

国际金融机构泛指从事国际金融业务，协调国际金融关系，维护国际货币、信用体系正常运作的超国家机构。

一、国际金融机构的产生与发展

国际金融机构的产生与发展是同世界政治经济情况及其变化密切相关的。第一次世界大战爆发后，各主要国家政治经济发展的不平衡，使得各国间的矛盾尖锐化，利用国际经济组织控制或影响他国成为必要。同时，战争、通货膨胀及国际收支恶化，又造成诸多工业国家面临国际金融的困境，也希望借助国际经济力量。这样，建立国际性金融机构便成为多数工业国家的共同愿望。

1930 年 5 月，英国、法国、意大利、德国、比利时、日本等国在瑞士的巴塞尔成立国际清算银行，这是建立国际金融机构的重要开端。它的主要任务是处理战后德国赔款的支付及协约国之间债务清算问题。在后来的发展中，这一机构在促进各国中央银行合作，特别是在推动各国银行监管合作方面，发挥着越来越重要的作用。

第二次世界大战后，随着生产和资本国际化，国际经济关系得到空前发展，国际货币信用关系进一步加强，国际金融机构也迅速增加。1944 年 7 月，44 个主要国家参加的美国新罕布什尔州布雷顿森林会议，确定建立国际货币基金组织和国际复兴开发银行即世界银行，目的在于重建一个开放的世界经济及稳定的汇率制度，并对世界经济及社会发展提供资金。1956 年国际金融公司正式成立，目的是扩大对发展中国家私人企业的国际贷款，促进外国私人资本在这些国家的投资。1959 年 10 月在美国财政部的建议下，成立国际开发协会，作为世界银行的附属机构，目的是向更贫穷的发展中国家提供更为优惠的贷款，加速这些地区的经济发展。自此，世界银行集团正式出现，并成为全球最大的国际金融机构。与此同时，随着国际经济金融关系的发展，大量的区域开发合作性国际金融机构也迅速发展起来。

第二次世界大战后国际金融机构迅速发展的主要原因是：美国控制国际金融、扩大商品和资本输出的需要；工业国家的经济恢复及新兴国家民族经济的发展对资金的迫切需求；生产和资本的国际化，要求各国政府共同干预经济活动。金融干预是一个重要方面，这种趋势的加强为国际性金融机构的建立创造了有利条件；随着生产和资本国际化而来的经济和货币金融一体化的要求，为国际金融机构的产生发展奠定了基础。

国际金融机构可分为两大类型：一是全球性金融机构，最重要的首推国际货币基金组织和世界银行集团。二是区域性金融机构，具体包括两种类型：一类是联合国附属的区域性金融机构，可称为准全球性金融机构，如亚洲开发银行、泛美开发银行、非洲开发银行等；另一类是真正意义上的地区性金融机构，如欧洲投资银行、阿拉伯货币基金组织、伊斯兰开发银行、国际经济合作银行、国际投资银行、加勒比开发银行等。

二、全球性国际金融机构

(一) 国际货币基金组织

国际货币基金组织，简称 IMF，是根据布雷顿森林会议通过的《国际货币基金协定》成立的全球性国际金融机构。1944 年 7 月 1~22 日，44 个国家的代表在美国新罕布什尔州布雷顿森林举行"联合与联盟国家货币金融会议"，签订了"布雷顿森林协定"，决定成立国际货币基金组织与国际复兴开发银行。1946 年 3 月国际货币基金组织正式成立，1947 年 3 月 1 日开始活动，1947 年 11 月 15 日成为联合国所属专营国际金融业务的机构，总部设在华盛顿，成员包括 150 多个国家和地区，其中 39 个国家为创始成员国。

我国是国际货币基金组织的创始会员国之一，由于历史的原因，中断关系多年，1980年 4 月 17 日国际货币基金组织正式通过决议恢复我国合法席位。1980 年 5 月末我国政府向该组织先后委派了正副理事，正副理事分别由中国人民银行行长和国家外汇管理局副局长兼中国银行副行长出任。同年 9 月我国政府第一次派代表担任基金组织的执行董事，使执行董事的董事名额从 21 人扩大到 22 人。

该组织的宗旨是：通过一个常设机构来促进国际货币合作，为国际货币问题的磋商和协作提供方法；通过国际贸易的扩大和平衡发展，把促进和保持成员国的就业、生产资源的发展、实际收入水平的提高，作为经济政策的首要目标；稳定国际汇率，在成员国之间保持有秩序的汇价安排，避免竞争性的汇价贬值；协助成员国建立经常性交易的多边支付制度，消除妨碍世界贸易的外汇管制；在有适当保证的条件下，基金组织向成员国临时提供普通资金，使其有信心利用此机会纠正国际收支的失调，而不采取危害本国或国际繁荣的措施；按照以上目的，缩短成员方国际收支不平衡的时间，减轻不平衡的程度等。

(二) 世界银行集团

世界银行集团是一个国际组织，由国际复兴开发银行、国际开发协会、国际金融公司、多边投资担保机构和解决投资争端国际中心五个成员机构组成，总部设在美国华盛顿。其建立之初的使命是帮助在第二次世界大战中被破坏的国家重建。现在，它的任务是资助落后国家摆脱贫困，联合向发展中国家提供低息贷款、无息贷款和赠款，帮助他们建设教育、农业和工业设施。五个成员机构分别侧重于不同的发展领域，但都运用其各自的比较优势，协力实现其共同的最终目标，即减轻贫困。

（1）国际复兴开发银行。国际复兴开发银行也被称为"世界银行"，是与国际货币基金组织密切联系、相互配合的全球性国际金融机构，也是布雷顿森林体系的产物。成立于1945 年 12 月，1946 年 6 月开始营业，1947 年起成为联合国专门金融机构，总部设在华盛顿，并在纽约、日内瓦、巴黎、东京等地设有办事处。只有国际货币基金组织的成员才有资格申请加入世界银行，只有成员才能申请贷款。

世界银行的资金来源主要有三个，一是成员方缴纳的股金；二是向国际金融市场借款；三是发行债券和收取贷款利息。

世界银行的最高权力机构是理事会，由成员方的财政部长、中央银行行长或级别相当的官员担任理事。每年秋天与国际货币基金组织联合召开年会。执行董事会由 21 名执行董事组成，其中 5 名由拥有股份最多的美国、英国、法国、日本、德国委派，另外 16 名由其他成员方按地区选出。

（2）国际开发协会。国际开发协会与国际复兴开发银行被合称为"世界银行"。它成立于 1960 年 9 月 24 日，11 月开始营业，总部设在华盛顿，名义上它是独立的机构，但实际上经营方针、贷款原则都与世界银行相同，有"第二世界银行"之称，唯一区别在于国际开发协会主要是对更为贫穷的发展中国家提供长期优惠贷款，作为世界银行贷款的补充，以促进这些国家经济发展和生活水平提高。贷款只向政府提供，不收利息，但收取少量手续费。贷款期限长达 50 年，可以部分或全部用本国货币偿还。这种长期低息贷款被称为"软贷款"，区别于世界银行的"硬贷款"。

（3）国际金融公司。国际金融公司于 1956 年 7 月 24 日正式成立。只有世界银行的成员方才能成为金融公司的会员。由于世界银行贷款是以成员方政府为对象，对私人企业贷款必须有政府担保，这在一定程度上限制了世界银行业务的扩展。所以 1954 年世界银行同会员国政府协商后决定建立国际金融公司。

国际金融公司是世界银行附属机构，但在法律上却是独立实体。公司的组织机构与世界银行一样，最高权力机构是理事会，下设执行董事会主持日常事务。它的正副理事、正副执行董事同时也是世界银行的正副理事和正副执行董事，公司经理由世界银行行长兼任。

国际金融公司的主要资金来源是成员方认缴的股本。此外，世界银行及个别国家对金融公司的贷款、自身利润积累等也构成资金来源的一部分，公司的主要活动是对成员私人企业贷款。这种贷款不需政府担保，期限为 7 ~ 15 年，以原借入的货币偿还，利率一般高于世界银行的贷款，有时高达 10%。公司还可以对企业直接投资入股，投资对象一般是发展中国家的私营企业。

（4）多边投资担保机构。成立于 1988 年，是世界银行集团里成立时间最短的机构，1990 年签署第一笔担保合同。该机构的宗旨是向外国私人投资者提供政治风险担保，包括征收风险、货币转移限制、违约、战争和内乱风险担保，并向成员方政府提供投资促进服务，加强成员方吸引外资的能力，从而推动外商直接投资流入发展中国家。作为担保业务的一部分，多边投资担保机构也帮助投资者和政府解决可能对其担保的投资项目造成不利影响的争端，防止潜在索赔要求升级，使项目得以继续。多边投资担保机构还帮助各国制定和实施吸引和保持外国直接投资的战略，并以在线服务的形式免费提供有关投资商机、商业运营环境和政治风险担保的信息。

（5）解决投资争端国际中心。该中心成立于 1966 年 10 月，是国际复兴开发银行下属的一个独立机构，是一个专门处理国际投资争议的国际性常设仲裁机构。解决投资争端国际中心的地址在美国华盛顿，其宗旨是依照公约的规定为各缔约国的国民之间的投资争端提供调停和仲裁的便利，促进相互信任的气氛，借以鼓励私人资本的国际流动。中国于 1993 年 1 月 7 日递交了批准书，1993 年 2 月 6 日成为公约和中心的成员方。

案例 5 - 3

国际货币基金组织和世界银行投票权调整

2012 年 6 月 18 ~ 19 日，在墨西哥洛斯卡沃斯召开的二十国（G20）集团领导人第七次峰会上，除了如何共同应对欧债危机等热点议题外，继续推进国际金融治理与改革依然是各国领导人需要讨论的重要议题，其中落实和兑现国际货币基金组织投票权和份额分配调整改革方案提上日程。

现代历史多次证明，每次重大的国际经济、政治危机，必然导致国际政经体系和格局发生重大变化，甚至重组。国际金融危机爆发后，G20 峰会不仅在协调各国政策以共对危机上发挥了独特的作用，也为国际金融体系改革提供重要平台。在 G20 峰会的推动以及中国等新兴经济体的呼吁下，国际货币基金组织和世界银行投票权和份额分配的调整步伐加快：

2010 年 4 月，世界银行对其投票权结构进行重大改革，使发展中国家整体投票权从44.06% 提高到 47.19%；这次改革使中国在世行的投票权从 2.77% 提高到 4.42%，成为世界银行第三大股东国，仅次于美国和日本。

2010 年 11 月的 G20 集团首尔峰会，确认了国际货币基金组织投票权和份额分配的调整，最终兑现了 G20 集团匹兹堡峰会提出的发达国家向发展中国家转移超过 6% 份额分配的调整，发达国家在该组织的投票权比例将从 59.5% 降为 57.9%，发展中国家的投票权比例则从 40.5% 上升为 42.1%。其中中国在国际货币基金组织持有的份额从 3.27% 上升到6.39%，投票权从 3.65% 升至 6.071%，超越德国、法国和英国，仅排在美国、日本之后，位列第三。

目前，国际货币基金组织和世界银行等国际金融机构改革的重心依然是调整投票权和份额的分配，中国等新兴经济体和发展中国家在国际金融体系多边机构地位的提高，已提升了其干预国际金融体系多边机构的力度。值得关注的是，由于中国当前的国际政治与经济地位，对于中国在国际金融体系改革中的影响和作用，其他新兴经济体和发展中国家对中国的期望值，恐怕已不仅仅局限于最基本的投票权和份额分配的调整。如何拿出更加深入、更加切合实际的国际金融体系多边机构改革方案，将是中国面临的现实挑战。

（三）国际清算银行和巴塞尔委员会

国际清算银行是世界上历史最悠久的国际金融组织，1930 年 5 月在瑞士的巴塞尔正式营业，是国际上唯一办理中央银行业务的机构。它的主要任务是，促进各国中央银行的合作并为国际金融的运营提供便利。而扩大中央银行合作的主要目的之一，始终是促进国际金融的稳定。该行的管理机构是股东大会、董事会及经营管理当局。

中国人民银行于 1984 年同国际清算银行建立业务关系，每年派代表团以客户身份参加该行年会。1996 年 9 月 9 日，该行董事会通过决议，决定接纳中国、巴西、印度、韩国、墨西哥、俄罗斯、沙特阿拉伯、新加坡及中国香港的中央银行及货币当局为成员。这无疑有助于我国及时了解国际金融界主要决策者的意图，把握国际金融市场动态，加强金融监管的国际合作与交流，提高金融监管水平。

巴塞尔银行监管委员会，是国际清算银行的专门委员会，成立于 1974 年 9 月，由国际清算银行发起，十国集团和瑞士的中央银行行长在瑞士的巴塞尔开会，首次讨论跨国银行的国际监督与管理问题，1975 年 2 月成立了常设机构——银行管理和监督行动委员会，简称"巴塞尔委员会"。

三、区域性国际金融机构

（一）亚洲开发银行

亚洲开发银行是一家仅次于世界银行的第二大开发性国际金融机构，也是亚太地区最大的政府间金融机构。根据联合国亚洲及远东经济委员会（1974 年改名为亚洲太平洋经济委员会）决议，亚洲开发银行于 1966 年 11 月 24 日成立，总行设在马尼拉。根据章程规定，它的宗旨是促进亚洲和太平洋地区的经济增长与合作，并协助本地区的发展中成员国集体和单独地加速经济发展的进程。亚洲开发银行（以下简称"亚行"）的最高权力机构是理事会。理事一般由各成员方的财政部部长或中央银行行长担任，代表本国政府行使投票权。理事会下设执行董事会，负责日常业务。1983 年 2 月，我国政府正式通知亚行行长，申请加入亚行。经多次交涉与协商，于 1985 年 11 月 26 日达成《谅解备忘录》，明确规定中华人民共和国作为中国唯一合法代表加入亚行，台湾以"中国台北"名义留在亚行。1986 年 2 月 17 日亚行理事会以压倒多数的投票，通过接纳中国加入亚行的决议。同年 3 月 10 日，亚行正式宣布中华人民共和国为亚行成员。1987 年年会上，中国当选为亚行董事国，同年 7 月 1 日正式设立执行董事办公室，专门负责中国对亚行的各种事务。1989 年 5 月 4~6 日亚行第 22 届年会在北京召开，标志着中国与亚行合作关系进入新阶段。亚行成为我国引进外资的重要渠道。

（二）非洲开发银行

非洲开发银行是非洲国家创办的区域性国际金融机构。成立于 1964 年 9 月，1966 年 7 月正式营业。总行设在科特迪瓦首都阿比让。成立初期有 23 个成员方，都是非洲国家。1978 年后允许区外国家参加。中国于 1985 年 5 月 10 日正式加入非洲开发银行（以下简称"非行"）。非行的宗旨是为成员方的经济和社会发展提供资金，协助非洲大陆制定总体发展战略，协调各国的发展计划，以便逐步实现"非洲经济一体化"。为实现这一宗旨，非行的主要任务是利用本行的各种资金为本地区成员方提供各种开发性贷款和技术援助。

非行的最高权力机构为理事会，由各成员方委派理事和副理事各一名，其人选一般由各国财政部长或负责经济事务的部长担任。理事会下设执行董事会，负责银行日常业务。行长由董事会选举产生，任期 5 年，并兼任董事会主席。

非行的资金主要由成员方认缴股本构成。非行成立时核定资本为 2.5 亿记账单位（1 记账单位 = 1971 年贬值前的 1 美元），以后数次增资。此外，向国际金融市场借款，发达国家的捐款及非行的经营利润也构成了非行的资金来源。非行还设立了非洲开发基金等四个合办机构，根据不同需要，筹措资金开展业务。非行的贷款业务分为普通贷款和特种贷款。前者使用普通资本基金，后者使用特别基金。贷款主要为项目贷款，其次是结构和政策调整方面的贷款。

（三）泛美开发银行

泛美开发银行（以下简称"泛行"）是以美国和拉美国家为主，联合一些西方国家和前南斯拉夫合办的区域性国际金融机构。1960 年正式营业。泛行的宗旨是动员美洲内外资金，为拉美成员方的经济和社会发展提供项目贷款和技术援助，以促进拉美经济的发展和"泛美体制"的实现。

泛行的最高权力机构是理事会，由成员方委派一名理事和候补理事组成，人选一般由成员方财政部长或中央银行行长担任。理事会下设执行董事会，负责日常业务。泛行的最高领导人是行长。理事会和执行董事会的投票权分为两部分：一是基本投票权，各成员方平均分配；二是按认缴资本额分配的投票权。其中基本投票权比重较小。目前在泛行的投票权中美国占绝对优势。泛行的资金来源主要是成员国认缴的股本和借款两大部分。该行最初核定资本 10 亿美元，以后数次增资。此外，该行的净收入以及用成员方实足捐款设立的特别业务基金也构成了泛行资金来源。泛行的资金主要运用于成员方的项目贷款，这是该行的主要业务活动。贷款期限一般为 10 ~ 25 年，利率一般为筹资成本加上 0.5% 的利差。特别业务基金用于成员方长期、低息的项目贷款。贷款期限一般为 20 ~ 40 年，宽限期为 5 ~ 10 年，利率在 1% ~ 4%，可全部或部分用本国货币偿还。

（四）亚洲基础设施投资银行

亚洲基础设施投资银行（Asian Infrastructure Investment Bank，AIIB）是一个政府间性质的亚洲区域多边开发机构，重点支持基础设施建设，成立宗旨是为了促进亚洲区域的建设互联互通化和经济一体化的进程，并且加强中国及其他亚洲国家和地区的合作。总部设在北京。亚投行法定资本 1000 亿美元。

2013 年 10 月 2 日，习近平主席提出筹建倡议，2014 年 10 月 24 日，包括中国、印度、新加坡等在内 21 个首批意向创始成员方的财长和授权代表在北京签约，共同决定成立亚洲基础设施投资银行。2015 年 4 月 15 日，亚投行意向创始成员方确定为 57 个，其中域内国家37 个、域外国家 20 个。2015 年 6 月 29 日，《亚洲基础设施投资银行协定》签署仪式在北京举行，亚投行 57 个意向创始成员方财长或授权代表出席了签署仪式。2015 年 12 月 25 日，亚洲基础设施投资银行正式成立，全球迎来首个由中国倡议设立的多边金融机构。2016 年 1月 16 ~ 18 日，亚投行开业仪式暨理事会和董事会成立大会在北京举行。

亚投行的治理结构分理事会、董事会、管理层三层。理事会是最高决策机构，每个成员在亚投行有正副理事各一名。董事会有 12 名董事，其中域内 9 名，域外 3 名。管理层由行长和 5 位副行长组成。

（五）金砖国家新开发银行

金砖国家新开发银行又名金砖银行，是在 2012 年提出的，目的是金融危机以来，金砖国家为避免在下一轮金融危机中受到货币不稳定的影响，计划构筑的一个共同的金融安全网，可以借助这个资金池兑换一部分外汇用来应急。应急储备基金是由中国提出的一个倡议，主要是为了解决金砖国家短期金融危机，是一种救助机制，不是盈利机制。

2014 年 7 月 15 日金砖国家发表《福塔莱萨宣言》宣布，金砖国家新开发银行初始资本为 1000 亿美元，由 5 个创始成员平均出资，总部设在中国上海。2017 年 9 月 4 日，中国向金砖国家新开发银行项目准备基金捐赠仪式在厦门举行。财政部副部长史耀斌与新开发银行行长卡马特签署了中国捐赠 400 万美元的协议。中国是首个向该项目准备基金出资的创始成员国。该基金将为银行项目运行打造更高效的环境，将用于相关项目的可行性研究、帮助制订国家间伙伴关系计划、开展项目周期调研等。

金砖国家开发银行主要资助金砖国家以及其他发展中国家的基础设施建设，对金砖国家具有非常重要的战略意义。金砖国家开发银行不仅为中国带来经济利益，同时也带来一种长远的战略利益。从短期来看，中国已成为世界第二大经济体，到底如何在国际舞台上展现一个新兴大国的形象，关系到中国自身发展，也关系到国际社会共同的利益。中国推动设立金砖国家开发银行，作出实实在在的贡献，是彰显中国大国责任的好机会。在基础设施建设方面，设立金砖国家开发银行，可推动其他国家的基础设施建设，也是分享中国经验的好机会，与中国"走出去"战略相符合。中国输出的既是经验和技术，也是一种标准。金砖银行拓展了中国和金砖国家在合作方面新的空间，作为金融合作方面的一个具体体现，金砖银行建立之后，会不断拓展金砖国家合作新的空间；同时，它也代表着金砖国家在金融合作方面新的进程。

本章小结

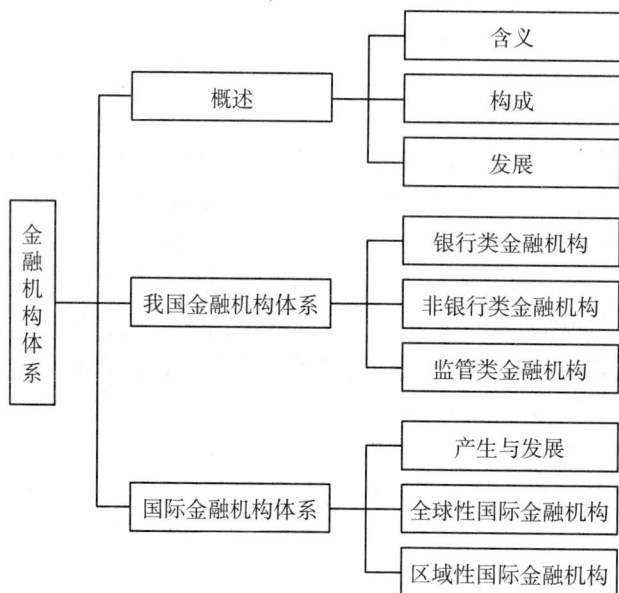

复习思考题

一、单项选择题

1. 属于一国金融管理机构的是（　　）。

    A. 商业银行　　　　B. 中央银行　　　C. 专业银行　　　D. 投资银行

2. 下列不属于中国人民银行具体职责的是（　　）。

    A. 发行人民币　　　　　　　　　　B. 给企业发放贷款

    C. 经理国库　　　　　　　　　　　D. 审批金融机构

3. 我国的财务公司是由（　　）集资组建的。

A. 商业银行　　　　　B. 政府　　　　　C. 投资银行　　　　D. 企业集团内部

4. 我国国有控股银行不包括（　　　）。

A. 中国工商银行　　B. 中国农业银行　　C. 中国银行　　　　D. 招商银行

5. 我国的中央银行是（　　　）。

A. 中国人民银行　　B. 中国农业银行　　C. 国家开发银行　　D. 中国银行

6. 我国城市信用社改组之初，采用了（　　）的过渡名称。

A. 城市商业银行　　　　　　　　　B. 城市发展银行

C. 城市投资银行　　　　　　　　　D. 城市合作银行

7. 下列不属于我国商业银行业务范围的是（　　　）。

A. 发行金融债券　　　　　　　　　B. 监管其他金融机构

C. 吸收存款　　　　　　　　　　　D. 发放贷款

8. 我国在（　　　）年建立了政策性银行。

A. 1992　　　　　B. 1993　　　　　C. 1994　　　　D. 1995

9. （　　　）年底，国家开发银行的改革方案获得批准，向商业银行转轨，主要开展长期信贷业务和股权投资金融业务。

A. 2005　　　　　B. 2006　　　　　C. 2007　　　　D. 2008

10. 世界上历史最悠久的国际金融组织是（　　　）。

A. 国际金融公司　　　　　　　　　B. 国际货币基金组织

C. 国际清算银行　　　　　　　　　D. 国际复兴开发银行

二、多项选择题

1. 下列属于我国金融机构体系格局构成的是（　　　）。

A. 财政部　　　　　B. 货币当局　　　　C. 商业银行　　　　D. 在华外资金融机构

2. 1994 年，我国成立的政策性银行是（　　　）。

A. 国家开发银行　　　　　　　　　B. 中国进出口银行

C. 中国农业发展银行　　　　　　　D. 城市商业银行

3. 下列属于我国非银行金融机构的有（　　　）。

A. 信托投资公司　　B. 证券公司　　　　C. 财务公司　　　　D. 邮政储蓄机构

4. 当前我国调整金融机构体系建设的根本原则是（　　　）。

A. 混业经营　　　　B. 分业经营　　　　C. 分业管理　　　　D. 混业管理

5. 专业银行的主要种类包括（　　　）。

A. 开发银行　　　　B. 储蓄银行　　　　C. 外汇银行　　　　D. 进出口银行

6. 1944 年 7 月，在美国布雷顿森林召开了联合国货币金融会议上成立的国际性金融机构是（　　　）。

A. 国际金融公司　　　　　　　　　B. 国际货币基金组织

C. 国际清算银行　　　　　　　　　D. 国际复兴开发银行

7. 下列属于原城市信用合作社改组成的城市商业银行的是（　　　）。

A. 深圳发展银行　　　　　　　　　B. 盛京银行

C. 北京银行　　　　　　　　　　　D. 广东发展银行

8. 下列属于世界银行集团成员机构的是（　　　）。

  A. 国际金融公司   B. 国际货币基金组织

  C. 国际清算银行   D. 国际复兴开发银行

9. 通常，把（ ）合称为世界银行。

  A. 国际金融公司   B. 国际货币基金组织

  C. 国际开发协会   D. 国际复兴开发银行

10. 区域性国际金融机构包括（ ）。

  A. 亚洲开发银行   B. 泛美开发银行

  C. 非洲开发银行   D. 国际复兴开发银行

三、问答题

1. 简述金融机构体系的构成。

2. 简述我国金融机构体系的构成。

3. 国际性金融机构包括哪些？

四、案例分析

巴林银行的倒闭

  1995 年 2 月 26 日，一条消息震惊了整个世界金融市场。具有 230 多年历史，在世界 1000 家大银行中按核心资本排名第 489 位的英国巴林银行，因进行巨额金融期货投机交易，造成 9.16 亿英镑的巨额亏损，在经过国家中央银行英格兰银行拯救失败之后，被迫宣布破产。后经英格兰银行的斡旋，3 月 5 日，荷兰国际集团（ING）以 1 美元的象征价格，宣布完全收购巴林银行。

  1994 年下半年起，尼克·里森在日本东京市场上做了一种十分复杂、期望值很高、风险也极大的衍生金融商品交易——日本日经指数期货。他认为日本经济走出衰退，日元坚挺，日本股市必大有可为。日经指数将会在 19000 点以上浮动，如果跌破此位，一般说日本政府会出面干预，故想赌一赌日本股市劲升，便逐渐买入日经 225 指数期货建仓。1995 年 1 月 26 日里森竟用了 270 亿美元进行日经指数期货投机。不料，日经指数从 1 月初起一路下滑，到 1995 年 1 月 18 日又发生了日本神户大地震，股市因此暴跌。里森所持的多头头寸遭受重创。为了反败为胜，他继续从伦敦调入巨资，增加持仓，即大量买进日经股价指数期货，沽空日本政府债券。到 2 月 10 日，里森已在新加坡国际金融交易所持有 55000 份日经股价指数期货合约，创出该所的历史纪录。

  所有这些交易均进入 "88888" 账户。（注：1992 年巴林银行有一个账号为 "99905" 的 "错误账号"，专门处理交易过程中因疏忽而造成的差错，如将买入误为卖出等。新加坡巴林期货公司的差错记录均进入这一账号，并发往伦敦总部。1992 年夏天，伦敦总部的清算负责人乔丹·鲍塞要求里森另行开设一个 "错误账户"，以记录小额差错，并自行处理，以省却伦敦的麻烦。由于受新加坡华人文化的影响，此 "错误账户" 以代码 "88888" 为名设立。数周之后，巴林总部换了一套新的计算机系统，重新决定新加坡巴林期货公司的所有差错记录仍经由 "99905" 账户向伦敦报免，"88888" 差错账户因此搁置不用，但却成为一个真正的错误账户留存在计算机之中。这个被人疏忽的账户后来就成为里森造假的工具。）为维持数额如此巨大的交易，每天需要 3000 万～4000 万英镑。巴林总部竟然接受里森的各种理由，照付不误。2 月中旬，巴林总部转至新加坡 5 亿多英镑，已超过了其 47000 万英镑的股本金。

1995 年 2 月 23 日，日经股价指数急剧下挫 276.6 点，收报 17885 点，里森持有的多头合约已达 6 万余份，面对日本政府债券价格的一路上扬，持有的空头合约也多达 26000 份。由此造成的损失则激增至令人咋舌的 86000 万英镑；并决定了巴林银行的最终垮台。当天，里森已意识到无法弥补亏损，于是被迫仓皇出逃。26 日晚 9 点 30 分，英国中央银行英格兰银行在没拿出其他拯救方案的情况下只好宣布对巴林银行进行倒闭清算，寻找买主，承担债务。同时，伦敦清算所表示，经与有关方面协商，将巴林银行作为无力偿还欠款处理，并根据有关法律赋予的权力，将巴林自营未平仓合约平仓，将其代理客户的末平仓合约转移至其他会员处置。27 日（星期一），东京股市日经平均指数再急挫 664 点，又令巴林银行损失增加了 2.8 亿美元，使全部损失达 6 亿英镑，约 9 亿多美元。截至当日，尼克里森持的未平仓合约总值达 270 亿美元，包括购入 70 亿美元日经指数期货，沽出 200 亿美元日本政府债券与欧洲日元。

在英国央行及有关方面协助下，3 月 2 日（星期四），在日经指数期货反弹 300 多点的情况下，巴林银行所有（不只新加坡的）未平仓期货合约（包括日经指数及日本国债期货等）分别在新加坡国际金融期货交易所、东京及大阪交易所几近全部平掉。至此，巴林银行由于金融衍生工具投资失败引致的亏损高达 9.16 亿英镑，约合 14 亿多美元。

从制度上看，巴林银行最根本的问题在于交易与清算角色的混淆。里森在 1992 年去新加坡后，任职巴林新加坡期货交易部兼清算部经理。作为一名交易员，里森本来工作应是代巴林客户买卖衍生性商品，并替巴林从事套利这两种工作，基本上没有太大的风险。因为代客操作，风险由客户自己承担，交易员只是赚取佣金，而套利行为亦只赚取市场间的差价。但不幸的是，里森却一身兼交易与清算二职。

在损失达到 5000 万英镑时，巴林银行曾派人调查里森的账目。事实上，每天都有一张资产负债表，每天都有明显的记录，可看出里森的问题——如果巴林真有严格的审查制度。里森假造花旗银行有 5000 万英镑存款，但这 5000 万英镑已被挪用来补偿 88888 号账户中的损失了。查了一个月的账，却没有人去查花旗银行的账目，以致没有人发现花旗银行账户中并没有 5000 万英镑的存款。

最令人难以置信的，便是巴林在 1994 年年底发现资产负债表上显示 5000 万英镑的差额后，仍然没有警惕到其内部控制的松散及疏忽。在发现问题至其后巴林倒闭的两个月时间里，有很多巴林的高级资深人员曾对此问题加以关切，更有巴林总部的审计部门正式加以调查。但是这些调查都被里森以极轻易的方式蒙骗过去。里森对这段时期的描述为："对于没有人来制止我的这件事，我觉得不可思议。伦敦的人应该知道我的数字都是假造的，这些人都应该知道我每天向伦敦总部要求的现金是不对的，但他们仍旧支付这些钱。"

里森说："有一群人本来可以揭穿并阻止我的把戏，但他们没有这么做。我不知道他们的疏忽与罪犯级的疏忽之间界限何在，也不清楚他们是否对我负有什么责任。但如果是在任何其他一家银行，我是不会有机会开始这项犯罪的。"

问题：（1）案例最后，里森说的一番话有何意义？从中能吸取什么教训？

（2）你认为导致巴林银行倒闭的最根本原因（属于哪一类风险）是什么？为什么？

实训项目
对我国各种金融机构的认识

1. 登录中国人民银行、中国银保监会、中国证监会网站，了解监管类金融机构的职能任务。

2. 登录各大商业银行网站，了解商业银行的主要业务。

3. 登录保险公司、证券公司网站，了解以证券保险为主的非银行金融机构具体业务。

4. 请将实训所得结果填写在实训报告纸上。

5. 组织各小组汇报和讨论。

第六章

金融业务

学习目标

知识目标

- 掌握商业银行业务。
- 掌握中央银行业务。
- 了解非银行金融机构及其业务。

技能目标

- 能够正确认识和分析现实经济中的各类金融业务。

【章前引例】

互联网公司都在发展金融业务　玩资本真就这么好？

滴滴终于买了张支付牌照，花了 4.3 亿元人民币。滴滴创造了最直接的支付场景。在滴滴之前，我们打车一般是付现金的，滴滴等网约车的出现才将付款方式从现金转成了手机转账。所以很长一段时间以来，腾讯和阿里入局出租领域也被认为是扩展支付场景的一种手段，毕竟打车用户是数以亿计的，只要人们都习惯于使用微信或支付宝进行支付，腾讯和阿里就都不亏。以前提起金融大家能想到的就是银行，其实金融机构种类繁多，不同机构业务特点也不同，本章重点介绍种类金融机构的业务内容。

第一节　商业银行业务

【节前引例】

"交易银行"业务逐渐成为商业银行转型的重要途径

交易银行（Transaction Banking）是银行以客户的财资管理愿景为服务目标，服务于客户交易，协助客户整合其上下游资源，最终实现资金运作效益和效率提升的综合化金融服务的统称。互联网时代，企业间的协作方式生态圈化，使得企业间的交易关系扁平化、交易行为数据化。在此背景下，"1 即 N、N 即 1"的客户理念和"数据质押"的风险管理理念将成为银行开展交易银行业务的核心理念。

交易银行起源于欧美发达国家，是国际化大型银行的重要战略业务模式和主要利润来源。在国内，作为交易银行业务的主要内容，供应链金融、贸易融资和现金管理业务已经普遍在大中型商业银行开展。

中国银行业协会 2 月 24 日在北京发布的《中国银行家调查报告（2016）》（以下简称《报告》）显示，超过六成银行家对发展交易银行持积极态度，其中，认为应大力发展的占比为 19.4%，认为应继续稳步推进的占比为 46%。此外，有 28.1% 的银行家持谨慎态度，6.5% 的银行家表示将维持现状。

《报告》显示，在这些业务中，参与调查的银行家认为支付结算、现金管理、供应链金融、贸易金融是主要的发展方向。

《报告》指出，除了组织结构调整，商业银行还需要在产品体系、技术管理等方面下工夫。70.4% 的银行家认为，首要任务是整合产品体系，实现综合化、定制化、标准化。

一、商业银行经营目标与原则

商业银行是特殊的企业，企业的经营目标是利益最大化。因此商业银行的经营目标是利益最大化。

商业银行的经营原则一般有三条，即盈利性、流动性、安全性。

1. 盈利性原则。盈利性原则是指商业银行在稳健经营的前提下，尽可能提高商业银行的盈利能力，力求获取最大利润，以实现银行的价值最大化目标。盈利性是商业银行经营目标的要求，占有核心地位。

2. 安全性原则。安全性原则是指银行具有控制风险、弥补损失、保证银行稳健经营的能力。安全性是指银行管理经营风险，保证资金安全的要求。

3. 流动性原则。流动性原则是指银行具有随时以适当的价格取得可用资金，满足存款人提取存款和满足客户合理的贷款需求的能力。流动性是清偿力问题，即银行能随时满足客户提款等方面的要求的能力。

盈利性原则、安全性原则和流动性原则在一定意义上是统一的。只有在保持较高盈利水平的条件下，银行才有可能增加自有资本，增强抵抗风险和履行付款责任的能力；同时也只有在安全性、流动性有保证的前提下，银行才可能获得较高的盈利水平。但是在实际的经营活动中，银行管理者碰到更多的却是盈利性原则和流动性原则、安全性原则之间相互冲突的情况。因为一般说来，一种资产的流动性、安全性越高，其盈利性往往就越低。例如，贷款的利率通常高于证券，长期贷款（或证券）的利率又高于短期贷款（或证券），但是就其安全性、流动性而言，上述顺序又正好相反。更极端的例子是，库存现金具有充分的安全性和流动性，但其收益率却为零。因此，商业银行必须在安全性、流动性和盈利性这三者之间找到最佳的平衡。

二、商业银行负债业务

商业银行业务是商业银行获得利润的来源，各国商业银行业务主要有负债业务、资产业务以及中间业务和表外业务。随着银行国际化的发展，国内这些业务还可以延伸为国际业务。

1. 负债业务。负债业务是形成商业银行资金来源的业务，即商业银行吸收资金的业务。它是商业银行最基本、最主要的业务。

（1）自有资本。商业银行的自有资本是其开展各项业务活动的初始资金，简单来说，就是其业务活动的本钱。在商业银行的全部信贷资金来源中，自有资金所占比重小，一般为全部负债业务总额的 10% 左右，但是自有资金在银行经营活动中发挥着十分重要的和不可替代的作用。首先，它是商业银行开业并从事银行业务的前提；其次，它是银行资产风险损失的物质基础，为银行债权人提供保障；最后，是提高银行竞争力的物质保证。

（2）按照《巴塞尔协议》的规定，由于不同资本承受风险的差异，将商业银行的资本金分为核心资本（一级资本）和附属资本。其中核心资本包括：普通股、永久性的优先股、资本盈余和未分配利润。附属资本包括未公开储备、资产重估储备、普通准备金、混合型资本工具和长期次级债务等。同时根据《巴塞尔协议》规定，商业银行资本充足率必须到达 8%。

2. 存款业务。商业银行的存款是其主要的资金来源和负债业务，按照存款的性质分为活期存款、定期存款和储蓄存款。

（1）活期存款。活期存款是存户在提取或支付时不需预先通知银行的存款。它的特性在于存户可以随时取款。活期存款的形式近年来有所增多，传统的活期存款账户有支票存款账户、保付支票、本票、旅行支票和信用证，其中以支票存款最为普遍。

由于活期存款的流动性很高，客户在活期存款账户上存取频繁，银行为此要承担较大的流动风险，并要向存户提供诸多的配套服务，如存取服务、转账服务、提现服务和支票服务等，鉴于高风险和高营运成本，银行对活期存款账户原则上不支付利息。中央银行为使银行避免高的流动风险，对活期存款都规定了较高的准备金比率。银行在缴纳法定准备金外，还保存部分库存现金以应付活期账户存户的取现。

提供活期存款业务是商业银行的"专利"。银行经营活期存款可以免费得到活期存款的稳定余额，这部分稳定余额是银行重要的资金来源。由于活期存款多表现于支票存款，而支票又多用于转账而非提现，故银行可以进行信用扩张，周转使用活期存款，从而在银行体系下创造出派生存款。但是，传统活期存款的发展在今天越来越受到制约。由于一直被禁止支付利息或支付较低利息，传统活期存款在与包括定期存款等其他存款品种的市场竞争中处于不利地位，而战后利率的趋升更加剧了这种不利状况。新型活期存款，像 NOW 账户系列、自动转账、股金汇票账户、货币市场存款账户因其生息优势，也对传统活期存款提出极大挑战，作为活期存款近似替代物，它们抢走了活期存款市场份额的很大一块。

（2）定期存款。定期存款是存户和银行预先约定存取期限的存款。存款期限最短为一星期（美国），在我国通常为 3 个月、6 个月和 1 年不等，期限长的则可达 5 年或 10 年。商业银行对定期存款有到期支付的责任，期满时必须无条件地向存户支付本金和利息。

由于传统定期存款存期固定且较长，在存期未满时存户碍于罚息通常不提前支取，故银行经营所承担的流动性风险较低，而且手续简便，营运成本不高。作为报偿，银行对定期存款支付较高的利息。鉴于定期存款流动性风险较低的情况，各国中央银行对定期存款的准备金比率也相应降低。定期存款由于在银行存储时间长、支取频率小，具有投资的性质，故是银行最稳定的外界资金来源，银行可利用定期存款来支持长期放款和投资业务，从而赚取利润。

传统的定期存款使用存款单，而且一般不可转让，不能在金融市场上流通。不可转让存单的利率随存款金额的大小和期限长短而调整。金额越大，期限越长，利率也就越高。对于定期存款的提前支取，银行通常都收取较高的提前支款罚款。像传统活期存款一样，传统定期存款的发展也受到了限制。虽然在 1986 年美国已完全取消存款的限制，但是，流动性极低的特性决定了传统定期存款不能有更大的发展空间。流通性较高的可转让大额定期存单和兼具活期存款特点、流动性有所提高的货币市场存款账户的出现很大程度上替代了传统定期存款。

（3）储蓄存款。储蓄存款是指存户不需按照存款契约要求，只需按照银行所要求的任何时间，在实际提取 1 星期以前，以书面申请形式通知银行申请提款的一种账户。由此定义可见，储蓄存款不是在特定的某一到时期日，或某一特定间隔期限终止后才能提取。商业银行对储蓄存款有接到取款通知后缓期支付的责任。

由于储蓄存款的流动性介于活期存款和定期存款之间，银行承担的流动性风险亦大于定期存款流动性风险和小于活期存款流动性风险，故银行对储蓄存款支付的利率低于定期存款。储蓄存款主要面向个人家庭和非营利机构，营利公司、公共机构和其他团体开立储蓄存款账户受到限制。

居民储蓄存款通常使用银行储蓄存折或电脑储蓄账户。储蓄存折上载明账户的规定事项，包括使用规则和修改账户的条件。电脑储蓄账户下，银行不发给存户存折，而代之以储蓄存款支票簿。存款金额记录于该簿的存根上，取款时银行签发一张不可转让的储蓄提款单。每月的电脑报表显示储蓄账户的收支。在自动出纳机系统发展起来后，银行办理电脑账户的收支会趋于自动化。

小资料

个人储蓄存款种类

个人储蓄账户的目的主要是取得利息收入，根据个人存取款频率、资金量等可以选择以下存款种类（见表 6 - 1）。

活期储蓄，是只能用于现金存取的个人活期存款账户，账户内的资金按人民银行公布的活期利率计算利息。

整存整取，由客户与银行约定存期，本金一次存入，到期一次支付本息或要求银行按原存期自动转存的本外币存款。

零存整取，是指开户时约定存期，本金分次存入，到期一次支付本息的存款方式。特点是逐月存储，每月存入金额固定。

存本取息，是指一次存入本金，分次支取利息，到期支付本金的一种存款。

人民币通知存款，是指存款人在存入款项时不约定存期，支取时须提前通知银行，约定支取存款金额和日期方能支付的存款方式。通知存款不论实际存期多长，按存款人提前通知的期限长短来划分为一天通知存款和七天通知存款。

教育储蓄，是仅对在校小学四年及以上（含四年级）学生提供的优惠储蓄品种。开户时约定存期，本金分次存入，到期时存款凭存折及学校提供的正在接受非义务教育的学生证明一次支付本息。教育储蓄存款免征利息所得额。

表 6 - 1　　　　　　　　　　各种存款比较

储蓄种类	存期	金额限制	存取方式
活期存款	不定期	1 元起存	随时
整存整取	3 个月、6 个月，1 年、2 年、3 年、5 年	50 元起存	一次存入

储蓄种类	存期	金额限制	存取方式
零存整取	1 年、3 年、5 年	5 元起存	逐月存入一次支取
整存零取	1 年、3 年、5 年		一次存入，分次支取本金，到期支付利息
存本取息	1 年、3 年、5 年	5000 元起存	
定活两便	不定存期		
通知存款	不定存期，支取前一天或 7 天通知	50000 元起存	一次存入，一次或分次支取
教育储蓄	1 年、3 年、6 年	50 元起存，最高20000 元	分次存取，一次支取

　　3. 借款业务。商业银行可以向中央银行、其他商业银行借款或发行金融债券获取资金来源，以弥补暂时性准备金不足或获取额外的利润。与存款相比，它是一种主动型负债，在时间、规模、用途等方面，有较大的灵活性。

　　(1) 向中央银行借款。世界各国的中央银行，都是向商业银行提供货币的最后贷款者。其借款的形式有两种，一种是直接借款，也称再贷款；另一种是间接借款，即所谓的再贴现。在市场经济发达的国家，由于商业票据和贴现业务的广泛流行，再贴现就成为商业银行向中央银行借款的主要渠道。而在商业票据信用不普及的国家，则主要采取再贷款的形式。

　　(2) 同业拆借。同业拆借指的是金融机构之间的短期资金融通，主要用于支持日常性资金周转，是商业银行为解决短期资金余缺、调剂法定准备头寸而相互融通资金的重要方式。期限短，一般为 1～3 天，有的只有一夜。

　　(3) 转贴现与转抵押。转贴现是指持有票据的金融机构为了融通资金，在票据到期日之前将票据权利转让给其他金融机构，由其收取一定利息后，将约定金额支付给持票人的票据行为。

　　当商业银行资金周转不灵时，可向其他商业银行举借转抵押贷款。转抵押贷款的程序与工商企业向商业银行申请抵押贷款的程序基本相同，所不同的是，商业银行向同业举借转抵押贷款所有的抵押品，大多是工商企业向其举借抵押贷款时提交的抵押品，如动产和不动产。转抵押的手续较复杂，技术性也较强。

　　(4) 回购协议。回购协议 (Repurchase Agreement) 也称再回购协议，指的是商业银行在出售证券等金融资产时签订协议，约定在一定期限后按原定价格或约定价格购回所卖证券，以获得即时可用资金；协议期满时，再以即时可用资金作相反交易。回购协议从即时资金供给者的角度来看又称为"反回购协议"。

　　(5) 发行金融债券。发行金融债券是商业银行经批准，通过向社会公众推销债券凭证的方式筹集资金的业务。发行债券时可以灵活规定期限，如为了一些长期项目投资，可以发行期限较长的债券。因此，发行金融债券可以使商业银行筹措到稳定且期限灵活的资金，金融债券能够较有效地解决商业银行资金来源不足与期限不匹配的矛盾。

三、商业银行资产业务

商业银行的资产业务是商业银行运用其积累的货币资金从事各种信用活动，以取得收益的业务，也是商业银行主要的利润来源。

商业银行的资产业务主要有现金资产、贷款业务、证券投资业务。商业银行盈利状况如何，经营是否成功，很大程度上取决于资金运用的结果，商业银行的资产业务以贷款和投资最为重要。

1. 现金资产。现金资产是银行持有的库存现金以及与现金等同的、可随时用于支付的银行资产。它是商业银行资产中最富有流动性的部分，基本上不能带来直接收益，但能直接满足对外支付的需要。现金资产主要包括以下几部分：

（1）库存现金，即商业银行保存在金库中的现钞和硬币。主要用来应付客户提现和银行本身的日常零星开支。

（2）存款准备金，即商业银行存放在中央银行的资金，包括法定存款准备金和超额准备金两部分。法定存款准备金是指法律规定金融机构必须存在中央银行里的，这部分资金叫作法定存款准备金。中国人民银行金的比例通常是由中央银行决定的，被称为法定存款准备金率。超额存款准备金是金融机构自身决定的并且存放在中央银行、超出法定存款准备金的部分，主要用于支付清算、头寸调拨或作为资产运用的备用资金，以抵御未知风险。

（3）同业存款。同业存款是商业银行为了便于在同业之间开展各种代理业务、结算收付等，而将其存款存放于代理行和相关银行的业务活动。

（4）在途资金。在途资金是指在清算过程中，已记入商业银行的负债，但实际上商业银行还未收到的那部分资金。

2. 贷款业务。商业银行贷款，是商业银行作为贷款人按照一定的贷款原则和政策，以还本付息为条件，将一定数量的货币资金提供给借款人使用的一种借贷行为。这种借贷行为由贷款的对象、条件、用途、期限、利率和方式等因素构成，而这些因素的不同组合，就形成了不同的贷款种类。

（1）贷款业务分类。

①按贷款的保障条件分类分为信用贷款、担保贷款、票据贴现。

第一，信用贷款，是指银行完全凭借客户的信誉，无需提供抵押物或第三者保证而发放的贷款。其特点是以借款人的信用和未来的现金流作为还款保障；风险大，利率高；手续简便。

第二，担保贷款，是指具有一定的财产或信用作还款保证的贷款。由于有财产或第三者承诺作为还款的保证，担保贷款的贷款风险相对较小。但担保贷款手续复杂，且需要花费抵押物（质物）的评估、保管以及核保等费用，贷款成本相应也比较大。包括三类：

A. 保证贷款：按《中华人民共和国担保法》规定的保证方式，以第三人承诺在借款人不能偿还贷款时，按约定承担一般保证责任或者连带保证责任。

B. 抵押贷款：按《中华人民共和国担保法》规定的抵押方式，以借款人或第三人的财产作为抵押物发放的贷款。

C. 质押贷款：按《中华人民共和国担保法》规定的质押方式，以借款人或第三人的动产或权利作为质物发放的贷款。

第三，票据贴现，指银行以现款或活期存款买进客户持有的未到期商业票据的方式发放的贷款。票据贴现是客户将未到期的票据转让给银行。这种转让行为表面上只是一种票据交换行为，实际上也是一种信贷业务。银行买进票据，等于通过贴现间接地给票据的付款人发放了一笔贷款。

$$贴现利息 = 票面金额 \times 贴现率 \times 未到期天数/360$$
$$贴现金额 = 票面金额 - 贴现利息$$
$$= 票面金额 \times (1 - 贴现率 \times 未到期天数/360)$$

例题：某企业持有一张半年后到期的一年期票据，面额为 2000 元，到银行请求贴现，银行确定该票据的市场贴现率为 5%，请计算贴现利息和贴现金额。

贴现利息 = $2000 \times 5\% \times 180/360 = 50$

贴现金额 = $2000 - 50 = 1950$

②按贷款的偿还方式分类：一次性偿还；分期偿还。一次性偿还是指借款人在贷款到期日一次性还清贷款本金的贷款，其利息可以分期支付，也可以在归还本金时一次性付清。一般说，短期的临时性、周转性贷款都是采取一次性偿还方式。

分期偿还贷款是指借款人按规定的期限分次偿还本金和支付利息的贷款。这种贷款的期限通常按月、季、年确定，中长期贷款大都采用这种方式，其利息的计算方法常见的有加息平均法、利随本减法等。

（2）贷款风险分类及其管理。贷款风险分类是指商业银行按照风险程度将贷款划分为不同档次的过程，其实质是判断债务人及时足额偿还贷款本息的可能性。

我国多年来一直使用"一逾两呆"的评价方法评价贷款质量，即逾期贷款、呆滞贷款和呆账贷款。逾期贷款是指逾期未还的贷款，只要超过一天即为逾期；呆滞贷款是指逾期两年或虽未满两年但经营停止、项目下马的贷款；呆账是指按财政部有关规定确已无法收回，需要冲销呆账准备金的贷款。

1998 年 5 月，中国人民银行参照国际惯例，结合中国国情，制定了《贷款分类指导原则》，要求商业银行依据借款人的实际还款能力进行贷款质量的五级分类，即按风险程度将贷款划分为五类：正常、关注、次级、可疑、损失，后三种为不良贷款。

A. 正常。借款人能够履行借款合同，没有足够理由怀疑贷款本息不能按时足额偿还。显然，这类贷款的借款人财务状况无懈可击，没有任何理由怀疑贷款的本息偿还会发生任何问题。

B. 关注。尽管借款人目前有能力偿还贷款，但存在一些可能对偿还产生不利影响的因素。该类贷款的本息偿还可能仍然正常，但是已经发生了一些可能会影响贷款偿还的不利因素，如宏观经济、市场以及行业等外部环境出现对借款人不利的变化，企业改制，借款人的主要股东、关联企业或母子公司等发生重大不利变化、借款人的一些重要财务指标低于同行业水平或有较大的下降，等等。如果任凭这些因素继续下去，就有可能影响贷款的偿还，因此，银行需要对其进行关注，或对其进行监控。

C. 次级。借款人的还款能力出现明显问题，完全依靠其正常营业收入无法足额偿还贷款本息，即使执行担保，也可能会造成一定损失。此时，借款人已经无法继续依靠其正常的经营收入偿还贷款的本息，支付出现严重困难，内部管理出现严重问题或经营亏损，净现金流量已为负数等，不得不通过重新融资或拆东墙补西墙的办法来归还贷款。

D. 可疑。借款人无法足额偿还贷款本息，即使执行担保，也肯定要造成较大损失。这类贷款具备了上述次级贷款所具备的基本特征，但是程度更加严重。如借款人处于停产、半停产的状态，贷款项目已经处于停建或缓建状态，借款人已经资不抵债，银行已经诉诸法律来收回贷款等。

E. 损失。在采取所有可能的措施或一切必要的法律程序之后，本息仍然无法收回，或只能收回极少部分。此时，借款人和担保人已经被依法宣布破产、且经法定清偿后仍不能还清贷款；借款人死亡、失踪，以其财产或遗产清偿后仍不能还清的贷款；借款人遭受重大自然灾害和意外事故，损失巨大且不能获得保险赔偿，确实无力偿还贷款；贷款企业虽未破产，工商部门也为吊销其营业执照，但企业早已关停或名存实亡等。对于这类贷款，银行已没有意义将其继续保留在资产账面上，应当在履行必要的内部程序之后，立即冲销。

3. 证券投资业务。证券投资业务是指商业银行以其资金在金融市场上购买有价证券的业务活动。商业银行投资业务对象主要是各种证券，包括国库券、中长期国债、政府机构债券、地方政府债券、公司债券及股票。在这类证券中，由于国库券风险小、流动性强而成为商业银行重要的投资工具。商业银行还会投资评级高的公司债券。各国一般对商业银行购买股票加以限制或禁止。我国《商业银行法》规定，商业银行在中国境内不得从事信托投资业务和股票业务，不得投资非自用房地产，除承销国债、代理发行国债外不得办理证券业务。我国商业银行的证券投资业务规模很小，主要限于政府债券和金融债券。

📝 小资料

20 世纪 30 ~ 80 年代后期这半个多世纪里，除德国、瑞士、奥地利等少数实行全能银行制的国家之外，绝大多数国家都不允许商业银行购买工商企业的股票，因此商业银行证券投资的对象主要是各类债券，特别是政府债券。20 世纪 80 年代中后期以来，许多国家先后放松管制，如 1999 年美国通过《金融服务现代化法案》以后，美国商业银行从事证券投资业务的范围、对象不再受限制。但是从控制风险的角度出发，商业银行证券投资对象仍以债券为主。

四、商业银行中间业务

商业银行中间业务，是指商业银行代理客户办理收款、付款和其他委托事项而收取手续费的业务。即银行不需动用自己的资金，依托业务、技术、机构、信誉和人才等优势，以中间人的身份代理客户承办收付和其他委托事项，提供各种金融服务并据以收取手续费的业务。银行经营中间业务无须占用自己的资金，是在银行的资产负债信用业务的基础上产生的，并可以促使银行信用业务的发展和扩大。

1. 支付结算业务。支付结算类业务是指由商业银行为客户办理因债权债务关系引起的与货币支付、资金划拨有关的收费业务。

（1）结算工具。结算业务借助的主要结算工具包括银行汇票、商业汇票、银行本票和支票。

A. 银行汇票是出票银行签发的、由其在见票时按照实际结算金额无条件支付给收款人或者持票人的票据。

B. 商业汇票是出票人签发的、委托付款人在指定日期无条件支付确定的金额给收款人或持票人的票据。商业汇票分银行承兑汇票和商业承兑汇票。

C. 银行本票是银行签发的、承诺自己在见票时无条件支付确定的金额给收款人或者持票人的票据。

D. 支票是出票人签发的、委托办理支票存款业务的银行在见票时无条件支付确定的金额给收款人或持票人的票据。

（2）结算方式，主要包括同城结算方式和异地结算方式。

A. 汇款业务，是由付款人委托银行将款项汇给外地某收款人的一种结算业务。汇款结算分为电汇、信汇和票汇三种形式。

B. 托收业务，是指债权人或售货人为向外地债务人或购货人收取款项而向其开出汇票，并委托银行代为收取的一种结算方式。

C. 信用证业务，是由银行根据申请人的要求和指示，向收益人开立的载有一定金额，在一定期限内凭规定的单据在指定地点付款的书面保证文件。

D. 银行卡业务。银行卡是由经授权的金融机构（主要指商业银行）向社会发行的具有消费信用、转账结算、存取现金等全部或部分功能的信用支付工具。银行卡业务的分类方式一般包括以下几类：

依据清偿方式，银行卡业务可分为贷记卡业务、准贷记卡业务和借记卡业务。借记卡可进一步分为转账卡、专用卡和储值卡。

依据结算的币种不同，银行卡可分为人民币卡业务和外币卡业务。

按使用对象不同，银行卡可以分为单位卡和个人卡。

按载体材料的不同，银行卡可以分为磁性卡和智能卡（IC卡）。

按使用对象的信誉等级不同，银行卡可分为金卡和普通卡。

按流通范围，银行卡还可分为国际卡和地区卡。

其他分类方式，包括商业银行与营利性机构/非营利性机构合作发行联名卡/认同卡。

小资料

信用卡组织

随着信用卡的广泛使用，人们越来越关注不同信用卡的功能差异，这就有必要了解一下不同的信用卡组织。

VISA又译为维萨、维信，是一个信用卡品牌，由位于美国加利福尼亚州圣弗朗西斯科市的Visa国际组织负责经营和管理。VISA卡于1976年开始发行，它的前身是由美洲银行所发行的Bank Americard。Visa不向消费者发卡，也不向消费者提供贷款和设定持卡人的卡费及利率。持卡人客户关系属于金融机构的网络，直接由金融机构负责管理。

中国银联：中国银联是经国务院同意，中国人民银行批准设立的中国银行卡联合组织，成立于2002年3月，总部设于上海。中国银联是中国银行卡联合组织，通过银联跨行交易清算系统，实现商业银行系统间的互联互通和资源共享，保证银行卡跨行、跨地区和跨境的使用。中国银联已与境内外超过400家机构展开广泛合作，全球银联卡发卡量超过38亿张，银联网络遍布中国城乡，并已延伸至亚洲、欧洲、美洲、大洋洲、非洲等境外140多个国家和地区。

万事达：万事达卡国际组织（Master Card International）是全球第二大信用卡国际组织（第一是Visa国际组织）。1966年美国加州的一些银行成立了银行卡协会，并于1970年启用Master Charge的名称及标志，统一了各会员银行发行的信用卡名称和设计，1978年再次更名为现在的Master Card。

2. 代理业务。代理类中间业务指商业银行接受客户委托、代为办理客户指定的经济事务、提供金融服务并收取一定费用的业务，包括代理政策性银行业务、代理中国人民银行业务、代理商业银行业务、代收代付业务、代理证券业务、代理保险业务、代理其他银行银行卡收单业务等。

代理政策性银行业务，指商业银行接受政策性银行委托，代为办理政策性银行因服务功能和网点设置等方面的限制而无法办理的业务，包括代理贷款项目管理等。

（1）代理中国人民银行业务，指根据政策、法规应由中央银行承担，但由于机构设置、专业优势等方面的原因，由中央银行指定或委托商业银行承担的业务，主要包括财政性存款代理业务、国库代理业务、发行库代理业务、金银代理业务。

（2）代理商业银行业务，指商业银行之间相互代理的业务，如为委托行办理支票托收等业务。

（3）代收代付业务，是商业银行利用自身的结算便利，接受客户的委托代为办理指定款项的收付事宜的业务，如代理各项公用事业收费、代理行政事业性收费和财政性收费、代发工资、代扣住房按揭消费贷款还款等。

（4）代理证券业务是指银行接受委托办理的代理发行、兑付、买卖各类有价证券的业务，还包括接受委托代办债券还本付息、代发股票红利、代理证券资金清算等业务。此处有价证券主要包括国债、公司债券、金融债券、股票等。

（5）代理保险业务是指商业银行接受保险公司委托代其办理保险业务的业务。商业银行代理保险业务，可以受托代个人或法人投保各险种的保险事宜，也可以作为保险公司的代表，与保险公司签订代理协议，代保险公司承接有关的保险业务。代理保险业务一般包括代售保单业务和代付保险金业务。

（6）其他代理业务，包括代理财政委托业务、代理其他银行卡收单业务等。

3. 担保业务。担保类中间业务指商业银行为客户债务清偿能力提供担保，承担客户违约风险的业务。主要包括银行承兑汇票、备用信用证、各类保函等。

A. 银行承兑汇票，是由收款人或付款人（或承兑申请人）签发，并由承兑申请人向开户银行申请，经银行审查同意承兑的商业汇票。

B. 备用信用证，是开证行应借款人要求，以放款人作为信用证的收益人而开具的一种特殊信用证，以保证在借款人破产或不能及时履行义务的情况下，由开证行向收益人及时支付本利。

C. 各类保函业务，包括投标保函、承包保函、还款担保、借款保函等。

4. 承诺业务。承诺类中间业务是指商业银行在未来某一日期按照事前约定的条件向客户提供约定信用的业务，主要指贷款承诺，包括可撤销承诺和不可撤销承诺两种。

A. 可撤销承诺附有客户在取得贷款前必须履行的特定条款，在银行承诺期内，客户如没有履行条款，则银行可撤销该项承诺。可撤销承诺包括透支额度等。

B. 不可撤销承诺是银行不经客户允许不得随意取消的贷款承诺，具有法律约束力，包括备用信用额度、回购协议、票据发行便利等。

5. 交易类业务。交易类中间业务指商业银行为满足客户保值或自身风险管理等方面的需要，利用各种金融工具进行的资金交易活动，主要包括金融衍生业务。

（1）远期合约，是指交易双方约定在未来某个特定时间以约定价格买卖约定数量的资产，包括利率远期合约和远期外汇合约。

（2）金融期货，是指以金融工具或金融指标为标的的期货合约。

（3）互换，是指交易双方基于自己的比较利益，对各自的现金流量进行交换，一般分为利率互换和货币互换。

（4）期权，是指期权的买方支付给卖方一笔权利金，获得一种权利，可于期权的存续期内或到期日当天，以执行价格与期权卖方进行约定数量的特定标的的交易。按交易标的分，期权可分为股票指数期权、外汇期权、利率期权、期货期权、债券期权等。

6. 基金托管业务。基金托管业务是指有托管资格的商业银行接受基金管理公司委托，安全保管所托管的基金的全部资产，为所托管的基金办理基金资金清算款项划拨、会计核算、基金估值、监督管理人投资运作。包括封闭式证券投资基金托管业务、开放式证券投资基金托管业务和其他基金的托管业务。

7. 咨询顾问类业务。咨询顾问类业务指商业银行依靠自身在信息、人才、信誉等方面的优势，收集和整理有关信息，并通过对这些信息以及银行和客户资金运动的记录和分析，形成系统的资料和方案，提供给客户，以满足其业务经营管理或发展需要的服务活动。

A. 企业信息咨询业务，包括项目评估、企业信用等级评估、验证企业注册资金、资信证明、企业管理咨询等。

B. 资产管理顾问业务，指为机构投资者或个人投资者提供全面的资产管理服务，包括投资组合建议、投资分析、税务服务、信息提供、风险控制等。

C. 财务顾问业务，包括大型建设项目财务顾问业务和企业并购顾问业务。大型建设项目财务顾问业务指商业银行为大型建设项目的融资结构、融资安排提出专业性方案。企业并购顾问业务指商业银行为企业的兼并和收购双方提供的财务顾问业务，银行不仅参与企业兼并与收购的过程，而且作为企业的持续发展顾问，参与公司结构调整、资本充实和重新核定、破产和困境公司的重组等策划和操作过程。

D. 现金管理业务，指商业银行协助企业，科学合理地管理现金账户头寸及活期存款余额，以达到提高资金流动性和使用效益的目的。

8. 其他中间业务。其他中间业务包括保管箱业务以及其他不能归入以上八类的业务。

第二节　中央银行业务

【节前引例】

中国人民银行清算中心

中国人民银行清算总中心是中国人民银行直属的事业法人单位，是为中央银行、商业银行和全社会提供支付清算及相关服务的全国性金融服务组织。

清算中心负责建设、运行、维护、管理的支付清算系统包括：大额实时支付系统（HVPS）、小额批量支付系统（BEPS）、全国支票影像交换系统（CIS）、境内外币支付系统（CFXPS）、电子商业汇票系统（ECDS）和网上支付跨行清算系统（IBPS），是我国重要的金融基础设施，是国家和社会资金流动的大动脉。

2013年10月8日正式上线运行的第二代支付系统，在继承了一代各业务系统功能的同时，引入了先进的支付清算管理理念和技术标准，支持商业银行一点接入支付系统，并实现"一点清算"。第二代支付系统将具有更加广阔的发展前景。

一、中央银行业务经营原则

中央银行业务经营原则包括不以营利为目的、不经营一般银行业务、一般不支付存款利息、资产具有最大流动性、定期公布业务状况、保持相对独立性。

二、中央银行负债业务

1. 货币发行。货币发行指中央银行发行库的资金进入商业银行业务库，商业银行在中央银行的存款账户资金增加，并且货币通过商业银行的业务库流向社会，以及中央银行的货币流出大于流入的量。货币发行是中央银行主要的负债业务，通过这项业务，中央银行既为商品流通和交换提供流通手段和支付手段，也相应筹集了社会资金。

（1）货币发行的原则。我国中央银行货币发行的原则主要包括以下三个方面：

①垄断性原则，指货币发行权高度集中于中央银行。有利于避免钞票发行分散的诸种弊端，有利于对货币流通的管理，有利于增强中央银行的实力，有利于实现国家宏观经济目标，有利于增加货币发行的收益。

②信用保证原则，是指货币发行要有一定的黄金或有价证券作为保证，也就是说，通过建立一定的发行准备制度，保证中央银行的独立发行。要坚持经济发行，法制财政发行。

③弹性发行的原则，指货币发行要有一定的弹性，也就是货币发行要有高度的伸缩性和灵活性，不断适应社会经济状况变化的需要，既要充分满足经济发展的需要，避免因通货不足而导致经济萎缩，又要严格控制发行数量，避免因通货过量而引起通货膨胀，造成经济混乱。

（2）货币发行的种类。货币发行业务是中央银行垄断的一项重要负债业务，按照性质，可以分为经济发行和财政发行两种，货币发行都有特定的渠道和程序。货币发行的制度有百分比准备、两级约束、最高发行限额、双重限制、伸缩限制、外汇准备、有价证券保证、边际增量约束等。人民币发行遵循垄断发行和经济发行原则，其业务主要包括制订执行发行基金计划、设立发行库和业务库并办理现金收付业务、运送发行基金、反假币和管理票样等内容，发行收益归国家所有。

经济发行，指中央银行根据国民经济发展的需要适度地增加货币发行量，货币的投放必须适应流通中货币需求量增长的需要，既避免过多发行，又确保经济发展对货币的需要。

财政发行，指为弥补国家财政赤字而发行的货币。容易造成通货膨胀、物价上涨。

（3）货币发行渠道。中央银行通过再贴现、贷款、购买证券、收购金银和外汇等业务活动，将纸币注入流通，并通过同样渠道反向组织货币回笼。

2. 经理国库。国家金库，简称国库，是负责办理国家预算收支的机关。它负担着办理国家预算资金的收纳和国库款的支拨，反映国家预算执行情况的重要任务，是国家预算执行的一项基础工作。我国《预算法》《中国人民银行法》《国家金库条例》等对中国人民银行经理国库的职能予以了明确。经理国库业务是国家赋予中央银行的一项重要职责。认真做好国库工作，保证预算资金及时入库，对于国家财政灵活调度资金，实现财政、信贷收支平衡都具有重要意义。

中华人民共和国国家金库机构，按照国家统一领导，分级管理的财政体制设立，原则上一级财政设立一级国库。国库设总库、分库、中心支库和支库。中国人民银行总行经理总库；各省、自治区、直辖市分行经理分库；省辖市、自治州和设立一级财政的地区，由市、地（州）分支行经理中心支库；县（市）支行（城市区办事处）经理支库。计划单列市分行应设置分库。凡直接向总库办理库款报解的，其国库业务受总库领导，其余的由省分库领导。市辖区建立一级财政的，应设置同级国库。乡（镇）财政建立后，设立乡（镇）国库机构。在不设中国人民银行机构的地区，国库业务由中国人民银行委托当地商业银行或农村信用社办理，称为国库经收处。国库经收处不是一级国库机构，只是代理预算收入的收纳、支拨、退付、更正的业务处理，业务受支库的领导。

（1）中央银行经理国库的职责。

①准确及时地收纳各项国家和地方预算收入。根据国家财政管理体制规定的预算收入级次和上级财政机关确定的分成留解比例或确定的定额上解数额、期限，正确、及时地办理各级财政库款的划分和留解，以保证各级财政预算资金的运用。

②按照财政制度的有关规定和银行的开户管理办理，为各级财政机关设立账户。根据财政机关填发的拨款凭证，及时办理财政库款的支拨。

③对各级财政库款和预算收支进行会计账务核算，按期向上级国库和同级财政、征收机关对账，以保证数字准确一致。

④协助财政、征收机关组织预算收入及时缴库；根据征收机关填发的凭证核收滞纳金；根据国家税法协助财税机关扣收个别单位屡催不缴的应缴预算收入；按照国家财政制度的规定办理库款的退付。

⑤组织管理和检查指导下级国库和国库经收处的工作，总结交流经验，及时解决存在的问题。

⑥办理国家交办的同国库有关的其他工作。

（2）中央银行经理国库的作用。中央银行的国库可以看成是一个簿记系统，通过纸质的簿记或者电子的簿记记录所有的财政收入和财政支出，发挥着以下重要作用。

一是体现央行"政府的银行"职能。通过及时、足额收纳、筹集和拨付资金，满足政府和相关部门的资金需求，保证其正常运转。及时向各级政府及相关部门提供预算收支信息，帮助其分析经济社会发展状况及政府财务状况，并进行正确的宏观决策。

二是保障国家预算顺利执行。协助财税机关组织预算收入及时入库；协助财税部门执行经过各级人大审议批准的预算收支计划；同时，对预算资金收纳、支拨、退付等进行事中监督。

三是支持经济社会发展。通过及时、准确办理预算收支业务，加强国库资金管理，使国家预算资金得以及时收纳、筹集和准确反映，安全得以保证，国家经济建设和社会正常运转所需的各项开支得以及时拨付，为经济社会发展提供资金保障。

四是促进货币和财政两大政策协调。通过国库收支资金运行状况的监测分析，为各级政府和财政与货币两大政策部门提供有参考价值的决策信息；通过高效的国库现金管理操作，促进财政货币政策有机结合，提高国家宏观调控政策的实施效果。

五是服务社会公众和国计民生。国库不但要保证财政、税务等部门征缴的预算收入及时足额缴入国库，还要保证各级政府预算单位的正常经费支出；不但要保证各企事业单位和广大人民群众方便缴纳税收和其他纳入预算管理的资金，还要保证国家预算资金安全、及时拨付至社会大众和各行各业。

📝 **小资料**

2008年5月12日，汶川发生8.0级特大地震。面对突发灾情，广大国库干部临危不乱，迅速启动应急预案，及时恢复因灾情中断的国库业务，确保国库系统的不间断运行和关键岗位万无一失。统筹安排，积极协调，开辟国库资金拨付绿色通道，建立与财政部门联动机制、实施救灾资金到账提示制度，设立专人24小时值班，对防灾救灾款项做到"随到随办、专笔办理"，特事特办，最大限度地提高了拨付速度，有力地支持了抗震救灾工作。5月13日16时45分，接到市财政局将拨付11个受灾区县的首笔救灾款的通知，中央银行国库工作人员第一时间接收处理救灾款项，并与受灾地区进行联系，核实收款单位及开户银行账户信息，仅用10分钟便完成了3130万元救灾款拨付工作。据统计，在汶川地震期间，中央银行重庆营管部累计接收和发送各类救灾资金74笔，金额46080万元。救灾款项安全、及时、准确地划拨到位，最大限度地支持了抗震救灾以及灾后重建工作。

（资料来源：作者根据新华网相关资料整理）

3. 集中存款准备金业务。中央银行集中保管各商业银行的法定存款准备金，并对存放的这些准备金不支付利息。中央银行将这些准备金用于商业银行资金周转不灵时对其贷款，这便节省了各商业银行本应保留的存款准备金，充分发挥了资金的作用。中央银行负责规定商业银行的存款准备金率，并督促各商业银行按期如数上交存款准备金。

（1）中央银行集中商业银行的存款准备金的目的：一是配合货币政策，形成存款准备金工具，调节信贷及货币供应量规模；二是满足商业银行流动性及清偿能力的要求。

（2）中央银行集中的存款准备金的构成：一部分是法定存款准备金，它等于商业银行吸收存款余额乘以中央银行规定的法定存款准备金比率；另一部分是商业银行的超额准备金，亦称为一般性存款，是指商业银行为保持资金清算或同业资金往来而存入中央银行的存款。

（3）中央银行集中的两部分存款具有不同性质的区别：第一，法定存款准备金是中央银行调控信用规模和货币供给量的政策手段；超额存款准备金是商业银行为资产调整和信用创造的条件。第二，法定存款准备金的大小主要取决于中央银行法定存款准备金比率的高低；超额存款准备金主要取决商业银行资产结构的选择以及持有超额准备金的机会成本。第三，法定存款准备金商业银行无权动用，其使用主动权在中央银行手中；超额存款准备金商业银行可以自由使用，其能动性不在中央银行而在商业银行手中。

📖 **小资料**

中国人民银行决定进一步完善平均法考核存款准备金

为进一步完善平均法考核存款准备金，增强金融机构流动性管理的灵活性，平滑货币市场波动，中国人民银行决定，自2016年7月15日起，人民币存款准备金的考核基数由考核期末一般存款时点数调整为考核期内一般存款日终余额的算术平均值。同时，按季交纳存款准备金的境外人民币业务参加行存放境内代理行人民币存款，其交存基数也调整为上季度境外参加行人民币存放日终余额的算术平均值。

4. 办理全国的清算业务。企业之间的债权债务关系一般通过银行来清算，于是企业间的债权债务关系转变成为银行间的债权债务关系。中央银行通过各商业银行开设的账户，对全国银行间的债权债务关系进行清算，从而免除了两地间的现金运用麻烦，方便了地区间的资金往来，加速了商品流通。

5. 其他业务。除了上述四种负债业务外，中央银行还有国际金融机构负债业务、国库券基金兑付业务等其他业务。

中央银行的负债业务即其资产来源，主要包括流通中的货币、各项存款和其他负债。虽然资本金项目也是其资金来源，但不属于严格意义上的负债。商业银行的负债业务也是其吸收资金形成资金来源的业务，主要包括存款负债、其他负债和自有资本。与商业银行相比，中央银行的负债业务具有以下特点：

第一，中央银行负债业务中的流通中货币是其所独有的项目，这是由其独享货币发行权所形成的垄断的负债业务。商业银行均无此项负债，并且与此相反，现金在商业银行的资产负债表中属于资产项目；

第二，业务对象不同，虽然中央银行的负债业务也有存款，但其存款对象主要有两类：一类是政府和公共机构，另一类是商业银行等金融机构。不同于商业银行以普通居民和企业为存款业务对象；

第三，存款业务具有一定的强制性。不同于商业银行的存款自愿原则，法律要求商业银行必须在中央银行存有一定量的存款准备金，具有强制性。

三、中央银行资产业务

中央银行资产业务是指中央银行通过对银行资产的处理，以履行中央银行的职能。中央银行的资产业务主要包括再贴现业务和贷款业务、证券买卖业务、国际储备业务及其他一些资产业务。

1. 中央银行的再贴现业务。再贴现是指商业银行或其他金融机构将为弥补营运资金的不足，将其持有的通过贴现取得的商业票据提交中央银行，向中央银行作的票据转让，请求中央银行以一定的贴现率对商业票据进行二次获取融通资金的业务。同理，再贴现也有折扣，其折扣率通常被称为再贴现率。简言之，贴现是商业银行向企业提供资金的一种方式，再贴现是中央银行向商业银行提供资金的一种方式。两者都是以转让有效票据（一般是银行承兑汇票）为前提的。

再贴现是中央银行的货币政策工具之一，它不仅影响商业银行筹资成本，限制商业银行的信用扩张，控制货币供应总量，而且可以按国家产业政策的要求，有选择地对不同种类的票据进行融资，促进结构调整。一般来说，中央银行的再贴现利率具有以下特点：

第一，再贴现利率是一种短期利率。根据《商业汇票承兑、贴现与再贴现管理暂行办法》，在我国，票据承兑、贴现、转贴现的期限，最长不超过六个月；再贴现的期限，最长不超过 4 个月。再贴现的利率由中国人民银行制定。发布和调整。

第二，再贴现利率是一种官定利率。它是根据国家信贷政策规定的，在一定程度上反映了中央银行的政策意向。

第三，再贴现利率是一种标准利率或最低利率。如英格兰银行贴现及放款有多种差别利率，而其公布的再现贴现利率为最低标准。

无论是企业申请贴现，还是商业银行申请再贴现，都要在提交银行承兑汇票的同时，提交增值税发票和真实商品、劳务的交易合同或必要的运输单据，以确保贴现和再贴现是发生在真实的商品、劳务交易基础之上的，防止企业或商业银行利用贴现或再贴现套取资金。

2. 贷款业务。中央银行贷款是指中央银行动用基础货币向专业银行、其他金融机构，以多种方式融通资金的总称。中央银行贷款是中央银行资金运用的一个重要方面，也是中央银行实施货币政策，借以控制货币供应总量的重要手段。中央银行贷款业务是中央银行的重要资产业务，中央银行贷款是高能货币，是整个社会货币供应量和信用扩张的基础，中央银行通过再贷款的资金运用方式，影响基础货币，进而影响货币供应量和信用规模，从而调控经济。因此，中央银行作为最后贷款人为维持金融体系的安全，抑制通货膨胀，执行货币政策，促进经济发展起到了重要的作用。一般来讲，中央银行贷款增加，是"银根"将有所放松的信号之一；反之，是"银根"将可能紧缩的信号之一。

中央银行贷款业务充分体现了中央银行作为"最后贷款人"的职能，其意义在于央行通过向商业银行、国家财政以及其他金融机构发放应急贷款，起到维护金融体系稳定与安全、抑制通货膨胀、执行货币政策，进而促进经济发展的作用。

中央银行贷款按照贷款对象不同，可分为对商业银行的放款、对政府的放款和其他放款三种主要类型。

（1）中央银行贷款业务的特点。中央银行作为特殊的金融机构，其贷款也体现出独有的特征：以短期贷款为主，一般不经营长期贷款业务；不以营利为目的；应控制对财政的放款，以保持中央银行的相对独立性；一般不直接对工商企业和个人发放贷款。

（2）中央银行贷款业务的分类。中国人民银行贷款按融通资金的方式可分为信用放款、抵押放款和票据再贴现；按期限可分为 20 天以内、3 个月以内、6 个月以内和 1 年期 4 个档次。

（3）申请人民银行贷款的金融机构必须具备 3 个条件：第一，属于中国人民银行的贷款对象；第二，信贷资金营运基本正常；第三，还款资金来源有保障。

3. 中央银行的证券买卖业务。证券买卖业务是中央银行的主要资产业务之一，由于其具有操作灵活、主动的优点，其重要性有不断加强趋势。中央银行通过在二级市场上公开买卖各类证券（包括政府债券、中央银行票据和政策性金融债等），可以释放和回收金融体系的流动性，调控基础货币，实现体系内流动性总量适度、结构合理、变化平缓和货币市场利率基本稳定的目标。

（1）中央银行买卖证券的意义。在公开市场上买卖有价证券，是央行货币政策操作三大基本工具之一。配合准备金政策和再贴现政策，削弱和抵消过激的政策调整带来的整个经济的震动。

第一，中央银行买卖证券最重要的意义在于影响金融体系的流动性，调控基础货币，从而调节货币供应量，实现体系内流动性总量适度、结构合理、变化平缓和货币市场利率基本稳定的目标。

第二，缓解财政收支造成的不利影响。

第三，协助政府公债的发行与管理。

（2）中央银行买卖证券的交易对象。中央银行在公开市场上买卖的证券主要是政府公债、国库券以及其他流动性很高的有价证券。为了保持独立性，中央银行一般只在二级市场上购买。

（3）中国人民银行的证券买卖业务。中央银行从事证券买卖业务，有利于增加国债的流动性，促进国债二级市场的发展，同时使中国人民银行宏观金融调控的手段更加丰富、更加灵活，有利于各种金融机构改善自身资产结构，增强流动性，提高资产质量。

目前，中央银行在公开市场上买卖的有价证券主要是国债、政策性金融债和中央银行票据等。

4. 黄金外汇储备业务。中央银行为了集中储备、调解资金、调解货币流通速度、稳定汇率和金融市场，在国内外金融市场上从事黄金、白银、外汇等资产的买卖活动，而且这一活动是中央银行的一项重要的资产业务。中央银行保管金银外汇储备的意义表现在稳定币值、稳定汇价以及调节国际收支等方面。

中国外汇储备管理坚持"安全第一、流动第二、盈利第三"的经营管理原则。

中国外汇储备经营管理的战略目标是：（1）采用科学的管理和经营手段，保证中央银行调整外汇供求、平衡外汇市场等宏观调控的顺利进行；（2）加强风险防范，确保资金安全，保证资金的及时调拨和运用；（3）建立科学的储备资产结构，提高储备经营水平，增加资产回报；（4）合理安排投资，有重点地支持国内建设项目。

四、中央银行清算业务

中央银行作为银行的银行，各商业银行等其他金融机构都在中央银行开立账户，它们之间的资金往来和债权债务关系自然就要由中央银行来办理。所谓清算，即指一定经济行为所引起的货币关系的计算和结清，亦称"结算"。清算又分现金清算和转账清算。中央银行主持一国的资金清算事宜，有利于缩短资金在途时间，加速资金周转，提高资金效益；节约社会劳动；有利于提高银行工作效率，增强银行信誉；有利于中央银行正确制定和执行金融政策，有效地进行金融宏观调控。

1. 提供账户服务。在各国中央银行支付清算的实践活动中，中央银行一般作为银行间清算中介人，为银行提供清算账户，通过清算账户的设置和使用来实现银行间转账。

2. 运行与管理支付系统。除了提供账户服务以外，中央银行参与和组织行间清算的另一个重要手段即是运行与管理重要的行间支付清算系统。一个稳定的、有效的、公众信任的支付系统，是社会所不可或缺的。中央银行运行的支付系统通常包括账户体系、通信网络和信息处理系统。

3. 为私营清算系统提供差额清算服务。很多国家存在着多种形式的私营清算组织，而一些私营清算系统尚在实施差额清算，为了实现清算参加者间的债权债务抵消，很多清算机构乐于利用中央银行提供的差额清算服务，后者通过账户进行差额头寸的转移划拨，即可完成最终清算。

4. 提供透支便利。中央银行不仅运行管理整个支付系统，还以提供信贷的方式保障支付系统的平稳运行。大额支付系统是中央银行提供信贷的重点，尤其是当大额支付系统所处理的支付指令为不可撤销的终局性支付指令时，中央银行的透支便利更为重要。

小资料

中央银行细化银行卡清算机构准入条件

银行卡清算市场放开再进一步。中央银行与银监会 2016 年 6 月 7 日发布《银行卡清算机构管理办法》，细化了银行卡清算机构准入管理的各项条件。中央银行称，将积极推进银行卡清算市场开放。银联一家独大的支付局面将逐渐被打破，阿里、腾讯、万事达等国内外机构将可与银联同台竞争，甚至会出现第二银联。

清算市场开放到操作层面

清算市场的放开推进已久，早在 2014 年，国务院常务会议就决定，放开银行卡清算市场，符合条件的内外资企业，均可申请在我国境内设立银行卡清算机构。国务院印发《关于实施银行卡清算机构准入管理的决定》，规定了申请成为银行卡清算机构的条件。此次央行会同银监会发文，就是对该《决定》中各项条件要求细化，明确了银行卡清算机构在筹备、开业、机构变更等环节的办理程序等。并要求对高管实施任职资格管理，如 50% 的银行卡清算机构高管要具备相应的专业知识，5 年以上银行、支付或者清算从业经验。

中央银行称，放开银行卡清算市场是为了培育银行卡产业公平竞争的市场环境，提升银行卡清算服务水平。杨涛表示，放开清算市场一方面是适应国际化清算组织基本规则，另一方面国内竞争比较低，目前到了国内银行卡清算市场适度竞争的时期。

万事达等巨头与银联"短兵相接"

《银行卡清算机构管理办法》明确符合条件的内外资企业均可申请成为银行卡清算机构，并在机构设立条件、办理程序、业务管理等方面对外资和内资银行卡清算机构作出相同规定。这就意味着中国银联迎来新的竞争时代，结束了在中国清算市场一家独大 13 年的局面。

第三节　非银行金融机构业务

【节前引例】

财富管理业务起飞难觅"空乘"　私人银行人才荒蔓延至券商

随着证券公司转型发展财富管理业务的趋势越来越明显，对高净值客户提供理财服务的私人银行类人才匮乏的现象不断升级。3 月 8 日，中证协发布通知，将再次举办证券公司高净值客户营销技能培训，这也从侧面反映了券商私人银行人才荒的紧迫程度。

为什么私人银行类人才的匮乏如此严重？大背景是财富管理需求的急速暴发，尤其是券商财富管理相关业务的快速发展。兴业银行和波士顿公司联合进行的统计显示，2016 年我国个人可投资的金融资产总额约为 113 万亿元人民币，同比增长 24%。预计到 2020 年年底，这一数字将保持 12% 的年均复合增长率，达到 200 万亿元人民币。而高净值人群可投资的净资产将占据中国整体个人财富的半壁江山，占比达到 51%，可投资的净资产年均增速更达到 15%。一位兴业银行的内部人士告诉记者，私人银行类人员的流失率过高是银行业一个长期存在的难题。

另外，包括券商系在内的新兴财富管理机构正在异军突起。近年来各券商营业部对经纪业务的依赖越来越低，大量营业部佣金收入在总收入中的占比已经降至 20% ~30%，而面向高净值客户的理财产品的销售和类私人银行服务正在兴起。

（资料来源：记者郑培源，上海证券报，2017 - 03 - 11）

非银行金融机构指经中国人民银行、证监会、银保监会批准成立的，一般包括证券公司、保险公司、信托投资公司、金融租赁公司和财务公司。这类机构放贷灵活、手续便捷，符合中小企业资金快速融资的要求。

一、证券公司业务

证券公司是指依照《公司法》和《证券法》的规定设立的并经国务院证券监督管理机构审查批准而成立的专门经营证券业务，具有独立法人地位的有限责任公司或者股份有限公司。

证券公司可以经营下列部分或者全部业务：

1. 证券承销与保荐业务。证券承销是指证券公司代理证券发行人发行证券的行为。证券承销业务采取代销或者包销方式。发行人申请公开发行股票、可转换债券，依法采取承销方式的，或者公开发行法律、行政法规规定实行保荐制度的其他证券的，应当聘请具有保荐资格的机构担任保荐人。证券公司履行保荐职责应按规定注册登记为保荐机构。保荐机构负责证券发行的主承销工作，依法对公开发行募集文件进行核查，向中国证监会出具保荐意见。

2. 证券经纪业务。证券经纪业务又称代理买卖证券业务，是指证券公司接受客户委托代客户买卖有价证券的行为。在证券经纪业务中，证券公司应遵循代理原则、效率原则和"三公"原则。

3. 证券自营业务。证券自营业务是指证券公司为本公司买卖证券、赚取差价并承担相应风险的行为。

4. 投资咨询业务及与证券交易、证券投资活动有关的财务顾问业务。

5. 资产管理业务。资产管理业务是指证券公司根据有关法律、法规和投资委托人的投资意愿，作为管理人，与委托人签订资产管理合同，将委托人委托的资产在证券市场上从事股票、债券等金融工具的组合投资，以实现委托资产收益最大化的行为。

6. 融资融券业务。融资融券业务是指向客户出借资金（或证券）供其买入（或卖出），并收取利息或担保物的经营活动。证券公司开展融资融券业务试点必须经中国证监会批准。

二、保险公司业务

保险公司是经营保险业的经济组织。它依靠投保人所交纳的保险费而聚集起大量的保险基金。保险，是一种经济补偿措施（制度），是为弥补在生产和生活中发生的意外（如房屋住宅失火、船舶沉没、飞机失事、车祸伤人等）给人们带来的不同程度的经济损失，并使生产不致中断，生活有所保障而通过订立合同采取的一种补偿措施。

保险公司业务主要分为财产保险和人身保险两类。

财产保险的主要业务险种可分为以下几类：火灾及其他灾害事故保险，货物运输保险，运输工具保险，工程保险，责任保险，保证保险和信用保险等。每一险种中又有不同的险别，每个险别又有各自的适用范围、承保责任和特约内容等。

人身保险的主要业务险种可以划分为三大类：人寿保险、人身意外伤害保险和健康保险。人寿保险又包括死亡保险、生存保险、两全保险等。死亡保险进一步可分为定期死亡保险、终身死亡保险等。生存保险主要有年金保险形式。两全保险是死亡与生存保险的结合。人身意外伤害保险分为普通意外伤害和特种意外伤害保险。健康保险可进一步分为医疗费用保险、疾病停工收入补偿保险、特种疾病保险等。

三、信托投资公司业务

信托公司以信任委托为基础、以货币资金和实物财产的经营管理为形式，融资和融物相结合的多边信用行为。信托公司的典型代表是信托投资公司，它除了开展一般信托业务外，其突出的特点在于从事投资业务，即通过发行股票和债券来筹集资金，并将获得的资金投资于其他公司的股票和债券，投资信托实际上是投资基金的一种形式，投资者在购买了投资信托公司额股份后，相当于通过金融中介机构间接投资于金融市场。信托投资公司业务主要有：

1. 受托经营资金信托业务，即委托人将自己合法拥有的资金，委托信托投资公司按照约定的条件和目的，进行管理、运用和处分；

2. 受托经营动产、不动产及其他财产的信托业务，即委托人将自己的动产、不动产以及知识产权等财产、财产权，委托信托投资公司按照约定的条件和目的，进行管理、运用和处分；

3. 受托经营法律、行政法规允许从事的投资基金业务，作为投资基金或者基金管理公司的发起人从事投资基金业务；

4. 经营企业资产的重组、购并及项目融资、公司理财、财务顾问等中介业务；

5. 受托经营国务院有关部门批准的国债、政策性银行债券、企业债券等债券的承销业务；

6. 代理财产的管理、运用和处分；

7. 代保管业务；

8. 信用见证、资信调查及经济咨询业务；

9. 以固有财产为他人提供担保；

10. 受托经营公益信托；

11. 中国人民银行批准的其他业务。

四、金融租赁公司业务

金融租赁公司是以出租设备或工具收取租金为业的金融企业。作为非银行金融机构，它以融物的形式起着融资的作用。在租赁的经济行为中，出租人将自己所拥有的某种物品交与承租人使用，承租人由此获得在一段时期内使用该物品的权利，但物品的所有权仍保留在出租人手中。承租人为其所获得的使用权需向出租人支付一定的费用（租金）。

经中国银行业监管机构批准，金融租赁公司可经营下列部分或全部本外币业务：

1. 融资租赁业务；

2. 吸收股东1年期（含）以上定期存款；

3. 接受承租人的租赁保证金；

4. 向商业银行转让应收租赁款；

5. 经批准发行金融债券；

6. 同业拆借；

7. 向金融机构借款；

8. 境外外汇借款；

9. 租赁物品残值变卖及处理业务；

10. 经济咨询；

11. 中国银行业监管机构批准的其他业务。

五、财务公司业务

财务公司又称金融公司，是为企业技术改造、新产品开发及产品销售提供金融服务，以中长期金融业务为主的非银行机构。各国的名称不同，业务内容也有差异。但多数是商业银行的附属机构，主要吸收存款。中国的财务公司不是商业银行的附属机构，是隶属于大型集团的非银行金融机构。

经银行业监管机构批准，中国财务公司可从事下列部分或全部业务：

1. 吸收成员单位 3 个月以上定期存款。
2. 发行财务公司债券。
3. 同业拆借。
4. 对成员单位办理贷款及融资租赁。
5. 办理集团成员单位产品的消费信贷、买方信贷及融资租赁。
6. 办理成员单位商业汇票的承兑及贴现。
7. 办理成员单位的委托贷款及委托投资。
8. 有价证券、金融机构股权及成员单位股权投资。
9. 承销成员单位的企业债券。
10. 对成员单位办理财务顾问、信用鉴证及其他咨询代理业务。
11. 对成员单位提供担保。
12. 境外外汇借款。
13. 经银行业监管机构批准的其他业务。

在服务对象上，由于中国财务公司都是企业附属财务公司，因此中国财务公司一般都是以母公司、股东单位为服务重点。

本章小结

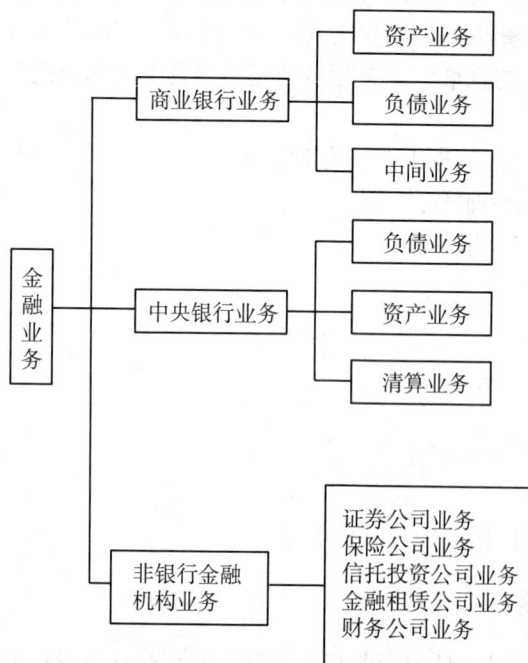

复习思考题

一、单项选择题

1. 中央银行的再贴现，再贷款属于（　　　）。
   A. 资产业务　　　　B. 负债业务　　　　C. 表外业务　　　　D. 中间业务

2. 货币发行属于中央银行的（　　　）。
   A. 管理性业务　　　B. 政策性业务　　　C. 资产业务　　　　D. 银行性业务

3. 中央银行买卖证券的目的是（　　　）。
   A. 赚取差价　　　　　　　　　　　B. 改善业务结构
   C. 调节货币量　　　　　　　　　　D. 增加资产流动性

4. 商业银行最基本、最主要的业务是（　　　）
   A. 资产业务　　　　B. 负债业务　　　　C. 中间业务

二、多项选择题

1. 商业银行经营原则包括（　　　）。
   A. 安全性　　　　　B. 流动性　　　　　C. 营利性　　　　　D. 平衡性

2. 商业银行的资产业务主要有（　　　）。
   A. 现金资产　　　　B. 贷款业务　　　　C. 证券投资业务　　D. 存款业务

3. 我国中央银行货币发行的原则主要包括（　　　）。
   A. 垄断性原则　　　B. 宏观性原则　　　C. 信用保证原则　　D. 弹性发行的原则

4. 中央银行的资产业务主要包括（　　　）。
   A. 再贴现业务　　　B. 贷款业务　　　　C. 证券买卖业务　　D. 国际储备业务

5. 非银行金融机构包括（　　　）。
   A. 证券公司　　　　B. 保险公司　　　　C. 信托投资公司　　D. 金融租赁公司
   E. 财务公司

三、问答题

1. 商业银行经营目标之间的关系？
2. 商业银行的业务包括哪些？
3. 中央银行的业务有哪些？
4. 证券公司经营的业务主要由哪些？

四、案例分析

PPP 业务的运营。PPP 即政府和社会资本合作，是公共基础设施中的一种项目融资模式，主要适用于政府负有提供责任又适宜市场化运作的公共服务、基础设施类项目等。当前政府引导各地的新建市政工程以及新型城镇化试点项目，应优先考虑采用 PPP 模式建设，而 PPP 项目的开展需要金融机构充分参与，发挥各自的优势，提高项目融资效率。

继发展改革委之后，财政部也在研究如何推动 PPP 项目资产证券化。2017 年 3 月 10 日，证监会新闻发言人张晓军表示，国家发展改革委向证监会提供了首批 9 单 PPP 资产证券化项目的推荐函，其中包括交通设施、工业园区、水务、固废处理等类型的传统基础设施领域项目。这也标志着，发展改革委与证监会联合推动的 PPP 项目资产证券化已经落地。

思考题:

(1) PPP 运营中,政府、银行各扮演何种角色?

(2) 非银行金融机构又应当如何作为呢?

实训项目
比较不同国家中央银行业务的差异

通过收集资料,比较不同国家中央银行业务的差异。

1. 教师指定多个国家中央银行;

2. 同学们以小组为单位收集相应中央银行业务;

3. 各小组汇报;

4. 全体小组讨论不同国家中央银行业务的差异并分析原因。

将实训所得结果填写在实训报告上。

第七章

金融市场

学习目标

知识目标

- 了解金融市场的形成与发展。
- 掌握金融市场的构成要素、分类。
- 理解金融市场的功能。
- 掌握货币市场、资本市场的含义、特点、类型。

能力目标

- 能够正确认识并区分不同类型的金融市场。
- 能够结合所学的金融原理对金融市场的现象进行简单分析。
- 能够关注国内外金融市场的资讯和动态。

【章前引例】

"大众创业、万众创新"的金融支持

在 2015 年的春天，随着"两会"的召开，"大众创业、万众创新"迅速成为一个举国关注、全民讨论的话题。对于任何一个普通的中国人而言，创业创新不再是一个简单抽象的概念，而是成就梦想的最为可行的实现方式之一。可是，你知道吗，无论创业还是创新都离不开金融市场的支持。

假设爱好发明创新的小王设计了一种能够清扫房屋（甚至能擦窗）、洗车、割草的低成本机器人，但是她没有资金将这个奇妙的发明投入生产。老张是一位有很多储蓄的单身老人，这是他和他的妻子多年来积攒下来的。如果我们能够让小王和老张合作，那么，老张就可以向小王提供资金，小王的机器人就可以生产出来并投入市场。于是，我们的社会福利水平就会得到大大的改善，因为我们有了更加干净的住宅、更加光洁的汽车和更加漂亮的草坪。金融市场（股票和债券市场）与金融中介（银行等金融机构）最基本的功能就是融通小王和老张的需求，帮助资金从那些拥有储蓄的人（如老张）手中转移到那些资金短缺的人（如小王）手中。更加实际地讲，当华为公司发明了一种更高级的移动终端，它可能需要更多资金将其投放市场。

事实上，为适应李克强总理提倡的"大众创业、万众创新"的融资需求，国务院已经出台了一系列文件深化金融市场改革，如引导更多的民间资本进入金融业，打破现在的金融垄断，完善债券市场和股权市场，帮助中小企业在直接投资方面，拓展更多的融资渠道等。我国在多层次资本市场建设方面，已经取得长足发展。目前我国已建立起了包括主板、中小板、创业板、新三板、区域性股权交易市场等在内的多层次资本市场体系，但仍有不少问题亟待解决。当然，大力发展资本市场，其实是一项系统工程，在着力提升直接融资比重、加强多层次资本市场发展的同时，全面深化资本市场改革，继续提高资本市场对外开放水平，大力发展机构投资者，强化包括证券公司、期货公司在内的市场中介，提高上市公司质量，

发展金融衍生品市场，推进监管转型等，也都有望成为未来金融市场"十三五"规划的内容。

接下来我们将从金融市场的概念和功能入手，分析金融市场的构成要素，探讨货币市场和资本市场的基本特征及其主要构成内容。

第一节　金融市场概述

【节前引例】

你了解金融市场吗？

2018年6月23日上午，小米集团在香港召开全球发售新闻发布会，宣布将于6月25日正式启动公开招股，并于7月9日在港交所挂牌交易，成为港股首家采用"同股不同权"架构的上市公司。根据上市招股书内容显示，小米全球发售的股份数目为21.80亿股，每股发售22港元，小米集团的估值约为479.6亿港元，约合397.48亿元人民币。

2010年4月小米成立时，是一家注册资金只有1000万元人民币的小公司，8位联合创始人中有6人是工程师，2人是设计师，大家在一间小办公室里一起喝了碗小米粥就开始了创业。8年时间小米历经9轮融资，2017年第四季度，在全球手机销量的排行中，小米列世界第四，而且创造了97.4%的增长，中国区的增长是57.6%。2018年第一季度，实现了87.8%的高速增长。目前小米已进入74个国家，2017年底，在15个国家处于市场前5位，在印度市场为出货量排名第一的智能手机公司。根据艾瑞咨询，至2017年，与全球收入超过人民币1000亿元且盈利的上市公司相比，按收入增长速度计算，小米在互联网公司之中排名第一，在所有公司中排名第二。

现代经济在不断地发展，任何经济的发展都离不开资金的支持，企业在发展进程的不同阶段都会有资金不足的情况出现，这就需要进行资金的筹集。怎样才能通过金融市场比较快捷地筹集到需要的资金，满足企业的经营需要，永远是企业经营的重要内容。

请思考：什么是金融市场？金融市场有哪些功能？金融市场是如何形成和发展的？金融市场是如何运作的？

金融市场是现代经济体系的一个重要的组成部分，像其他商品市场一样由供求双方和交易对象组成。股票、债券、外汇、期货这些金融工具构成了市场上的特殊商品，政府、企业、家庭和个人、各种金融机构是这个市场上的交易主体。从依靠股票的发行修建世界上第一条铁路起，金融市场在日益发达的经济社会中所起的作用越来越重要。

一、金融市场的形成与发展

金融市场是指以金融资产为交易对象而形成的资金供应者和资金需求者进行资金融通的场所。其含义有广义和狭义之分。广义的金融市场是指金融机构与客户之间、各金融机构之间、客户与客户之间所有以资金商品为交易对象的金融交易，包括存款、贷款、信托、租赁、保险、票据抵押与贴现、外汇、债券买卖等全部金融活动。狭义的金融市场一般限定在以票据和有价证券为交易对象的融资活动范围之内。金融市场可以是在固定场所进行交易的各种融资活动，也可以是没有固定场所，由参加交易者利用电子通信技术手段进行联系洽谈而完成融资交易。只要在一定区域进行票据和各种金融商品的买卖行为或过程都应视为金融市场的业务。

金融市场是商品经济高度发展的产物，也是信用制度发展到一定程度的结果。金融市场产生的基础是信用及其制度，而信用制度的形成与发展是与商品经济的发展紧密相连的，可以说是商品经济发展的直接结果。

资本主义生产方式的建立，促进了商品经济的快速发展。与此同时，商业信用首先发展起来了，因为进入机器大工业阶段后，建立和经营一个企业所需要的资本规模越来越大，这就促使投资者创办股份公司。从历史上考察，金融市场作为一种有形的资金交易场所，最初起源于荷兰的阿姆斯特丹证券交易所。

17世纪初，随着股份公司开始在欧洲出现，发行股票和买卖股票的金融交易活动开始日益增多，各国纷纷成立证券交易所。1631年荷兰阿姆斯特丹证券交易所成立，这标志着作为有形的资金交易场所的金融市场真正产生了。阿姆斯特丹成为各国商人买卖有价证券的中心。

18世纪后，英国完成了工业革命，成为世界上最大的工业强国。英国政府积极推行自由贸易政策，扶持本国经济的发展，从而使伦敦证券交易所取代了阿姆斯特丹证券交易所，成为当时世界上最大的证券交易市场。1816年，英国首先实行了金本位制，英镑成为世界上最广泛使用的货币。第一次世界大战后，英国的经济实力被削弱，伦敦金融市场的中心地位逐步下降，最后让位于美国纽约金融市场。18世纪后，工业革命的浪潮跨越大西洋进入北美，加之南北战争后美国经济的繁荣、西部地区的开发、公司的兼并及铁路的系统化，都使得当时美国的银行感到难以满足工业化对资本的巨大需求。于是，许多私人公司发行股票来筹集资金进行生产。这些股票大部分都是在纽约华尔街出售的。股票成为美国证券市场最重要的金融资产。纽约也就成为当时世界上最大的金融市场和金融中心。1929年，美国股票市场大崩溃，随之而来的就是20世纪30年代的经济大萧条。为此，美国政府加强了对有关金融市场法律法规的修改、补充和完善。

第二次世界大战后，许多发展中国家和地区为摆脱贫困，赶上西方发达国家，纷纷进行金融体制改革，实行金融自由化政策，逐渐培育和建立起金融市场，例如，新加坡、韩国、中国香港和中国台湾。目前新加坡和中国香港已成为亚太地区最大的金融市场之一，也是世界金融中心之一。

二、金融市场的构成要素

一个较完善的金融市场一般包括以下基本要素：

1. 金融市场业务活动的参加者。金融交易同其他交易一样要有交易双方，即货币资金的供应者和需求者，也就是金融市场业务活动的参加者，一般有企业、金融机构、政府、个人、国外投资者和中央银行。

（1）企业。企业是金融市场运行的基础，也是整个经济活动的中心。金融市场活动的其他参加者都与企业有着密不可分的联系，金融市场又是企业筹集和运用资金的最好场所。当企业资金有盈余时，可以利用金融市场进行投资，并视其资金闲置长短选择不同的信用工具，或投资于货币市场或投资于证券市场取得收益；当企业资金不足需要筹措资金时，企业可以从金融市场上取得资金，或是持未到期的商业票据到银行办理贴现，或是以企业财产和各种有价证券作抵押到银行办理抵押贷款，或是在证券市场上发行股票和债券。金融市场成为企业筹集各种资金，运用闲置资金进行金融投资的理想场所。

（2）金融机构。金融机构是金融市场运行的主导力量。商业银行是金融市场上资金的最大供应者，它除了对客户提供各种存款与票据贴现外，也对有价证券进行投资。同时商业银行也通过吸收存款以及发行金融债券、定期存单等形式筹集资金，成为资金的需求者。而各类专业银行则通常是通过发行股票、债券的方式筹集资金，除一部分用于专门的放款外大部分用于有价证券投资。其他金融机构也通过各种方式从金融市场筹集资金或者向金融市场供给资金。

（3）政府。政府在金融市场上首先是资金的需求者。政府为了弥补财政赤字或刺激经济增长，利用国家信用工具来筹措资金，它在短期金融市场上发行短期政府债券——国库券，在长期金融市场上发行公债券等。由于政府债券的大量发行，每个银行、企业及个人都或多或少地拥有国债，因此政府部门对金融市场影响很大并在金融市场上占有重要的地位。

政府也是资金的供给者。它通过地方财政、国有企业等公共部门向民间特定的领域和政策性金融机构提供稳定资金，来调整经济结构或影响整个经济活动的规模。尽管财政资金的投放有时不通过金融市场进行，但财政资金的供应可以改变金融市场上的资金供求关系，因此政府仍然可以认为是金融市场的资金供给者之一。

（4）个人。个人主要是金融市场的资金供给者。个人的货币收入大于支出的部分可以在金融市场上用于各种投资。他们可以根据投资目的不同而选择不同的金融资产，如有的人投资以安全性为第一选择，就购买国债或信誉卓著的公司股票和债券。这些证券风险小但利率也较低。有的人投资目的是为了获取高额利息或红利收入，他就可以选择股票或一些低级债券，相应地承担的风险也大。有些人的资金闲置时间很短，可以投资于短期的国库券、存单或活期存款这些资产，利率低但变现性很强。

个人也是金融市场上的资金需求者。当个人收入或储蓄不足，在购买汽车、住房发生资金困难时，也可以从金融市场上通过消费贷款而取得资金，以实现自己的消费行为。

（5）国外投资者。随着金融市场向着国际化方向发展，国外投资者在各国金融市场进行筹资和投资的需求越来越大，这部分资金的流出或流入对金融市场产生重大影响。

（6）中央银行。它是商业银行最后贷款人要通过再贷款与再贴现的方式解决商业银行放款来源的不足；同时它还通过公开市场操作在金融市场上购入和出售有价证券，扮演资金供应者与需求者的双重角色。当然在这些活动中，中央银行更重要的是以资金供求的调节者和金融市场的管理者身份出现的。

2. 金融市场的交易对象。如果参加者是金融市场主体，那么交易对象就是金融市场的客体。金融市场的交易对象是货币资金，货币资金是一种特殊的商品，作为特殊商品的货币资金是以金融工具的形式出现的。无论是银行的存贷款，还是证券市场上的证券买卖，最终都要实现货币资金的转移，但这种转移在多数情况下只是货币资金使用权的转移，而不是所有权的转移。这与商品市场上作为交易对象的商品的转移不同，在商品的交易中，不仅商品的使用权要发生转移，而且所有权也要从卖者手中转移到买者手中，使用权的转移要以所有权的转移为前提。一个健全、完善的金融市场，能够向参加者提供众多的可供选择的金融资产和金融工具，从短期的票据到国库券再到长期的公债、公司债券和股票等一应俱全，以满足参加者各种不同的需求。

3. 交易价格。在金融市场上，交易对象的价格就是货币资金的价格。在借贷市场上，借贷资金的价格就是借贷利率。而在证券市场上，资金的价格较为隐蔽，直接表现出的是有价证券的价格，从这种价格反映出货币资金的价格。至于外汇市场，汇率反映了货币的价格。直接标价法反映了外币的价格，而间接标价法反映了本币的价格。在黄金市场上，一般所表现的交易价格是黄金的货币价格，如果反过来，就显示出单位货币的黄金价格。

三、金融市场的分类

金融市场的构成十分复杂，它是由许多不同的市场组成的一个庞大体系。

1. 按地理范围来分。金融市场按地理范围的不同，可分为国际金融市场与国内金融市场。

（1）国际金融市场。国际金融市场是由经营国际间货币业务的金融机构组成的，其经营内容包括资金借贷、外汇买卖、证券买卖和资金交易等。

（2）国内金融市场。国内金融市场由国内金融机构组成，办理各种货币、证券及金融业务活动。它又分为城市金融市场和农村金融市场，或者分为全国性、区域性、地方性的金融市场。

2. 按经营场所来分。按照经营场所的不同，金融市场可分为有形金融市场与无形金融市场。

有形金融市场是指有固定场所和操作设施的金融市场；无形金融市场是指以营运网络形式存在的市场，通过电子电信手段达成交易。

3. 按交易性质来分。金融市场从交易性质的角度来分，有发行市场与流通市场之分。

发行市场，也称一级市场，是新证券发行的市场，它可以增加公司资本。流通市场，也称二级市场，是已经发行、处在流通中的证券的买卖市场，不会增加资本，只是在不同的股东之间流通。

4. 按交易对象来分。按交易对象来分，金融市场可以分为货币市场、资本市场、外汇市场、黄金市场以及金融合约市场。

（1）货币市场。货币市场是指融资期限在一年以下的金融交易市场，是金融市场的重要组成部分。货币市场就其结构而言，可分为短期借贷市场、同业拆借市场、商业票据市场、短期债券市场、大额可转让定期存单市场和回购协议市场等。

（2）资本市场。资本市场主要是指长期资金交易的场所，它包括证券市场和长期借贷市场。在证券市场上，交易的工具主要是股票、债券、投资基金。

（3）外汇市场。外汇市场是指由外汇需求者与外汇供给者以及买卖中介机构所构成的买卖外汇的场所或交易网络。在外汇市场上，既可以进行本币与外币之间的买卖，也可以进行以一种外币兑换成另一种外币，即不同币种的外币间的买卖。外汇市场是国际金融市场的一个重要组成部分，并且与其他金融市场存在着种种密切关系。例如，国际货币市场的借贷业务、国际资本市场上的投资活动以及黄金市场上的各种交易都离不开外汇买卖。外汇市场的参与者有经营外汇业务的外汇银行、接洽外汇买卖的外汇经纪人、从事外币有价证券买卖的证券公司、买卖外汇的进出口公司及个人、负责监管的中央银行。

（4）黄金市场。黄金市场是集中进行黄金买卖和金币兑换的交易中心或场所。由于目前黄金仍是各国进行国际储备的工具之一，在国际结算中占据重要的地位，因此，黄金市场仍被看作金融市场的一个重要的组成部分。国际黄金市场是世界各国集中进行黄金交易的一个中心，它有固定的交易场所。目前世界上重要的黄金市场有伦敦、纽约、苏黎世、芝加哥和中国香港，号称五大国际黄金市场。世界的黄金交易可以在24小时内不停地进行。

📝 小资料

四大国际黄金市场

1. 伦敦黄金市场，是世界上最大的黄金市场。1804年，伦敦取代荷兰阿姆斯特丹成为世界黄金交易的中心。1919年伦敦金市正式成立，每天进行上午和下午的两次黄金定价。由五大金行定出当日的黄金市场价格，该价格一直影响纽约和中国香港的交易。市场黄金的供应者主要是南非。1982年以前，伦敦黄金市场主要经营黄金现货交易，1982年4月，伦敦期货黄金市场开业。

2. 苏黎世黄金市场，是第二次世界大战后发展起来的国际黄金市场。由于瑞士特殊的银行体系和辅助性的黄金交易服务体系，为黄金买卖提供了一个既自由又保密的环境，加上瑞士与南非也有优惠协议，获得了80%的南非金，以及苏联的黄金也聚集于此，使得瑞士不仅是世界上新增黄金的最大中转站，也是世界上最大的私人黄金的存储中心。苏黎世黄金市场在国际黄金市场上的地位仅次于伦敦。

3. 纽约和芝加哥黄金市场。纽约和芝加哥黄金市场是20世纪70年代中期发展起来的，其发展的主要原因是1977年后，美元贬值，美国人（主要是以法人团体为主）为了套期保值和投资增值获利，使得黄金期货迅速发展起来。目前纽约商品交易所和芝加哥商品交易所是世界最大的黄金期货交易中心。两大交易所对黄金现货市场的金价影响很大。

4. 中国香港黄金市场。中国香港黄金市场已有90多年的历史。其形成是以中国香港金银贸易场的成立为标志的。1974年，中国香港政府撤销了对黄金进出口的管制，此后中国香港金市发展极快。由于中国香港黄金市场在时差上刚好填补了纽约、芝加哥市场收市和伦敦开市前的空当，可以连贯亚洲、欧洲、美洲，形成完整的世界黄金市场。其优越的地理条件引起了欧洲金商的注意，伦敦五大金商、瑞士三大银行等纷纷来中国香港设立分公司。他们将在伦敦交收的黄金买卖活动带到中国香港，逐渐形成了一个无形的当地"伦敦金市场"，促使中国香港成为世界主要的黄金市场之一。

（5）金融合约市场。金融合约市场是指以特殊的金融合约为交易对象的市场。金融合约市场主要包括期货合约、期权合约、互换合约等。保险市场也应属于金融合约市场，因为保险市场是以保险单和年金的发行与转让为交易对象的场所，而保险单（即保险合同）实际上是一种特殊的金融合同。

除此之外，按照融资方式分，金融合约市场可以分为直接融资市场和间接融资市场；按照金融交易的程序分，金融合约市场可以分为发行市场和流通市场；按照金融交割的时间分，金融合约市场可以划分为现货市场和期货市场；按照地域范围分，金融合约市场可以划分为国内金融市场和国际金融市场。

四、金融市场的功能

1. 积累功能。在社会总储蓄向总投资的转化过程中，金融市场充当了这种转化的中介。在社会资金的供给者与需求者之间、资金供求的时间之间、资金数量之间和供求方式之间，往往难以取得一致。通过金融市场的介入，通过直接融资和间接融资方式，使社会资金流动成为可能。对于资金需求者，可以通过在金融市场上发行金融工具的办法募集大量资本；对于资金供给者，可以通过在金融市场上购买各种金融工具的方式提供资金，使得大量闲置的资金得以集中和有效利用。功能完善的金融市场可以使资金的需求者方便经济地获得资金，使资金供给者获得满意的投资渠道，从而实现社会储蓄向投资转化的目的。

2. 配置功能。在金融市场上，随着金融工具的流动，带动了社会物质资源的流动和再分配，将社会资源由低效率部门向高效率部门转移。市场信息的变化，金融工具价格的起落，都给人以启示，引导人们放弃一些金融资产而追求另一些金融资产，使资源通过金融市场不断进行新的配置。随着资源的配置，金融市场上的风险也在发生新的配置，风险和收益并存，有的人在转让风险追求安全的同时，也就转让了收益；另一些人在承受风险的同时，也就获得了收益。

3. 调节功能。在微观方面，人们对金融工具的选择，实际是对投融资方向的选择，由此对运用资金的部门加以区分。这种选择的结果，必然产生优胜劣汰的效应。金融市场参与者的不断自我完善，实现了调节经济结构的目的。在宏观方面，政府通过金融市场实施和传导货币政策和财政政策，从而实现对国民经济的调控。

4. 反映功能。金融市场是国民经济的"晴雨表"。股票、债券、基金市场的每日交易行情变化，能够为投资者判断投资机会提供信息；金融交易会直接、间接地反映货币供应量的变动情况；金融市场上每天有大量专业人员从事信息情报的研究分析工作，及时了解上市公司的发展动态；金融市场发达的通信网络和信息传播渠道，能够把全球金融市场融为一体，及时了解世界经济发展变化行情。

第二节 资本市场

【节前引例】

小李的股票投资

股民小李在 2006 年的大牛市中，资金已实现了翻倍。2007 年初，股市又涨了许多，小李的大姨和小姨从来没有碰过股票，但听到股市可以让资金翻倍，于是拿出一笔积蓄让小李帮忙买股票。小李大姨的女儿快要结婚了，大姨希望能陪嫁一辆车。本来车款准备了 18 万元，能买辆本田，大姨盘算着反正还有一年多的时间，如果钱能翻倍，那就直接上个档次，买辆奥迪。相比之下，小李的小姨就盲目得多，随便拿出一笔闲钱来，说"练练手，反正也没啥用"。2007 年 3 月 16 日，小李帮大姨和小姨选择了一只股票，一个月后该股股票上涨了 20.3%，她们高兴坏了。这时小姨的儿子小王看到老妈挣钱这么容易，于是拿着向亲友借来的用于买房首付的钱炒股，刚开始一买就涨，小王高兴极了。

这时，小李看到股价有滞涨现象，就竭力劝说亲友注意风险，但在利润面前，小李的劝说显得苍白无力。对此，小李只有沉默，小李 80 多岁的奶奶常用她的大蒲扇敲他的脑袋，告诫小李"出来混，迟早是要还的"道理。到了 10 月份，股市从 6124 点开始一泻千里，直至 2008 年下半年的 1664 点。这时，大姨的奥迪慢慢缩水成了马自达 3。到了 2008 年 9 月，大姨心里实在受不住了，无奈地割肉离开了股市，并发誓再不投资了。小姨一直没有动，到了 2009 年还有意外之喜。而小王无奈地背上了一身债，只想利用手头剩下的一点钱翻本。

请思考：这个案例反映的是资本市场的什么特点？在资本市场投资需要注意什么问题？资本市场还有哪些其他的类型？与股票市场相比有什么异同？

一、资本市场的含义及特点

资本市场是融资期限在一年以上的长期资金交易市场。与货币市场相比，资本市场的特点主要有：

（1）融资期限长。至少在 1 年以上，也可以长达几十年，甚至无到期日。

（2）流动性较差。在资本市场上筹集到的资金多用于解决中长期融资需求，因此流动性和变现性相对较弱。

（3）风险大而收益较高。由于融资期限较长，发生重大变故的可能性较大，市场价格容易波动，投资者需要承受较大的风险。同时，作为对风险的报酬，其收益也较高。

二、资本市场的内容

在资本市场上，资金供应者主要是银行、保险公司、信托投资公司、各种基金公司和个人投资者，资金需求方主要是社会团体、政府机构、企业等。资本市场主要包括证券市场和长期借贷市场。证券市场包括发行市场和流通市场两部分，其各自的交易方式均不相同。在证券市场上，交易对象主要是股票、债券、投资基金，它们的交易及运行机制各不相同。本节以证券市场为主介绍资本市场的有关内容。

（一）股票市场

迄今为止，资本市场的最大组成部分是股票市场。

1. 股票的发行市场。股票的发行市场又叫作一级市场，它是指股份公司向社会增发新股的市场，包括公司初创期发行的股票和增资扩股所发行的股票。一级市场的整个运作过程通常由咨询与准备、认购与销售两个阶段构成。

（1）咨询与准备。咨询与准备是股票发行的前期准备阶段，发行人（公司）须听取投资银行的咨询意见并对一些主要问题作出决策，主要包括发行方式的选择、选定作为承销商的投资银行或证券公司、准备招股说明书、确定发行价格等四个方面。发行公司着手完成准备工作之后，即可按照预定的方案发售股票。

①发行方式的选择。股票发行的方式一般可分为公募发行和私募发行两类。

公募发行是指面向市场上大量的非特定的投资者公开发行股票。其优点是：可以扩大股票的发行量，筹资潜力大；无须提供特殊优厚的条件，发行者具有较大的经营管理独立性；股票可在二级市场上流通，从而提高发行者的知名度和股票的流通性。其缺点则表现为工作量大，难度也大，通常需要承销者的协助，发行者必须向证券管理机关办理注册手续，必须在招股说明书中如实公布有关情况以供投资者作出正确决策。

私募发行是指只向少数特定的投资者发行股票，其对象主要有个人投资者和机构投资者两类，前者如使用发行公司产品的用户或本公司的职工，后者如大的金融机构或与发行者本人有密切业务往来关系的公司。私募发行具有节省发行费用、通常不必向证券管理机关办理注册手续、有确定的投资者从而不必担心发行失败等优点。但也有需要向投资者提供高于市场平均条件的特殊优厚条件、发行者的经营管理容易受干预、股票难以转让等缺点。

②选定作为承销商的投资银行。公开发行股票一般都通过投资银行来进行，投资银行的这一角色称为承销商。许多公司都与某一特定承销商建立起牢固的关系，承销商为这些公司发行股票而且提供其他必要的金融服务。在我国，承销商的职能由证券公司来承担。

③准备招股说明书。招股说明书是公司公开发行股票的书面说明，是投资者了解和准备购买股票的依据。招股说明书必须包括财务信息、公司经营历史的陈述、高级管理人员的状况等。

案例 7-1

中国建设银行发行 H 股招股说明书印象

2005 年 10 月 14 日是中国建设银行在香港联交所开始公开招股的第一天，厚达 300 多页的招股说明书当天均摆在了香港联交所各指定发售申购银行网点。此次建行发行 H 股受到国际投资者的热购，也引来香港本地市民的购买热情。建行这次到境外进行上市路演印发的招股说明书有中、英文两种版本，内容十分丰富。包括正文和 10 个附件共 520 多页，正文部分的 25 个主题约 270 页。其中在业务、资产与负债、财务信息等主题下还有多个分主题。作为投资者，可能更留心关注概要、展望性表述、风险因素、业务、风险管理、资产与负债、财务信息等与银行经营有密切关系的内容。因为从这些内容中，既可以了解到建行股份的过去，也能清晰地观察到建行股份的现状，以及未来发展趋势（包括未来计划与前景、募集资金用途等），从而有助于自己作出理性的投资判断。

④路演。路演的本意译自英文 Road Show，是国际上广泛采用的证券发行推广方式，是指证券发行商发行证券前针对机构投资者的推介活动，是在投融资双方充分交流的条件下促进股票成功发行的重要推介、宣传手段。路演的主要形式是举行推介会，在推介会上，公司向投资者就公司的业绩、产品、发展方向等作详细介绍，充分阐述上市公司的投资价值，让准投资者们深入了解具体情况，并回答机构投资者关心的问题。随着网络技术的发展，这种传统的路演同时搬到了互联网上，出现了网上路演，即借助互联网的力量来推广。网上路演现已成为上市公司展示自我的重要平台，推广股票的重要方式。

⑤发行定价。发行公司和承销商可以将路演时投资者的关注度作为一个参考，并结合多种因素来考虑发行定价。发行定价是一级市场的关键环节。如果定价过高，会使股票的发行数量减少，进而使发行公司不能筹到所需资金，股票承销商也会遭受损失；如果定价过低，则承销商的工作会更容易，但发行公司却会蒙受损失。发行定价有平价、溢价、折价三种方

式。平价发行是以股票票面所标明的价格发行；溢价就是按超过票面金额的价格发行；折价发行就是按低于票面金额的价格发行。

（2）认购与销售。发行公司着手完成准备工作之后，即可按照预定的方案发售股票。对于承销商来说，其销售股票的方式有以下几种：

①全额包销。承销商买下全部股票，再按发行价推销，手续费高，承销机构风险最大。

②余额包销。承销商在规定期间内将未销售出去的股票买下。

③代销。在发行期间，承销商尽力销售，未销售出去的股票由发行人自行处理。此种方式承销商承担的风险最小，因此收取的佣金最低。

2. 股票的流通市场。股票的流通市场也称交易市场、二级市场，是不同的投资者之间买卖已发行的股票所形成的市场。二级市场可以分为有组织的证券交易所和场外交易市场。

（1）证券交易所。证券交易所是由证券管理部门批准的、为证券的集中交易提供固定场所和有关设施并制定各项规则以形成公正合理的价格和有条不紊的秩序的正式组织。交易所是一个有组织、有固定地点、严格交易制度、集中进行竞价成交的场所。股份公司符合一定条件，其公开发行的股票可以在证券交易所挂牌交易，也叫作"上市"。

交易所本身并不参与证券的买卖，也不决定证券的交易价格，只是提供一个有组织的集中交易场所，并制定交易制度。我国目前有两家证券交易所，分别是上海证券交易所和深圳证券交易所。

案例 7-2

纽约证券交易所

在美国证券发行之初，尚无集中交易的证券交易所，证券交易大都在咖啡馆和拍卖行里进行。纽约证券交易所的起源可以追溯到 1792 年 5 月 17 日，当时 24 个证券经纪人在纽约华尔街 68 号外一棵梧桐树下签署了梧桐树协议。协议规定了经纪人的"联盟与合作"规则，通过华尔街现代老板俱乐部会员制度交易股票和高级商品，这也是纽约交易所的诞生日。1817 年 3 月 8 日这个组织起草了一项章程，并把名字更改为"纽约证券交易委员会"。1863 年改为现名，纽约证券交易所。从 1868 年起，只有从当时老成员中买得席位方可取得成员资格。

（2）场外交易市场。场外交易是相对于证券交易所交易而言的，凡是在证券交易所之外的股票交易活动都可以称为场外交易。场外交易与交易所交易相比，没有固定的集中场所，无法实行公开竞价，其价格是通过协商达成的。场外交易受到的管制少，灵活方便，因而能够为中小型及具有潜质的公司股票提供交易渠道。

案例 7-3

美国纳斯达克市场

纳斯达克，即 NASDAQ（National Association of Securities Dealers Automated Quotation，全美证券交易商协会自动报价系统），是全球第一个电子化的场外交易报价市场，也是全球最成功的创业板市场。主要扶植处于成长期的高科技企业，其上市标准低于主板市场。纳斯达克指数是反映纳斯达克市场行情变化的股票价格平均指数。纳斯达克的上市公司涵盖所有新技术行业，包括软件和计算机、电信、生物技术、零售和批发贸易等。举世瞩目的微软公司就是通过纳斯达克上市并获得成功的。

（二）债券市场

债券是投资者向政府、公司或金融机构提供资金的债权、债务合同，该合同载明发行者在指定日期支付利息并在到期日偿还本金的承诺，其要素包括期限、面值与利息、税前支付利息、求偿等级、限制性条款、抵押与担保及选择权（如赎回与转换条款）。

债券市场是一种直接融资的市场，即不通过银行等金融机构的信用中介作用，资金的需求者与资金的供给者，或者说资金短缺者与资金盈余者直接进行融资的市场。

1. 债券的发行。债券的发行按其发行方式和认购对象，可分为私募发行与公募发行；按其有无中介机构协助发行，可分为直接发行与间接发行；按其定价方式，又可分为平价发行、溢价发行和折价发行。

债券的私募发行，是指面向少数特定投资者的发行。一般来讲，私募发行的对象主要有两类：一类是有所限定的个人投资者；另一类是指定的机构投资者。

公募发行是指公开向社会非特定投资者的发行，充分体现公开、公正的原则。

直接发行是指债券发行人直接向投资人推销债券，而不需要中介机构进行承销。间接发行是指发行人不直接向投资者推销，而是委托中介机构进行承购推销。

平价发行即债券的发行价格与票面金额相一致。溢价发行即债券的发行价格高于票面金额。折价发行即债券的发行价格低于票面金额。

在债券发行过程中，除了要确定发行方式、承销方式外，还必须确定发行利率及发行价格，这也是债券发行市场的重要环节。

2. 债券的流通。债券在二级市场上的交易，主要有三种形式，即现货交易、期货交易和回购协议交易。

债券的现货交易是指买卖双方根据商定的付款方式，在较短的时间内进行交割清算，即卖者交出债券，买者支付现金。现货交易按交割时间的安排可以分为三种：即时交割，即于债券买卖成交时立即办理交割；次日交割，即成交后的第二天办理交割；限期交割，即于成交后限定几日内完成交割。

债券的期货交易是指买卖成交后，买卖双方按契约规定的价格在将来的指定日期（如3个月、6个月以后）进行交割清算。进行债券的期货交易，既是为了回避风险，转嫁风险，实现债券的套期保值，同时也是一种投机交易，要承担较大的风险。

债券的回购协议交易是指债券买卖双方按预先签订的协议，约定在卖出一笔债券后一段时期再以特定的价格买回这笔债券，并按商定的利率付息。这种有条件的债券交易形式实质上是一种短期的资金借贷融通。这种交易对卖方来讲，实际上是卖现货买期货，对买方来讲，是买现货卖期货。

（三）证券投资基金市场

证券投资基金，是指通过发行基金股份（或收益凭证），将投资者分散的资金集中起来，由专业管理人员分散投资于股票、债券或其他金融资产，并将投资收益分配给基金持有者的一种金融中介机构。证券投资基金同样可以分为发行市场和流通市场两个层次。

1. 基金的发行市场。基金的发行市场主要从事基金的发行和认购，二者是同时进行的。无论是封闭型基金还是开放型基金，初次发行总额都要分成若干等额份数（即股份化），每份就是一个基金单位（或称 1 股）。如果某投资基金初次发行总额 1 亿元分为 1 亿份，那么每个基金单位（或每股）面值就为 1 元。不过其价格不一定是 1 元，发行价往往是面值加 2%左右的手续费，以后价格依赖其每份净资产或市场供求状况变化。在基金的发行市场上，从投资者角度上来说就是认购基金券：①认购开放型基金。开放型基金虽然总额变动，但初次发行时也要设定基金发行总额和发行期限，只有在 3 个月以后才可能允许赎回和续售。②认购封闭型基金。对于封闭型基金，除规定了发行价、发行对象、申请认购方法、认购手续费、最低认购额外，还规定了基金的发行总额和发行期限。只要发行总额一经售完，不管是否到期，基金都要进行封闭，不再接受认购申请。

2. 基金的流通市场。基金的流通原则上与股票流通相似，但开放型基金的二级市场与股市有较大区别。在基金初次发行完毕后，持有基金券的投资者希望卖出基金变现，持有现金的投资者希望买进基金投资，这些都要在证券二级市场实现。但是，对开放型基金而言，基金券的流通乃是基金经理公司赎回或再次发行的行为。它的二级市场一般就是指定的柜台或交易网点，交易的价格等于基金单位净值加上或减去申购赎回费用。对封闭型基金而言，基金成立 3 个月后基金公司就会申请基金上市（在证交所挂牌交易），此后基金券的买卖都像股票买卖一样在二级市场委托证券公司代理，其价格由市场供求决定，大家竞价买卖。

案例 7-4

证券市场

1. 证券市场的起源。

应该说，证券市场是社会大生产的产物之一，也是商品经济、市场经济发展到一定阶段的必然结果，因为当人类进入商品经济的更高阶段——市场经济之后，单纯依靠自我积累和借贷资本已无法满足社会化大生产所需的巨额资金了，于是一种新的企业融资制度就应运而生了，这就是股份公司制度。最早的股份公司应该起源于 17 世纪初，当时在英国和荷兰首先出现了一批具有较为明显的具有现代股份公司特征的海外贸易公司，他们募集股份资本，设立最高权力机构——股东大会，并实行按股分红、按股承担有限责任的分配制度，而且允许转让股份，这应该算世界上最早的股份公司了；到了 19 世纪中期，美国也开始出现类似形式的筑路公司、运输公司、采矿公司和银行；当时间进入 19 世纪后半叶，这种先进的企业融资制度在以钢铁、煤炭、机器制造业为中心的重工业部门已开始被普遍采用。大约也就在这一时期，股份公司制度传入了日本和中国，两国分别在明治维新和洋务运动中出现了类似的公司，1873 年成立的轮船商局成为我国最早发行股票的企业。可以说，正是这种全新的企业融资方式奠定了全球证券市场发展的基础，但在早期的证券市场中，政府债券扮演着比股票和企业债券更为重要的角色。如最先发行公债的荷兰和英国，独立战争后发行 8000 万美元巨额联邦债券的美国，以及我国的清政府等。在这一系列证券发行的推动下，证券交易市场也开始逐步形成。1611 年，在荷兰的阿姆斯特丹出现了股票交易所的雏形；1773 年，在伦敦柴思胡同的约那森咖啡馆，股票商们正式成立了英国的第一个证券交易所，即现在伦敦证券交易所的前身；1792 年，24 名纽约经纪人在纽约华尔街的一棵梧桐树下订立协定，成立经纪人卡特尔，也就是现在纽约证券交易所的前身。

2. 证券市场的发展进程。

从全球范围来看，证券市场起起伏伏的发展大致可以划分为三个阶段：第一阶段为自由放任阶段。从 17 世纪初到 20 世纪 20 年代，证券发行量迅速增长，但由于缺乏管理而带给人类一场空前的危机。1891~1900 年世界有价证券的发行金额为 1004 亿法郎，20 世纪的前 30 年，发行量则分别达到了 1978 亿法郎、3000 亿法郎和 6000 亿法郎。同时，证券结构也出现了变化，股票和公司债券分别取代了公债和国库券，占据了主要地位。但是，由于缺乏对证券发行和交易的管理，当时的证券市场处于一个自由放任的状态。各种地方性市场和交易所市场遍地开花，证券欺诈和市场操纵时有发生，市场投机气氛十分严重，到 1929 年 10 月 29 日，资本主义世界发生了严重金融危机，直接表现形式就是各国证券市场的全面暴跌。第二阶段为法制建设阶段。从 20 世纪 30 年代到 60 年代末，市场危机促使各国政府开始全面制定法律，证券发行和交易活动开始进入法制化管理。以美国为例，1929 年"股灾"后，陆续制定了《1933 年证券法》《1934 年证券交易法》等一系列证券法律，还成立了专门的管理机构——证券交易委员会。第三阶段：迅速发展阶段。自 20 世纪 70 年代以来，随着发达国家经济规模化和集约化程度的提高、发展中国家经济的蓬勃兴起以及现代计算机、通信和网络技术的进步，证券市场进入了迅速发展阶段，其作为资本市场核心及金融市场重要组成部分的地位由此确立。从股票市场来看，全球股票市场规模迅速扩大，1995 年的全球股票市场规模就已达到了 17.79 万亿美元，市场交易也日趋活跃，1995 年全球股票市场的交易金额也达到了 11.66 万亿美元。从债券市场来看，其规模甚至要超过股票市场，仅 1995 年各国新发行的国际债券总额就达到 3132 亿美元。

第三节　货币市场

【节前引例】

话说余额宝

2013 年 6 月 13 日，余额宝悄然上线。余额宝一上线就受到网友热捧，仅半个月时间里，用户数超过 250 万，累计转入资金规模突破 66 亿元，一年的时间，余额宝用户突破 1 亿，规模达到 5000 亿元，也使得与余额宝合作的天弘基金，一跃成为国内最大、全球第四大货币基金。

余额宝是支付宝和天弘基金合作成立的货币基金销售平台，是天弘基金下的"增利宝"基金的网上销售渠道。支付宝用户把闲散资金转入余额宝，也就相当于购买了"增利宝"货币基金，实际上是进行了货币基金的购买，相应资金均由基金公司进行管理。转入余额宝的资金在第二个工作日由基金公司进行份额确认，并对已确认的份额开始计算收益。所以，余额宝的收益不是利息，而是用户购买货币基金的收益。用户如果选择使用余额宝内的资金进行购物支付，则相当于赎回货币基金。余额宝门槛很低，单笔投入最低金额仅为 1 元。而大多数银行理财产品的认购起点是5万元，资金信托产品的认购起点更是几十万甚至上百万元。余额宝的出现，使更多的寻常百姓可以用零散的资金，享受高端客户的理财服务。除了低门槛，余额宝还提供了银行存款所没有的高收益。2013年末，余额宝7天年化收益率一度高达6.8%，2014年春节前后更是超过了7%，远高于银行1年定期存款和多数银行理财产品，更是银行活期存款利率的十几倍。虽然，2014年下半年收益逐渐下降，但仍保持在4%以上的收益率，高于大部分银行定期存款。

请思考：什么是货币基金？和股票比较有什么异同？货币市场还有哪些类型？

一、货币市场的含义和特点

货币市场是指融资期限在一年以内的短期资金交易市场。在这个市场上用于交易的工具形形色色，交易的内容十分广泛。相对于资本市场来说，货币市场有以下几个突出特点：

首先，它是短期的，而且是高流动性和低风险性的市场。在货币市场上交易的金融工具具有高度的流动性。倘若你急需一笔现金，被迫要处理长期证券那你就会遭受损失，但如果你有短期债券，那么你可以乘机卖掉它们，而不致遭受太大的损失。短期债券到期很快，如果你脱手一段时间，当它们到期时你可以按票面价值买回这些债券。

其次，货币市场是一种批发市场。由于交易额极大，周转速度快，一般投资者难以涉足，所以货币市场的主要参与者大多数是机构投资者，它们深谙投资技巧，业务精通，因而能在巨额交易和瞬变的行情中获取利润。

最后，货币市场又是一个不断创新的市场。由于货币市场上的管制历来比其他市场要松，所以任何一种新的交易方式和方法，只要可行就可能被采用和发展。

二、货币市场的主要类型

1. 同业拆借市场。同业拆借市场又叫作同业拆放市场，是指银行与银行之间、银行与其他金融机构之间进行短期（1年以内）临时性资金拆出、拆入的市场。

同业拆借市场有如下特点：对进入市场的主体有严格的限制，即必须是指定的金融机构；融资期限较短。最初多为一日或几日的资金临时调剂，是为了解决头寸临时不足或头寸临时多余所进行的资金融通；交易手段比较先进，手续简便，成交时间短；交易额大，而且一般不需要担保或抵押；利率由双方议定，可以随行就市。

同业拆借市场最早出现于美国，其形成的根本原因在于法定存款准备金制度的实施。按照美国1913年通过的"联邦储备法"的规定，加入联邦储备银行的成员银行，必须按存款数额的一定比率向联邦储备银行缴纳法定存款准备金。而由于清算业务活动和日常收付数额的变化，总会出现有的银行存款准备金多余，有的银行存款准备金不足的情况。存款准备金多余的银行需要把多余部分运用，以获得利息收入，而存款准备金不足的银行又必须设法借入资金以弥补准备金缺口，否则就会因延缴或少缴准备金而受到央行的经济处罚。在这种情况下，存款准备金多余和不足的银行，在客观上需要互相调剂。于是，1921年在美国纽约形成了以调剂联邦储备银行会员银行的准备金头寸为内容的联邦基金市场。

在经历了20世纪30年代的经济危机之后，西方各国普遍强化了中央银行的作用，相继引入法定存款准备金制度作为控制商业银行信用规模的手段，与此相适应，同业拆借市场也得到了较快发展。在经历了长时间的运行与发展过程之后，当今西方国家的同业拆借市场，较之形成之时，无论在交易内容开放程度方面，还是在融资规模等方面，都发生了深刻变化。拆借交易不仅仅发生在银行之间，还扩展到银行与其他金融机构之间。从拆借目的看，已不仅仅限于补足存款准备和轧平票据交换头寸，金融机构如在经营过程中出现暂时的、临时性的资金短缺，也可进行拆借。更重要的是同业拆借已成为银行实施资产负债管理的有效工具。由于同业拆借的期限较短，风险较小，许多银行都把短期闲置资金投放于该市场，以利于及时调整资产负债结构，保证资产的流动性。特别是那些市场份额有限，承受经营风险能力脆弱的中小银行，更是把同业拆借市场作为短期资金经常性运用的场所，力图通过这种做法提高资产质量，降低经营风险，增加利息收入。

📝 **小资料**

伦敦同业拆借利率

伦敦同业拆借利率（London Inter Bank Offered Rate，LIBOR）是目前国际上最重要和最常用的市场利率基准，也是银行从市场上筹集资金进行转贷的融资成本参考。LIBOR 是英国银行家协会根据其选定的几家银行在伦敦市场报出的银行同业拆借利率，进行取样并平均计算成为指针利率。该指针利率在每个营业日规定的时间（一般是伦敦时间上午 11 点）都会对外公布，分为存款利率和贷款利率两种报价。资金拆借的期限为 1 个月、3 个月、6 个月和 1 年等几个档次，目前全球最大量使用的是 3 个月和 6 个月的 LIBOR。　自 20 世纪 60 年代初，该利率即成为伦敦金融市场借贷活动中的基本利率。目前，伦敦银行同业拆借利率已成为国际金融市场上的一种关键利率，一些浮动利率的融资工具在发行时，也以该利率作为浮动的依据和参照物。

上海银行间同业拆放利率

上海银行间同业拆放利率（Shanghai Interbank Offered Rate—Shibor，SHBOR）自 2007 年 1 月 4 日起开始运行，其以位于上海的全国银行间同业拆借中心为技术平台计算、发布并命名，是由信用等级较高的银行组成报价团自主报出的人民币同业拆出利率计算确定的算术平均利率，是单利、无担保、批发性利率。目前，对社会公布的 Shibor 品种包括隔夜、1 周、2 周、1 个月、3 个月、6 个月、9 个月及 1 年。

2. 银行承兑汇票市场。银行承兑汇票市场是以银行承兑汇票作为交易对象所形成的市场。国际与国内贸易的发展是产生银行承兑汇票的重要条件，同时，银行承兑汇票的产生大大便利了国际与国内的贸易。目前，银行承兑汇票市场已成为世界各国货币市场体系中的重要组成部分。

3. 短期国债市场。短期国债，也叫国库券，是由中央政府发行的，期限在 1 年以内的政府债券。期限通常为 3 个月、6 个月或 12 个月。最早发行短期国债的国家是英国。现在西方各国都普遍发行大量短期国债，把它作为弥补财政赤字的重要手段，同时一定规模的短期国债也是中央银行开展公开市场业务、调节货币供给的物质基础。我国自 1981 年恢复国债发行以来所发国债期限多在两年以上，1994 年首次发行了期限为半年的短期国债丰富了我国的国债品种。

短期国债的最大特点是安全性。由于它是凭中央政府的信用发行的，所以几乎不存在违约风险；它在二级市场上的交易也极为活跃，变现非常方便。此外与其他货币市场工具相比，短期国债的起购点比较低，面额种类齐全，适合一般投资者购买。短期国债的这些特点使它成为一种普及率很高的货币市场工具。

案例 7-5

我国的短期国债市场

中国从1981年开始发行国库券，最初的国库券是不许出卖的，国库券的持有者买下国库券之后，应该一直等到期满后才能拿回本息。所以最初的国库券基本上没有流动性，国家也未开放国库券的二级市场。这种情况严重挫伤了广大公众购买国库券的积极性，造成国库券卖不出去的必然结果。怎么办？最初政府采取了行政手段，结合省、各部门、各单位下达任务，每月从职工工资里扣，必须完成所规定的任务，并要求党员干部带头。这样一来，大多数单位倒是完成了任务，但这种单位强制性的推销方法使国库券的名声一直下降。

20世纪80年代中期国库券名声不好的表现为：第一，老百姓不但不愿买国库券，而且认为摊派国库券是一种变相的税收。许多单位为完成任务要求职工必须用他们工资的一个百分比买国库券，大家无可奈何，只好接受。第二，黑市活跃。老百姓买下国库券却不能出卖，有人因为急着用钱只好在黑市上出卖国库券。第三，20世纪80年代中期，由于人们对通货膨胀的预期变高，更觉得拿着政府债券吃亏了，导致在黑市上大量出售国库券，造成黑市交易价格偏低，一般只有国库券面值的七、八折，甚至低到五折。可见，限制国库券的流动性，使国家、百姓都在经济上受到巨大损失，国库券的黑市贩子却发了财。解决这一问题的唯一正确方法是开放国库券的二级市场，允许国库券自由出卖转让。

1986年8月5日，经中国人民银行沈阳分行批准，沈阳市信托投资公司首先开办了有价证券的柜台转让业务，到1987年年底，我国已有41个城市开始了有价证券转让业务。1988年1月，经国务院批准，开始进行开放国库券转让市场的试点。试点工作分两批进行，首先在沈阳、上海、重庆、武汉、广州、哈尔滨和深圳七城市搞试点，1988年6月又批准了在54个城市中开放国库券转让市场，允许1985年和1986年发行的国库券上市转让，从而使国库券成了证券市场上交易额最大的券种。

国库券二级市场的开放，大大提高了国库券的流动性，进一步调动了公众购买国库券的积极性。1990年4月30日，上海市场上，1985年国库券百元券价格为142.13元，年收益率为12.1%；1986年百元券价格为125.15元，年收益率为17%。按可比价格与开放二级市场前的黑市价格相比，国库券的价格已大幅度提高，收益率明显下降，开始接近同期银行储蓄存款利率。

在中国改革经济中，许多改革方案的实施是阻力重重的，其原因往往是一部分人的利益受到了损害。开放国库券二级市场却是有百利而无一害的，因为国家不需要一分钱投资，只要下令批准国库券的合法转让，普通老百姓从此就多了一个非常有吸引力的投资选择。这不仅使国库券的持有者受益，而且使这种资产的流动性一下变高了，价格也提高到了新的均衡点，许多国库券的持有者赚了钱。当然，国家也受益不浅，因为国家再也不用以行政命令强迫人们去买国库券，发行国库券的成本变低了，使国库券成为财政借款的一个重要且可靠的来源。

4. 可转让定期存单市场。可转让定期存单银行发行给存款人按一定期限和利率计息，到期前可以转让流通的证券化的存款凭证。它与一般存款的不同之处在于可以在二级市场流通，从而解决了定期存款缺乏流动性的问题，所以很受投资者的欢迎。其面额一般比较大（美国的可转让定期存单最小面额为 10 万美元），期限则多在 1 年以内。它最早是由美国花旗银行于 1961 年推出的，并且很快为其他银行所效仿。目前已成为商业银行的重要资金来源。在美国其规模甚至超过了短期国债。我国于 1986 年下半年开始发行大额可转让定期存单，最初只有交通银行和中国银行发行，1989 年起其他银行也陆续开办了此项业务。在我国面向个人发行的存单面额一般为 500 元、1000 元和 5000 元，面向单位发行的存单面额则一般为 5 万元和 10 万元。然而，由于没有给大额存单提供一个统一的交易市场，同时由于大额存单出现了很多问题，特别是盗开和伪造银行存单进行诈骗等犯罪活动十分猖獗，中央银行于 1997 年暂停审批银行的大额存单发行申请，大额存单业务因而实际上被完全暂停。其后，大额可转让定期存单逐渐淡出人们的视野。

5. 商业票据市场。商业票据是由一些大银行、财务公司或企业发行的一种无担保的短期本票。所谓本票是由债务人向债权人发出的支付承诺书，承诺在约定期限内支付一定款项给债权人。商业票据是一种传统的融资工具，但是它的迅速发展却是从 20 世纪 60 年代后期开始的。由于 Q 条例（美国）规定了存款利率的上限，美国的商业银行开始寻求新的获取资金的渠道。其中之一便是通过银行控股公司（持有数家银行股份的公司）发行商业票据。与此同时，越来越多的大企业也开始更多地依赖于发行商业票据来获得流动资金。到 90 年代商业票据已经成为美国数额最大的货币市场金融工具。

小资料

美国的 "Q 条例"

Q 条例是指美国联邦储备委员会按字母顺序排列的一系列金融条例中的第 Q 项规定。1929 年之后，美国经历了一场经济大萧条，金融市场随之也开始了一个管制时期，与此同时，美国联邦储备委员会颁布了一系列金融管理条例，并且按照字母顺序为这一系列条例进行排序，如第一项为 A 项条例，其中对存款利率进行管制的规则正好是 Q 项，因此该项规定被称为 Q 条例。后来，Q 条例成为对存款利率进行管制的代名词。Q 条例的内容是：银行对于活期存款不得公开支付利息，并对储蓄存款和定期存款的利率设定最高限度，即禁止联邦储备委员会的会员银行对它所吸收的活期存款（30 天以下）支付利息，并对上述银行所吸收的储蓄存款和定期存款规定了利率上限。当时，这一上限规定为 2.5%，此利率一直维持至 1957 年都不曾调整，而此后却频繁进行调整，它对银行资金的来源去向都产生了显著影响。美国金融市场上也产生了许多为规避 Q 条例而创新的金融工具。

6. 回购协议市场。回购协议是产生于 20 世纪 60 年代末的短期资金融通方式。它实际上是一种以证券为抵押的短期贷款。其操作过程为：借款者向贷款者暂时出售一笔证券，同时约定在一定时间内以稍高的价格重新购回；或者借款者以原价购回原先所出售的证券，但是向证券购买者支付一笔利息。这样证券出售者暂时获得了一笔可支配的资金，证券的购买者则从证券的买卖差价或利息支付中获得一笔收入。回购协议主要以政府债券交易为主。回购协议中的出售方大多为银行或证券商，购买方则主要是一些大企业，后者往往以这种方式来使自己在银行账户上出现的暂时闲置余额得到有效的利用。回购协议的期限大多较短，可以是1天到1年中的任意天数。由于数额巨大，购买者的收入也很可观。

债券回购交易一般在证券交易所进行，目前我国不仅在上海、深圳两个交易所开展了回购交易，全国银行间同业拆借市场也开展该项业务。

7. 共同基金市场。货币市场共同基金是美国20世纪70年代以来出现的一种新型投资理财工具。共同基金是指将众多的小额投资者的资金集合起来，由专门的经理人进行市场运作，赚取收益后按一定的期限及持有的份额进行分配的一种金融组织形式。而对于主要在货币市场上进行运作的共同基金，则称为货币市场共同基金。

货币市场共同基金最早出现在1972年。当时，由于美国政府出台了限制银行存款利率的Q项条例，银行存款对许多投资者的吸引力下降，他们急于为自己的资金寻找到新的能够获得货币市场现行利率水平的收益途径。货币市场共同基金正是在这种情况下应运而生。它能将许多投资者的小额资金集合起来，由专家操作。货币市场共同基金出现后，其发展速度是很快的。目前，在发达的市场经济国家，货币市场共同基金在全部基金中所占比重最大。我国货币市场共同基金正式创立于2003年。2003年12月10日华安现金富利基金、招商现金增值基金、博时现金收益基金经历了艰难险阻最终获批，其中华安现金富利基金与2003年12月30日正式成立，另两支基金则于2004年1月成立，标志着我国货币市场共同基金的正式启动，基金公司可以通过设立货币基金而在货币市场为闲置资金寻找一个安全的"避风港"。

本章小结

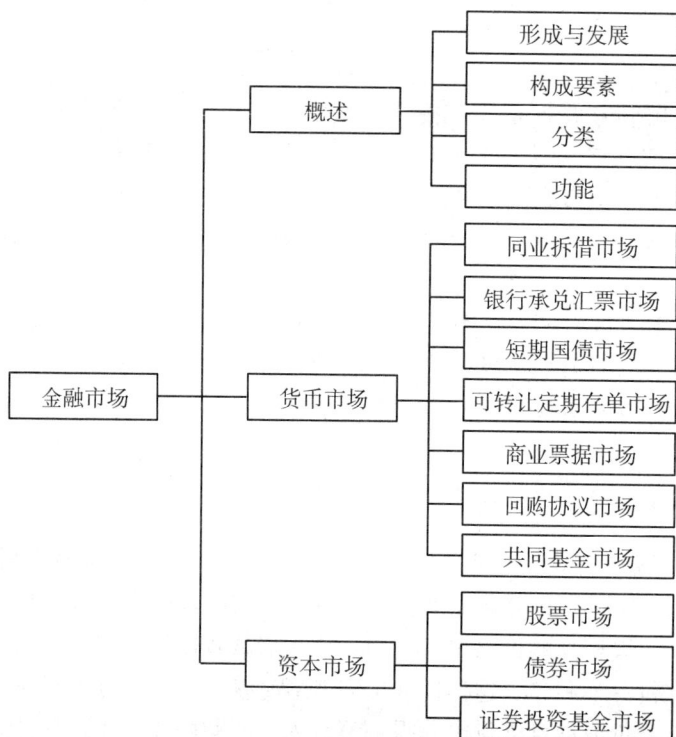

复习思考题

一、单项选择题

1. 金融市场按（　　）划分为货币市场、资本市场、外汇市场、保险市场和衍生金融市场。

    A. 交易范围　　　　B. 交易方式　　　　C. 定价方式　　　　D. 交易对象

2. 金融市场的宏观经济功能不包括（　　）。

    A. 分配功能　　　　B. 财富功能　　　　C. 调节功能　　　　D. 反映功能

3. （　　）一般没有正式的组织，其交易活动不是在特定的场所中集中开展，而是通过电信网络形式完成。

    A. 货币市场　　　　B. 资本市场　　　　C. 外汇市场　　　　D. 保险市场

4. 世界上最早的证券交易所是（　　）。

    A. 荷兰阿姆斯特丹证券交易所　　　　　　B. 英国伦敦证券交易所

    C. 德国法兰克福证券交易所　　　　　　　D. 美国纽约证券交易所

5. 已发行的证券流通的市场称为（　　）。

    A. 初级市场　　　　B. 次级市场　　　　C. 公开市场　　　　D. 议价市场

6. 下列有价证券中风险性最高的是（　　）。

    A. 普通股　　　　B. 优先股　　　　C. 企业债券　　　　D. 基金证券

7. 回购协议中所交易的证券主要是（　　）。

    A. 银行债券　　　　B. 企业债券　　　　C. 政府债券　　　　D. 金融债券

8. 最早开发大额可转让定期存单的银行是（　　）。

    A. 美洲银行　　　　B. 花旗银行　　　　C. 汇丰银行　　　　D. 摩根银行

9. 有组织及严格的交易制度、有固定交易时间、交易地点并采取竞价成交的交易市场称为（　　）。

    A. 场内交易市场　　B. 柜台市场　　　　C. 第三市场　　　　D. 第四市场

10. 资本市场不包括（　　）。

    A. 股票市场　　　　B. 长期债券市场　　C. 投资基金市场　　D. 同业拆借市场

二、多项选择题

1. 同传统的定期存款相比，大额可转让定期存单具有（　　）的特点。

    A. 存单不记名　　　　　　　　　　B. 存单金额大

    C. 存单采用浮动利率　　　　　　　D. 存单可提前支取

    E. 存单不可以提前支取

2. 资本市场上的交易工具主要有（　　）。

    A. 货币头寸　　　　B. 票据　　　　C. 长期债券　　　　D. 股票

    E. 外汇

3. 货币市场包括（　　）。

    A. 同业拆借市场　　B. 国库券市场　　　C. 股票市场　　　　D. 投资基金市场

    E. 商业票据市场

4. 货币市场的特点包括（　　　）。
   A. 期限短　　　　　　B. 高流动性　　　　　C. 低流动性　　　　　D. 高风险
   E. 低风险
5. 按照交割时间金融市场可以分为（　　　）。
   A. 现货市场　　　　B. 期货市场　　　　C. 外汇市场　　　　D. 发行市场
   E. 流通市场

三、问答题

1. 货币市场与资本市场的区别有哪些？
2. 开放式基金和封闭式基金的流通有何不同？
3. 为什么说金融市场是国民经济的晴雨表？
4. 不同经济主体是如何参与金融市场的？

四、案例分析

　　纽约是世界最重要的国际金融中心之一。第二次世界大战以后，纽约金融市场在国际金融领域中的地位进一步加强。美国凭借其在战争时期膨胀起来的强大经济和金融实力，建立了以美元为中心的资本主义货币体系，使美元成为世界最主要的储备货币和国际清算货币。西方资本主义国家和发展中国家的外汇储备中大部分是美元资产，存放在美国，由纽约联邦储备银行代为保管。一些外国官方机构持有的部分黄金也存放在纽约联邦储备银行。纽约联邦储备银行作为贯彻执行美国货币政策及外汇政策的主要机构，在金融市场的活动直接影响到市场利率和汇率的变化，对国际市场利率和汇率的变化有着重要影响。世界各地的美元买卖，包括欧洲美元、亚洲美元市场的交易，都必须在美国，特别是在纽约的商业银行账户上办理收付、清算和划拨，因此纽约成为世界美元交易的清算中心。此外，美国外汇管制较松，资金调动比较自由。在纽约，不仅有许多大银行，而且商业银行、储蓄银行、投资银行、证券交易所及保险公司等金融机构云集，许多外国银行也在纽约设有分支机构。这些都为纽约金融市场的进一步发展创造了条件，加强了它在国际金融领域中的地位。

　　纽约金融市场按交易对象划分，主要包括外汇市场、货币市场和资本市场。

　　纽约外汇市场是美国、也是世界上最主要的外汇市场之一。纽约外汇市场并无固定的交易场所，所有的外汇交易都是通过电话、电报和电传等通信设备，在纽约的商业银行与外汇市场经纪人之间进行。这种联络就组成了纽约银行间的外汇市场。此外，各大商业银行都有自己的通信系统，与该行在世界各地的分行外汇部门保持联系，又构成了世界性的外汇市场。由于世界各地时差关系，各外汇市场开市时间不同，纽约大银行与世界各地外汇市场可以昼夜24小时保持联系。因此它在国际间的套汇活动几乎可以立即完成。

　　纽约货币市场即纽约短期资金的借贷市场，是资本主义世界主要货币市场中交易量最大的一个。除纽约市金融机构、工商业和私人在这里进行交易外，每天还有大量短期资金从美国和世界各地涌入、流出。和外汇市场一样，纽约货币市场也没有一个固定的场所，交易都是供求双方直接或通过经纪人进行的。在纽约货币市场的交易，按交易对象可分为：联邦基金市场、政府国库券市场、银行可转让定期存单市场、银行承兑汇票市场和商业票据市场等。

　　纽约资本市场是世界最大的经营中长期借贷资金的资本市场。纽约资本市场可分为债券市场和股票市场。纽约债券市场交易的主要对象是：政府债券、公司债券、外国债券。纽约股票市场是纽约资本市场的一个组成部分。在美国，有 10 多家证券交易所按证券交易法注册，被列为全国性的交易所。其中纽约证券交易所、NASDAQ 和美国证券交易所最大，它们都设在纽约。

问题：对比纽约金融市场，上海在建立国际金融中心的过程中还有哪些方面需要提高？

实训项目
认识股票的流通市场

1. 登录一家证券公司网站，下载一种股票交易软件。

例如，登录 www. stockren. com 进入下载中心，下载软件完成安装。

2. 打开股票交易软件，查看上市公司股票交易行情与动态，熟悉简单的操作功能。

3. 登录上海证券交易所、深圳证券交易所网站，浏览交易所简介、交易流程及费用、市场数据等有关内容。

4. 完成以下实训任务，所得结果填写在实训报告纸上。

（1）我国现有的股票种类。（2）上市股票的发行方式。（3）股票的交易程序。（4）学会上市股票的交易规则，并熟练进行买卖委托操作。

5. 比较模拟股票投资的收益或亏损的情况。

第八章

货币供求及其均衡

学习目标

知识目标

- 理解货币需求的含义。
- 了解不同货币需求理论的主要观点，掌握货币需求的影响因素。
- 理解货币供给的含义，掌握影响基础货币、货币乘数的因素。
- 理解现代货币供给机制，明确中央银行、商业银行及其他经济主体在货币供给中的作用。
- 理解货币层次划分的含义及意义，掌握我国货币层次划分的情况。
- 理解货币均衡的含义及货币均衡与社会在供求均衡的关系。
- 初步掌握货币均衡与否的判断标准，了解货币非均衡调节的方式。

能力目标

- 能够运用货币需求的相关基本知识，分析现实生活中人们的货币需求及其变化。
- 能够根据相关经济数据，简单分析货币供求状况及经济运行情况。

素质目标

- 理解货币供求与宏观经济运行的关系。

【章前引例】

中国式钱荒

2011 年的钱荒始于 2010 年末，贯穿整个 2011 年。除了有明显的季节性因素之外，主要原因在于，此前 4 万亿人民币经济刺激计划造成通货膨胀率过高，为此货币政策收紧，货币供应减少。但实体经济融资需求依然比较旺盛，由此形成钱荒。

发生在 2013 年 6 月的中国式钱荒，创造了一系列令人瞠目结舌的数据纪录，堪称我国银行业经历的最严重钱荒。当年前 4 个月外汇占款新增规模超过 1.5 万亿元，每月新增规模均在千亿元以上，但 5 月份新增规模却缩减至 668.6 亿元。与此同时，5 月末开始央行不再动用逆回购等工具投放流动性。此前中央银行通常会动用工具调节外汇占款给资金市场带来的影响，这也令银行习惯性预期，中央银行会在资金紧张时再度出手。但 6 月初开始，无论资金面如何紧张，中央银行一直按兵不动，银行的预期一再落空，这也是导致此后银行间市场钱荒愈演愈烈的原因之一。端午节前夕，6 月 8 日 Shibor 隔夜拆借利率大涨至罕见的 9.58%，而如此大涨的现象通常只在提现需求旺的春节前后出现。端午节后 2 周内的短期限同业拆借利率虽有所回落，但 1 个月、3 个月期限同业拆借利率继续上涨。Shibor 隔夜拆借利率 6 月 20 日跳涨至 13.44%，最高飙升至 30%，当天曾一贯扮演资金融出方角色的大行也不再拆出资金，甚至在市场上借入资金，一时间令市场的恐慌情绪迅速蔓延。

2016 年 9 月以来，货币市场利率波动性明显增加，资金成本中枢上行，货币市场利率较上半年上行大约 40BP，这也是 2015 年 8 月以来的首次资金持续紧张。进入 11 月中下旬，

Shibor 利率出现连续 14 天全线上扬。3 个月 Shibor 更是连涨 29 个交易日，创 2010 年 12 月底以来的最长连涨周期。同时，交易员们声称，大型银行的资金融出意愿不高。市场分析人士认为，相比较 PPP 加码带来大量资金需求，中央银行有意收紧流动性，货币市场超级宽松时代已结束，叠加活期存款增速大幅回落，银行将进入"钱荒 2.0"时代。

　　钱荒不管具体的成因是什么，归根结底是货币供求的不平衡。那么，什么是货币需求？货币需求受哪些因素的影响？货币供给是如何完成的？怎样实现货币供求平衡，避免钱荒或流动性泛滥？本章将一一为你打开问号。

第一节　货币需求

【节前引例】

你我身边的货币需求

　　1. 居家过日子，开门七件事，柴、米、油、盐、酱、醋、茶。在现代社会，任谁也不可能自给自足，必须要到市场上购买。购买就需要货币。

　　2. 企业要正常运转，就要支付工人工资，采买原材料、燃料、动力等，还要有管理费支出，这同样需要货币。

　　3. 无论居民个人还是企业，手头都需要一定的货币，以备不时之需。

　　4. 若你是一个经验丰富的证券市场投资者，证券价格高企，你又获利颇丰，想必你会选择落袋为安，这也是货币需求。

　　上述场景随时出现在你我身边，市场经济条件下，货币需求可以说无处不在。那么请思考：人们究竟为什么需要货币？又到底需要多少货币？人们对货币需求的多少受哪些因素的影响？

　　现代社会是一个高度货币化的经济社会，在这个社会中，各经济主体都需要持有一定量的货币进行交易、支付费用、偿还债务、从事投资或价值贮藏，由此产生了货币需求。谈到货币需求，必然涉及其数量界定，应该说人们对货币需求的研究最终归结为对货币需求量的研究。

一、货币需求与货币需求量

（一）货币需求的含义

　　关于货币需求，经济学家有不同的定义。一种定义认为：货币需求是指社会各部门在既定的收入或财富范围内能够而且愿意以货币形式持有的数量。另一种定义认为：货币需求是指在某一时点，在一定的经济条件下，整个社会需要用于执行交易媒介、支付手段和价值储藏的货币数量。两种定义虽然说法不同，但含义是一致的。对于货币需求含义的理解，需要注意以下几点：

（1）货币需求是一个存量的概念，而非流量的概念。货币需求考察的是在某个时点、某一特定空间内（一般是指一个国家），社会各部门在其拥有的全部资产中愿意以货币形式持有的数量或份额。例如，我们可以考察 2016 年年底我国的货币需求，但不能说考察 2016 年 1～12 月份我国的货币需求。

（2）货币需求是能力与愿望的统一。对于经济个体而言，货币是一种财富，若不考虑客观因素，这种仅出自主观愿望的货币需求是无限的。然而，经济学中的需求，是愿望与能力的统一。所谓货币需求是指以收入或财富的存在为前提，在具备获得货币的能力范围之内愿意持有的货币量，即客观货币需求。因此，构成货币需求必须同时具备两个条件：一是有能力获得或持有货币；二是愿意以货币形式保有其财产。二者缺一不可，有能力而不愿意持有货币不会形成对货币的需求；有愿望却无能力获得货币也只是一种不现实的幻想。

（3）货币需求既包括对现金的需求，也包括对存款货币的需求。因为货币需求是所有商品、劳务的流通以及有关一切货币支付所提出的需求。在现代信用货币流通的条件下，现金和存款货币都可以满足这种需求，因此不能把货币需求与现金需求画等号。

（4）人们对货币的需求既包括了执行流通手段和支付手段职能的货币需求，也包括了执行价值储藏手段职能的货币需求。二者差别只在于持有货币的动机不同或货币发挥职能作用的不同，但都在货币需求的范畴之内。

（二）货币需求的分类

1. 微观货币需求和宏观货币需求。微观货币需求是从单个经济单位出发，研究企业、家庭、个人等微观经济主体，在既定的收入水平、利率水平和其他经济条件下，把自己财富（或收入）中的多大比例以货币（包括现金和银行存款）形式持有，从分析微观主体的持币动机、持币行为，来考察货币需求变动的规律性。简而言之，微观的货币需求就是从微观经济主体角度出发，研究在一定时点上，人们因生产或生活、投资需要而应该保留多少货币。

宏观货币需求是从国民经济总体出发，去探讨一国经济发展客观上所需的货币量。宏观货币需求是一个国家从宏观和全社会的角度出发，把货币视为交易的媒介，研究为完成一定时期商品和劳务的交易量，需要多少货币来支撑，根据一定时期经济发展目标，确立合理的货币供给增长率。

货币需求理论中主要关注的是宏观货币需求。但需要注意的是，宏观货币需求并不等于微观货币需求的简单相加，微观货币需求总和往往大于宏观货币需求。

2. 名义货币需求和真实货币需求。这是从货币的购买力角度分析货币需求的一种方法。在现实经济生活中，通货膨胀使货币的名义购买力与实际购买力之间存在差异，这就引起经济主体对货币数量的不同需求。名义货币需求是指经济主体不考虑价格变动的货币需要量（一般用 M_d 表示），这种货币需求可以直接按照货币的面值来衡量和计算。实际货币需求是指经济主体在扣除了物价上涨因素后对货币的需要量，即用某一不变价格为基础来计算的货币需求量。

名义货币需求与实际货币需求之间存在着联系，将名义货币需求用一个充分反映价格变动的指数（如 GNP 平减指数）进行平减后，即可得到实际货币需求，所以实际货币需求通常可记为 M_d/P。在价格水平经常变动且幅度较大的情况下，区分名义货币需求和真实货币需求就变得非常必要。

二、主要的货币需求理论

货币需求理论是对决定货币需求的因素进行研究的学说，它是货币政策选择的出发点。中国在古代就有货币需求思想的萌芽，全国每人平均铸造多少钱币即可满足流通需要的思路，曾经是长期控制我国铸币发行数量的主要原则。西方经济学家从两个不同的角度来探讨货币需求。一是从社会的角度出发，仅仅把货币视为交易的媒介，从而探讨为完成一定的交易量，需要多少货币来支撑。马克思的货币必要量公式和费雪的交易方程式都属于这种类型。二是从微观的个人角度出发，把货币视为一种资产，也就是说，货币和股票、债券及各种实物资产一样，是人们持有财富的一种形式，从这一角度出发，货币需求不是理解为经济中为完成一定的交易量所需要的货币量，而应该理解为：当某人拥有一定财富的总额时，他可以选择多种形式来持有该笔财富，而他愿意以货币这种资产形式来持有的那部分财富就构成他对货币的需求。

(一) 马克思关于流通中货币量的理论

马克思认为，流通中客观货币需要量（即货币必要量）取决于三个要素：商品平均价格、待出售的商品数量和货币流通速度。用公式表示为：

$$M = \frac{PQ}{V} \tag{8-1}$$

这里 M 表示货币需求量；Q 表示待售商品数量；P 表示商品平均价格。马克思认为，商品的价格取决于价值，而价值取决于生产过程，所以商品是带着价格进入流通的。V 表示货币流通速度。可见，货币需求量与待售商品数量和平均价格成正比，与货币流通速度成反比。

马克思关于流通中货币量的理论是以金属货币流通为前提研究的。但在纸币流通条件下，纸币是没有内在价值的货币符号，当流通中的货币数量过多或过少时，它不可能自发地调节。针对此，马克思在上述货币需求量规律的基础上提出了纸币流通规律，指出单位纸币所代表的价值量等于流通中所需要的金属货币量除以流通中的纸币总额。用公式表示为：

$$单位纸币所代表的价值量 = \frac{流通中金属货币需要量}{流通中纸币总量} \tag{8-2}$$

从公式（8-2）中，我们可以看出纸币与其所代表的金币之间的价值量有平值、贬值、升值三种不同的状况。在纸币流通条件下，纸币流通规律要求纸币发行总量与流通中所需货币量保持一致，这样才能保证纸币流通的正常。

(二) 传统的货币数量论

货币数量论是一种古老的经济理论。早期的货币数量论并不把货币需求作为直接的研究对象，而是研究名义国民收入及物价是如何决定的。但是由于它建立了名义国民收入同货币量之间的关系，从而从一个侧面说明了在一定名义国民收入条件下需要的货币量，因而也被看成是一种货币需求理论。

1. 费雪方程式。美国经济学家欧文·费雪在他 1911 年出版的《货币的购买力》一书中，对古典的货币数量论进行了最好的概括。提出了著名的"交易方程式"，也称为"费雪方程式"或"现金交易说"。费雪认为，假设以 M 为一定时期内流通货币的数量；V 为货币流通速度；P 为各类商品价格的加权平均数；T 为各类商品的交易数量，则有：

$$MV = PT \qquad\qquad (8-3)$$

这个等式的含义是：在交易中发生的货币支付总额（货币存量乘以它的流通速度，即 MV）等于被交易商品或劳务的总价值（价格乘上总交易量，即 PT）。假定在某一年中，平均货币余额为 1000 亿元，而平均每元钱又被花费了 8 次，那么在这一年中发生的货币支付总额就是 8000 亿元。显然，这 8000 亿元也就是这一年内利用货币进行交易的商品和劳务的总价值。反过来，如果某一年的交易总价值达 8000 亿元，并且都利用货币进行，而平均的货币余额又只有 1000 亿元，那一定意味着每一元货币平均周转了 8 次。

这个方程式是一个恒等式。费雪分析，M 是一个由模型之外的因素所决定的外生变量；V 由于制度性因素在短期内不变，因而可视为常数；T 对产出水平常常保持固定的比例，也是大体稳定的。因此，只有 P 和 M 的关系最重要。所以，P 的值主要取决于 M 数量的变化。

费雪虽然关注的是 M 对 P 的影响，但是反过来，从这一方程式中也能导出一定价格水平之下的名义货币需求量。也就是说，由于 $MV = PT$，则：

$$M = \frac{PT}{V} = \frac{1}{V}PT \qquad\qquad (8-4)$$

这说明，仅从货币的交易媒介功能考察，全社会一定时期一定价格水平下的总交易量与所需要的名义货币量具有一定的比例关系。这个比例是 $1/V$，即货币流通速度的倒数。

2. 剑桥方程式。以马歇尔和庇古为代表的剑桥学派认为，处于经济体系中的个人对货币的需求，实质是选择以怎样的方式保持自己资产的问题。决定人们持有货币多少的，有个人的财富水平、名义收入、利率变动，以及持有货币可能拥有的便利等诸多因素。但是，在其他因素不变的情况下，对每个人来说，名义货币需求与名义收入水平之间保持着一个较稳定的比例关系，对整个经济体系来说也是如此。因此有：

$$M = kPY \qquad\qquad (8-5)$$

这就是著名的剑桥方程式，也称为"现金余额说"。式中，Y 代表实际总收入，P 代表价格水平，k 表示以货币形式拥有的财富占名义总收入的比例，M 为名义货币需求。该理论认为货币需求与人们的财富或名义收入之间保持一定的比率。

剑桥方程式和费雪方程式，看似相同，实际上存在显著的差异，主要有以下几点：

第一，对货币需求分析的侧重点不同。费雪方程式强调的是货币的交易手段功能，而剑桥方程式侧重货币作为一种资产的功能。

第二，费雪方程式把货币需求和支出流量联系在一起，重视货币支出的数量和速度，而剑桥方程式则是从用货币形式拥有资产存量的角度考虑货币需求，重视这个存量占收入的比例。所以对费雪方程式也有人称之为现金交易说，而剑桥方程式则称为现金余额说。

第三，两个方程式所强调的货币需求决定因素有所不同。费雪方程式用货币数量的变动来解释价格，反过来，在交易商品量给定和价格水平给定时，也能在既定的货币流通速度下得出一定的货币需求结论。而剑桥方程式则是从微观进行分析的产物，考虑的是人们对于拥有货币存在满足程度的问题，拥有货币要付出代价，比如不能带来收益的特点，就是对拥有货币数量的制约。这就是说，微观主体要在两相比较中决定货币需求。显然，剑桥方程式中的货币需求决定因素多于费雪方程式，特别是利率的作用已成为不容忽视的因素之一。

（三）凯恩斯的货币需求理论

凯恩斯对货币需求的研究是从经济主体对货币的需求动机研究出发的。凯恩斯认为，人们对货币的需求出于三种动机：

1. 交易动机。货币的交易性需求是指企业或个人为了应付日常的交易而愿意持有一部分货币。这是由于货币的交易媒介职能而导致的一种需求。由于收入的获得和支出的发生之间总会有一定的间隔，在这段间隔内，企业或个人固然可以把收入转换成货币以外的资产形式加以保存，但是为支付时的方便起见，仍必须持有一定量的货币。例如，当你领到工资之后，一般不会把它都变成定期存款或理财产品，而总会留出一部分以货币（现金或活期存款）的形式保存着，以作为日常的开销。这就构成货币的交易性需求。凯恩斯认为，虽然货币的交易性需求也受诸多因素的影响，但它主要还是取决于收入的多少，并且和收入水平正相关。

2. 预防动机。货币的预防性需求是指企业或个人为了应付突然发生的意外支出，或者捕捉一些突然出现的有利时机而愿意持有一部分货币。凯恩斯认为，未来是充满不确定性的，人们不可能把一切支出都计算好，并据此来决定持有多少货币，而总要在日常的支出计划之外，留出一部分机动的货币，来应付诸如生病、原材料涨价之类的突发事件，或者捕捉一些意料之外的购买机会（如商品降价等）。这就构成货币的预防性需求。根据凯恩斯的观点，货币的预防性需求也是同收入成正比的。

3. 投机动机。凯恩斯货币需求理论的真正创新之处在于他引入了对货币的投机性需求的分析，从而强调了利率在货币需求中的影响。所谓货币的投机性需求是指人们为了在未来某一适当的时机进行投机活动而愿意持有一部分货币。为方便分析，凯恩斯假定人们可以以两种形式来持有其财富：货币或生息资产，后者可以用长期政府债券来作代表。因此，影响财富在这二者之间进行分配的因素也就是影响货币投机性需求的因素。

凯恩斯认为，人们在货币和生息资产之间的选择，主要取决于这两种资产分别能带给自己多少预期报酬。在凯恩斯生活的时代，支票存款（活期存款）是不支付利息的。因此，他假定货币的预期报酬率为零。债券等生息资产却可能有两种报酬：利息和资本利得。利息收入显然取决于利率的高低。资本利得则是指债券的卖出价和买入价之间的差额，它也是和利率相关的，债券的价格是和利率成反向变化的。凯恩斯假定，每个人心目中都会有一个"合理利率"。当利率低于这个"合理利率"时，人们就会预期它将上升；反之，当利率高于这个合理利率时，人们就预期它将下降。因此，预期资本利得就取决于当前利率与合理利率的偏离程度。

货币的投机性需求与利率成反向变化。利率越高，持有生息资产的利息收入越多；并且当利率高于合理利率，其在未来时期内下降的可能性也较大，所以持有生息资产获得资本利得的可能性也较大。因此，利率越高，生息资产越有吸引力，货币的投机性需求越小。反之亦然。

在货币需求的三种动机中，由交易动机和预防动机而产生的货币需求均与商品和劳务交易有关，故而称为交易性货币需求（L_1）。而由投机动机而产生的货币需求主要用于金融市场的投机，故称为投机性货币需求（L_2）。交易性货币需求是收入（Y）的递增函数。即：

$$L_1 = L_1(Y) \qquad\qquad (8-6)$$

投机性货币需求主要与货币市场的利率（r）有关，是利率的递减函数，即：

$$L_2 = L_2(r) \qquad\qquad (8-7)$$

而货币总需求（L）等于货币的交易需求（L_1）与投机需求（L_2）之和，即：

$$L = L_1(Y) + L_2(r) \qquad\qquad (8-8)$$

小资料

流动性陷阱

所谓"流动性陷阱"是凯恩斯分析货币需求发生不规则变动的一种状态。凯恩斯认为，一般情况下，由流动偏好决定的货币需求在数量上主要受收入和利率的影响。其中交易性货币需求是收入的递增函数；投机性货币需求是利率的递减函数，所以，货币需求是有限的。但是当利率降到一定低点之后，由于利息率太低，人们不再愿意持有没有什么收益的生息资产，而宁愿以持有货币的形式来持有其全部财富。这时，货币需求便不再是有限的，而是无限大了。不论中央银行增加多少货币供给量，都将被货币需求所吸收。也就是说，利率在一定低点以下对货币需求是不起任何作用的。这就像存在着一个大陷阱，中央银行的货币供给都落入其中，在这种情况下，中央银行试图通过增加货币供给量来降低利率的意图就会落空。

（四）弗里德曼的货币需求理论

弗里德曼是沿着剑桥方程式来表达他的货币需求思想的，同时，吸收了凯恩斯主义关于收入和利率决定货币需求量的思想。他认为，在剑桥方程式 $M = kPY$ 中，P、Y 是影响货币需求许多变量中的两个变量，k 代表其他变量，实际上是货币流通速度的倒数（$1/V$）。而影响货币流通速度的因素是相当复杂的，如财富总量、财富构成、各种财产所得在总收入中的比例，以及各种金融资产的预期收益等。因此，人们的资产选择范围非常广泛，并不限于凯恩斯主义货币需求理论中的二元资产选择——货币与债券。基于上述认识，弗里德曼提出了自己的货币需求函数模型：

$$\frac{M_d}{P} = f\left(Y, W, r_m, r_b, r_e, \frac{1}{P}\frac{\mathrm{d}P}{\mathrm{d}t}, u\right) \qquad\qquad (8-9)$$

其中：Y 是实际恒久性收入；W 是非人力财富占总财富的比率；r_m 是货币的预期收益率；r_b 是固定收益的证券（债券）的预期收益率；r_e 是非固定收益的证券（股票）的预期收益率；$\frac{1}{P}\frac{\mathrm{d}P}{\mathrm{d}t}$ 是预期物价变动率，即实物资产的预期收益率；u 是其他的影响货币需求的因素。上述影响货币需求量诸多因素可划分为四类：

（1）财富总量。在实际生活中，财富很难加以估计，所以必须用收入来代表。但是弗里德曼认为，现期收入会受到经济波动的影响，必须用恒久性收入来作为财富的代表。所谓恒久性收入，指一个人在较长一段时间内所能获得的平均收入。恒久性收入与货币需求正相关。

（2）财富结构。即人力与非人力财富的比重。所谓人力财富主要是指个人的赚钱能力。由于人力财富向非人力财富的转化往往受很多条件约束，所以人力财富的流动性较差，而不像债券、股票那样随时可以出售。因此，人力财富在财富总额中占较大比例的所有者将试图通过持有较多的货币来增加其资产的流动性。人力财富对非人力财富的比率（或者人力财富占总财富的比率）与货币需求同样正相关。

（3）持有货币的预期收益率与机会成本。持有货币的预期收益率可以用银行存款利率来表示，它与货币需求呈正比关系。持有货币的机会成本主要是其他资产的预期收益率，如债券的利息、股票的股息，以及实物资产的保管费用。其次是这些资产项目价格的变动，如债券和股票的资本利得，实物资产在通货膨胀时期的价格上涨。

（4）其他因素。即各种随机变量，包括社会富裕程度；取得信贷的难易程度；社会支付体系的状况；人们的兴趣、爱好、习惯等。例如，节俭的人和注重享受的人对货币需求就有很大不同。

三、影响货币需求的因素

货币需求理论分析与实践研究的核心内容，是考察影响货币需求量的因素是什么。结合我国的实际情况，影响货币需求量的因素主要有收入水平、价格水平、利率水平、货币流通速度、消费倾向、心理预期与偏好等。

1. 收入水平。在经济生活中，微观经济主体的收入大多以货币形式获得，其支出也是以货币支付。一般而言，收入越高，支出越多，交易需求越大，就需要更多的货币作为商品、劳务交易的媒介。因此，货币需求量与收入水平呈正比关系。

2. 价格水平。在商品和劳务量既定的情况下，价格水平越高，社会商品流转额就越大，用于交易和周转的货币需求量增加。因此，价格水平与货币需求量之间呈正比关系。

3. 利率水平。利率的高低决定了人们持币机会成本的大小，利率越高，持币成本越高，人们就不愿持有货币而愿意购买生息资产以获得高额利息收益，因而人们的货币需求会减少；利率越低，持币成本越低，人们则愿意手持货币而减少了购买生息资产的欲望，货币需求就会增加。利率的变动与货币需求量的变动是反方向的。

🖊️ **小资料**

我国 1988 年夏天的抢购风潮

1988 年全国零售物价指数上升 18.5%，而当时一年定期的储蓄利率则仅为 7.2%，实际利率为负的状况，导致当年夏天在全国大中城市爆发了抢购风潮，人们大量挤提存款，抢购商品，货币需求急剧上升。当政府很快采取物价指数保值的储蓄办法之后，实际利率上升，挤兑抢购的状况很快得到扭转，储蓄余额又开始上升，货币需求回落。

4. 货币流通速度。货币流通速度指一定时期内货币的周转次数。一定时期货币总需求就是该时期的货币流量，而货币流量是货币平均存量与货币流通速度的乘积。在商品与交易总额一定的前提下，货币流通速度越快，对货币的需求量越少；反之，货币流通速度越慢，对货币需求量越大。因此，货币流通速度与货币需求呈反比关系。

5. 消费倾向。消费倾向指消费在收入中的占比。人们为了实现消费，必须以货币作为购买或支付手段。因此，计划消费的越多，人们持有的货币就越多，货币需求量就越大。反之，亦然。消费倾向与货币需求呈正比关系。

6. 信用的发达程度。在信用制度健全、信用比较发达的经济中，货币需求量较少。因为在这样的经济中，相当一部分交易可通过债权债务的相互抵消来了结和清算。另外，经济主体比较容易获得贷款和现金，于是就减少了作为流通手段的货币的需要量，人们的货币需求量也就因此减少。因此，信用发达程度与货币需求负相关。

7. 人们的预期和偏好。预期和偏好均属于心理因素和主观意愿，具有一定程度的不确定性和复杂性。预期包括对市场利率的预期、对物价变动的预期和对投资利润率的预期。如果人们预期物价上涨，就会减少对货币的需求；预期投资利润率上升，也会减少对货币的需求。根据凯恩斯的理论，人们预期利率上升，会增加货币需求，因为利率上升意味着债券价格下降，为了在未来低价买进债券，现在就必须保有较多的货币。心理偏好也因人而异，有的人偏好货币，有的人偏好其他金融资产，那么前者是增加社会货币需求的因素，后者是减少社会货币需求的因素。

第二节　货币供给

【节前引例】

"钱"是怎么形成的?

假定我国的法定存款准备金率是20%，一个储户将10万元存入中国工商银行，工商银行必须把2万元留下交给中央银行——中国人民银行，它只能贷出8万元。有一个人正好去工商银行贷款8万元，他要装修房子，签订协议后，他把这8万元交给装修公司，装修公司又把这8万元存入它的开户银行——中国农业银行。农业银行收到这笔8万元存款时，也必须把其中1.6万元上交人民银行，它只能贷出6.4万元。这时正好有一个种植户想扩建塑料大棚，去农业银行贷款，当他拿到6.4万元贷款后，到一家农资公司购买塑料薄膜等材料，把6.4万元钱交给农资公司，农资公司又把这6.4万元存入开户的中国建设银行。建设银行接到这笔钱后，还要把20%的法定准备金交到人民银行，它只能贷出5.12万元。如此下去，储户的10万元存款通过银行系统不断的存贷过程，最终会变成50万元，也就意味着货币总量增加到了50万元，货币总量是原始资金量的5倍。如果法定准备金率是10%，就是10倍，初始的10万元就变成了100万元；要是5%呢? 就是20倍。

上面描述的是商业银行体系创造存款货币的过程。现代社会流动的资金，也就是我们所说的"钱"，都是银行创造的，所以叫作信用货币。但你可能还有疑问：商业银行为什么能创造存款货币？我们手里的现金从哪里来？中央银行在其中扮演什么角色？货币供给量如何测算？受哪些因素制约？

在现代经济社会中，能够向货币需求主体提供信用货币（现金货币和存款货币）的主体有中央银行、存款货币银行（主要是商业银行）以及特定的存款金融机构。全社会的货币供给量都是通过这些金融机构的信贷活动而形成的。例如，中央银行根据社会需要发行现金货币，商业银行向企业发放贷款，同时增加企业的存款货币等，流通中的货币增加，货币供给量扩大；反之，当现金货币回笼到中央银行，或商业银行收回贷款，企业存款货币减少，货币供给量收缩。现金货币供给与存款货币供给是两个相互区别又相互联系的过程，总的来说是由中央银行和商业银行共同完成的。

一、货币供给与货币供给量

1. 货币供给与货币供给量的概念。货币供给是一个动态的过程，指货币供给主体向货币需求主体供给货币的经济行为，即货币供给主体向流通中投入、扩张或收缩货币的行为和过程。货币供给量则是一个静态的存量概念，指一个经济体在某一时点，银行体系以外的企业、个人和政府部门等持有的、由银行系统供给的货币总量，是流通中现金与存款货币二者的总和。

2. 货币供给的内生性和外生性。外生变量和内生变量是典型的计量经济学语言。外生变量又称为政策性变量，是指在经济体制中易受外部因素影响、由非经济因素所决定的变量，它是能够由政策决策人控制，并用作实现其政策目标的变量。而内生变量又叫非政策性变量，是指经济体制内部由纯粹的经济因素所决定的变量，不为政策所左右。货币供给既有内生性又有外生性，货币供给量既是内生变量又是外生变量。

货币供给首先具有外生性，中央银行能够按照自身的意图运用政策工具对社会的货币量进行扩张和收缩，货币供给量的大小在很大程度上被这些政策所左右。然而，货币供给量的变动又要受制于客观经济过程，除了受到中央银行政策工具的左右外，还决定于经济社会中其他经济主体的货币收付行为，因此，货币供给同时又具有内生性。

二、货币供给机制

货币供给机制是指在经济运行中，货币通过什么途径、什么方式向社会供给。现代经济条件下的货币供给机制是由两个层次构成的货币供给形成系统，第一个层次是商业银行创造存款货币；第二个层次是享有"特权"的中央银行提供基础货币和对货币供给的宏观调控。即中央银行提供基础货币，商业银行依靠这些基础货币，进行存款货币的创造，最终将现金和存款货币投入流通，为个人、企业、政府部门等所持有。

（一）商业银行创造存款货币

二级银行制度下，商业银行是货币供给形成体系中的一个重要层次，是整个货币运行的最主要的载体；商业银行通过办理活期存款、发放贷款，从而具有创造存款货币的功能。

1. 原始存款与派生存款。原始存款是指商业银行接受的客户以现金方式存入的存款以及中央银行对商业银行的再贴现或再贷款而形成的准备金存款。原始存款是商业银行从事资产业务的基础，也是扩张信用的源泉。商业银行的准备金以两种具体形式存在：一是商业银行持有的应付日常业务需要的库存现金；二是商业银行在中央银行的存款。对于商业银行来说，活期存款是其负债业务的重要内容，也是从事贷款等资产业务活动的基础，是原始存款的主要来源。

派生存款与原始存款相对应，是指由商业银行发放贷款、办理贴现或投资等业务活动引申而来的存款。派生存款产生的过程，就是商业银行吸收存款、发放贷款，形成新的存款额，最终导致银行体系存款总量增加的过程，即商业银行创造存款货币的过程。

2. 商业银行创造存款货币的条件。

（1）部分准备金制度。在这种制度下，当客户在银行存入一笔现金或支票之后，银行不必将这笔金额都放在它的保险柜里，或者存入中央银行，以等着客户来提取；而只要保留一定的比例作为准备金就可以了，其余的可以贷放出去，或者用来购买证券。

（2）非全部现金提取。即使实行部分准备金制度，如果客户全部提现，商业银行也不能创造存款。例如，法定准备金率为20%，商业银行在收到100元存款之后，就可以把其中的80元贷放出去。但是如果借款人在获得这笔贷款之后，立即以现金的形式将它全部从银行取走，而且在贷款归还之前这笔现金始终在公众手中流通，而不被存入银行，这时候也不会有存款创造，整个银行系统存款和贷款的增加都是一次性的，不存在多倍的存款创造。

但是现实中这种100%的现金提取是不大可能的。银行向某一借款人发放一笔贷款之后，通常是把该笔资金贷记在该借款人的活期存款账户上，借款人利用这笔款项进行支付时，通常也只是通过票据清算把它转到收款人的账户上。收款人的账户既可以在同一家银行，也可以在别的银行。对于整个银行系统来说，这并没有什么区别。当然借款人也可以把贷款提取出来，用现金进行付款，但是收到现金的一方通常还是要把它存入银行。因此，真正以现金的形式游离在银行系统之外的只能是贷款的一部分，而不可能是它的全部。这就使多倍的存款扩张成为了可能。

3. 商业银行存款货币创造的过程。我们利用简化的资产负债表T式账户来详细分析派生存款的创造过程。在每一轮派生存款产生之前，每一家银行的资产负债表均处于均衡状态，T式账户把其他项目都省略，仅仅列出特例条件下所要考察的项目。为了说明问题方便起见，我们先作如下假设：（1）银行客户将其一切收入均存入商业银行体系，且不支取现金或归还贷款。（2）存款准备金由商业银行的库存现金及其在中央银行的存款组成。（3）法定存款准备金率为20%，其他因素暂不考虑。

假如客户甲将100000元的支票交存A银行，那么，A银行存款增加100000元。按规定A银行从中提取法定存款准备金20000元，其余80000元均可用于贷款以获取收益。这时A银行的资产负债表如表8-1所示。

表8-1	A银行的资产负债表		单位：元
资　产		负　债	
法定准备金	20000	存款	100000
贷款	80000		

当A银行将80000元贷给客户乙时，因为社会上有多家银行，该客户可以将钱存入B银行，由此使得B银行的存款增加80000元。同样的道理，B银行按20%提取16000元的法

定存款准备金，其余 64000 元用来发放贷款。B 银行的资产负债如表 8 – 2 所示。

表 8 – 2　　　　　　　　　　　B 银行的资产负债表　　　　　　　　　　　单位：元

资　产		负　债	
法定准备金	16000	存款	80000
贷款	64000		

B 银行贷出的 64000 元又被借款人存入 C 银行，C 银行按 20% 提取 12800 元准备金后，其余 51200 元再贷放出去。C 银行的资产负债如表 8 – 3 所示。

表 8 – 3　　　　　　　　　　　C 银行资产负债表　　　　　　　　　　　单位：元

资　产		负　债	
法定准备金	12800	存款	64000
贷款	51200		

如此类推，银行与客户之间不断地贷款、存款，就会产生表 8 – 4 所示的结果。

表 8 – 4　　　　　　　　　　商业银行派生存款的创造过程　　　　　　　　　　单位：元

银行名称	活期账户存款额	银行发放贷款额	银行准备金额
A 银行	100000.00	80000.00	20000.00
B 银行	80000.00	64000.00	16000.00
C 银行	64000.00	51200.00	12800.00
D 银行	51200.00	40960.00	10240.00
E 银行	40960.00	32768.00	8192.00
……	……	……	……
整个银行系统合计	500000.00	400000.00	100000.00

显然，各银行的活期存款增加额构成一个无穷递减等比数列。整个银行系统的存款总和为：

$$存款总额 = 100000 \times [1 + 80\% + 80\%^2 + 80\%^3 + \cdots + 80\%^n]$$
$$= \frac{100000}{1 - 80\%}$$
$$= 500000(元)$$

若以 R 代表银行的初始准备金增加额，即原始存款，D 代表经过派生的存款总额，r_d 代表法定存款准备金率，这一过程可以用公式表示为：

$$D = R/r_d \tag{8 – 10}$$

如把上例代入公式，得：

$$存款总额 D = 100000/20\% = 500000（元）$$
$$派生存款 = D - R = 500000 - 100000 = 400000（元）$$

我们通常把存款总额相对于原始存款的扩张倍数称为商业银行存款派生倍数，又称存款乘数。若以 k 表示存款乘数，依据上例得：

$$k = D/R = 1/r_d \tag{8-11}$$

法定存款准备率越高，商业银行创造存款货币的能力越弱；法定存款准备率越低，商业银行创造存款货币的能力越强。

4. 商业银行创造派生存款的限制因素。商业银行具有创造派生存款的能力，但派生存款的扩张又不是无限度的，派生存款的总量取决于原始存款和派生倍数（存款乘数）。在上面商业银行存款创造的分析当中，我们假定：①银行客户不支取现金；②商业银行只提取法定存款准备金，没有超额准备金；③商业银行只有活期存款，不考虑其他存款。实际上，这些假定并不符合商业银行经营的实际，因此，当我们把这些假定放松时，商业银行存款派生倍数的大小会受以下诸多因素的制约。

（1）法定存款准备率（r_d）。各家商业银行均需按一定比率将其存款的一部分转存于中央银行，目的就在于限制商业银行创造存款的能力。一般在其他条件不变的情况下，存款准备率越高，派生存款的扩张倍数就越小，二者之间呈现一种减函数关系。法定存款准备率是派生存款的主要制约因素。

（2）现金漏损率（c）。客户总会从银行提取或多或少的现金，从而使一部分现金流出银行系统，出现所谓的"现金漏损"。现金漏损与存款总额之比称为现金漏损率，或提现率。由于现金外流，银行存款用于放贷部分的资金减少，由此也就削弱了商业银行活期存款的派生能力。现金漏损率对派生存款扩张倍数的限制与存款准备率一样，即现金漏损率越高，派生存款就越少。二者的区别是，存款准备率是中央银行根据客观需要制定和调整的，带有一定的主观因素，而现金漏损是在经济生活中自然发生的。

（3）超额准备率（e）。银行在实际经营中所提留的准备金，不可能恰好等于法定准备金，为了应付客户提现和临时放贷的需要，事实上银行实际持有的存款准备金总是高于法定准备金，这一超出部分的款额称为超额准备金。显然，超额准备金和法定准备金一样，也相应减少了银行创造派生存款的能力。超额准备金与存款总额的比率，称为超额准备率。

（4）定期存款准备金率（r_t）定期存款占活期存款的比例（t）。企业等经济主体既会持有活期存款，也会持有定期存款。银行对定期存款也要按一定的比率提留准备金。对于定期存款的法定准备率（r_t），往往不同于活期存款的法定准备率（r_d），而且定期存款（T）同活期存款总额（D）之间也会保持一定的比例关系，令 $t = T/D$。则定期存款中按 r_t 所提取的准备金是不能用于创造派生存款的。我们可以将这部分对活期存款货币乘数 k 的影响，视同为法定准备率的进一步提高，它的大小对派生存款的扩张倍数同样起到制约作用。

考虑以上四点对活期存款派生倍数的影响，即派生倍数的公式应加以修正，即：

$$k = 1/(r_d + c + e + r_t \cdot t) \tag{8-12}$$

以上我们只是分析了商业银行创造派生存款过程中的基本影响因素，现实中派生存款的扩张究竟能达到多少倍，还得依国民经济情况，依所处的经济发展阶段而定。例如，客户对贷款的需求要受经济发展的制约，并非任何时候银行都有机会将可能贷出的款项全部贷出，因为银行能否发放贷款，能贷出多少，不仅取决于银行行为，还要看企业是否有贷款需求。在经济停滞和预期利润率下降的情况下，即使银行愿意多贷，企业也可能不要求贷款，从而理论上的派生规模并不一定能够实现。

（二）中央银行提供基础货币

1. 基础货币。

（1）基础货币的含义。基础货币又称强力货币或高能货币，是指处于流通界为社会公众所持有的现金及银行体系准备金（包括法定存款准备金和超额准备金）的总和。基础货币用 B 表示：

$$B = C + R \tag{8-13}$$

其中：C 代表公众持有的现金；R 是银行体系的准备金。

基础货币作为整个银行体系存款扩张、货币创造的基础，其数额大小对货币供给总量具有决定性的影响。从商业银行创造派生存款货币的过程可以看到，其创造存款货币的能力受制于法定存款准备金率、超额存款准备率、现金漏损率等因素，但更为重要的是还需视其所能获得的原始存款的数量。而原始存款正是来源于中央银行创造和提供的基础货币：中央银行把现金投入流通，公众用现金向银行存款，可以增加商业银行的新的原始存款；中央银行扩大信贷，最终的结果就是增加商业银行的准备金，这也就增加了它们的原始存款。如果流通中非银行部门及居民的现金持有量不变，只要中央银行不增加基础货币的供给量，商业银行的准备金便难以再有增加，从而也无从反复去扩大贷款和创造存款货币。如果中央银行缩减或收回对商业银行等机构的信用支持，从而减少基础货币的供给，则必然引起商业银行准备金持有量的减少，并必将导致银行体系对贷款乃至存款的多倍收缩。所以，基础货币量的增减变化直接决定着商业银行准备金的增减，从而决定着商业银行创造存款货币的能量。

（2）基础货币的投放渠道。中央银行投放基础货币主要有三条渠道：一是对商业银行等金融机构、政府的再贷款和再贴现；二是通过收购黄金、外汇等储备资产投放货币；三是通过公开市场业务等投放货币。即基础货币来自于中央银行资产，中央银行负债则构成基础货币的漏损（见表8-5）。

表8-5　　　　　　　　　　　　　　基础货币来源及去向构成

基础货币的来源	基础货币的去向（漏损）
金融机构贷款及再贴现	财政存款
专项贷款	金融机构存款
黄金、外汇占款	卖出回购证券
有价证券及投资	货币发行
买入返售证券	中央银行债券

（3）影响基础货币量的因素。基础货币的增减变化，通常取决于以下四个因素：

①中央银行对商业银行等金融机构债权的变动，这是影响基础货币的最主要因素。一般来说，中央银行的这一债权增加，意味着中央银行对商业银行再贴现或再贷款资产增加，同时也说明通过商业银行注入流通的基础货币增加，这必然引起商业银行超额准备金增加，使货币供给量得以多倍扩张。相反，如果中央银行对金融机构的债权减少，就会使货币供给量大幅收缩。通常认为，在市场经济条件下，中央银行对这部分债权有较强的控制力。

②国外净资产数额。国外净资产由外汇、黄金占款和中央银行在国际金融机构的净资产构成。其中，外汇、黄金是中央银行用基础货币来收购的。一般情况下，若中央银行不把稳定汇率作为政策目标的话，则对通过该项资产业务投放的基础货币有较大的主动权；否则，中央银行就会因为要维持汇率的稳定而被动进入外汇市场进行干预，以平抑汇率，这样外汇市场的供求状况对中央银行的外汇占款有很大影响，造成通过该渠道投放的基础货币具有相当的被动性。

③政府债权净额。中央银行对政府债权净额增加通常由两条渠道形成：一是直接认购政府债券；二是贷款给财政以弥补财政赤字。无论哪条渠道都意味着中央银行通过财政部门把基础货币注入了流通领域。

④其他项目（净额）。如中央银行在资金清算过程中应收应付款的增减变化。这也会对基础货币量产生影响。

2. 货币乘数。

（1）货币乘数的含义。假定中央银行向 A 商业银行发放贷款 10 亿元。这在货币当局资产负债表中体现为：

资产	负债
金融机构再贷款　10 亿元	存款准备金　10 亿元

A 商业银行的资产负债表体现为：

资产	负债
存款准备金　10 亿元	借款　10 亿元

我们通常这样认为：中央银行放松了银根 10 亿元，或者说中央银行向社会（实际上是商业银行）注入（基础）货币 10 亿元。中央银行向社会注入的每一个单位的（基础）货币，经由商业银行的存贷款业务，最终会形成多于一个单位的货币供给增量。与一个单位基础货币投放相对应的这个货币供给增量，就叫作货币乘数。

因此，我们这样定义货币乘数：基础货币从中央银行投放出来后，进入商业银行的部分就会被成倍放大，形成数倍于基础货币的货币供给量，这个倍数就是货币乘数。因此得到如下公式：

$$M_S = B \times m \tag{8-14}$$

将式（8-14）稍加变形可得：

$$m = \frac{M_S}{B} \tag{8-15}$$

m 即货币乘数，其大小决定了货币供给扩张能力的大小。

（2）货币乘数的决定因素。基础货币虽然是由流通中现金 C 和存款准备金 R 这两者构成，但其在货币乘数中的作用并不一样。流通中现金 C 虽然是创造存款货币不可或缺的根据，但它本身的量，中央银行发行多少就是多少，不可能有倍数的增加。引起倍数增加的只是存款准备 R。因此，基础货币与货币供给量 M_S 的关系可用图 8-1 表示。

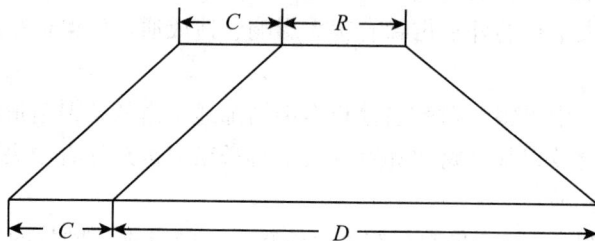

图 8-1　基础货币与货币供给量的关系

图 8-1 中，$C+R$ 是基础货币，$C+D$ 是货币供给。代入公式 8-15 可得：

$$m = \frac{C+D}{C+R} \tag{8-16}$$

其中的 R 指商业银行的存款准备金，既包括商业银行的法定准备金又包括超额准备金（E）；既包括商业银行的库存现金，又包括商业银行在中央银行的准备金存款。即：

$$R = r_d D + r_t T + E \tag{8-17}$$

将式（8-17）代入式（8-16），并将分子、分母同除以 D，可得：

$$m = \frac{C+D}{C+R} = \frac{C+D}{C+r_d D + r_t T + E} = \frac{1+c}{c+r_d+r_t t+e} \tag{8-18}$$

式（8-18）为狭义货币乘数，从中可以看出，影响货币乘数的因素主要是活期存款准备金率、定期存款准备金率、超额准备金率、现金漏损率、定期存款占活期存款的比例等，其中，中央银行只能控制前两个，而其他因素不由中央银行决定。由此我们可得出结论，中央银行并不能完全控制货币乘数 m，因而货币供给量并不是完全由中央银行决定的外生变量，它是一个内生变量，由中央银行、商业银行、政府部门及社会公众的行为共同决定。

货币供给的全过程就是：中央银行发行基础货币，通过商业银行存款创造机制形成全社会货币供给量，它等于基础货币乘以货币乘数，即 $M_S = B \times m$，如图 8-2 所示。

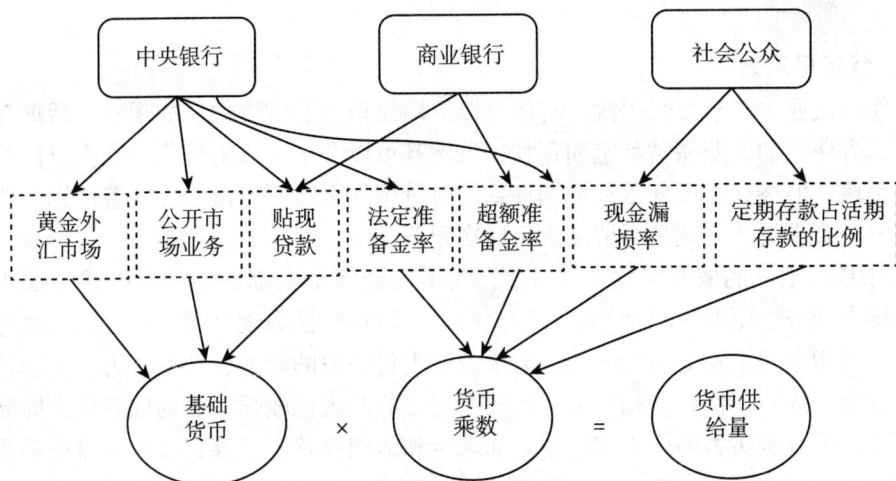

图 8-2 货币供给全过程

📖 **小资料**

货币乘数和派生存款乘数的区别

货币乘数和派生存款乘数都是用以阐明现代信用货币具有扩张性的特点，但它们之间是有差别的：

第一，两者分析的角度和要说明的问题不同：货币乘数是从中央银行的角度进行的分析，关注基础货币与全社会货币供应量之间的倍数关系；而派生存款乘数是从商业银行的角度进行的分析，主要揭示了银行体系是如何创造出存款货币的。

第二，派生存款乘数主要是通过商业银行体系的派生存款活动所形成的，对货币供应量起重要的影响作用，而货币乘数则是通过基础货币来影响货币供应量的。

第三，在基础货币的基础上，商业银行在一定条件下，通过派生存款活动，就可以多倍地扩张（或收缩）存款总额，从而也就能够多倍地扩张（或收缩）货币供应量。

三、货币供给的口径与货币层次划分

（一）货币供给的口径

按照"货币是从商品中分离出来固定充当一般等价物的特殊商品"这一传统定义，在金属货币流通的条件下，货币必然是实实在在的货币，既无信用货币，也无信用创造，这时的货币仅指"通货"，即现金。但随着信用货币的广泛流通，公众在商业银行的活期存款也具有了支付功能，成为一种货币。这样，货币的范围扩大为通货和公众在商业银行的活期存款。在现代经济中，各种金融工具纷纷涌现，它们也都有一定的"货币性"，所以货币的范围更加广泛。由此，产生了货币的现代定义：凡是在商品和劳务交易与债务清偿中，可作为交易媒介和支付工具被普遍接受的手段就是货币。随着人们对货币范围认识的扩大，货币供给也包含着多重口径，货币供给量也相应有宽窄之分。

（二）货币层次划分

货币作为流通手段和支付手段，有的可以立即使用，非常方便，如现钞、活期存款；有的却不那么方便，如定期储蓄和定期存款，虽然其可以并不困难地转化为现实可用的流通手段和支付手段，但终究不像现钞和活期存款随时可用那么方便。由于存在着区别，所以对货币也要划分为若干类，这就是所谓的货币层次划分。

1. 货币层次划分的依据与意义。目前，大多数经济学家都认为，应根据流动性程度对货币进行层次划分。所谓流动性是指一种金融工具迅速转换为现金而其持有人不致遭受损失的能力，或者指金融工具变为现实的流通手段和支付手段的能力，即变现力。流动性程度较高，即在流通中周转较便利，相应地，形成购买力的能力也较强；流动性较低，即周转不方便，相应地，形成购买力的能力也较弱。如现金和活期存款，能够直接作为流通手段和支付手段使用，具有完全的流动性，其货币性最强，对社会购买力和物价水平的冲击最大。再比如定期存款和储蓄存款，它们的流动性较低，需要转化为现金或活期存款才能形成现实的购买力，提前支取要遭受一定程度的损失，它影响的主要不是现时的购买力和物价，而是相对长期的经济发展情况。

货币层次的划分，直接关系到中央银行宏观调控能力的发挥。便于进行对宏观经济运行的监测和货币政策的操作，是对中央银行划分货币层次的重要要求。比方说，货币当局在讨论控制货币供给指标时，既要明确到底控制哪一层次的货币以及这个层次的货币与其他层次的界限何在，同时还要回答，实际可能控制到何等程度。否则，就谈不上货币政策的制定，制定了也难以贯彻。

2. 货币层次的划分。关于货币层次的划分，国际通用的是口径依次增大的 M_1，M_2，M_3，……系列。国际货币基金组织把各国大多采用的 M_1 直接称为货币（money），它主要包含通货（currency，不兑现的银行券和辅币）和可签发支票的活期存款；把 M_1 之外可构成 M_2 的称为准货币（quasi money），如定期存款等。在各国的货币口径中，只有"通货"和 M_1 这两项大体一致。除此之外，由于各国的经济情况、银行业务名称不同，同一名称的业务内容也都不一样，因而其采用的口径系列及同一口径符号包含的内容也各不相同。

我国将货币供给量划分为以下几个层次：

M_0 = 流通中的现金；

M_1 = M_0 + 企业活期存款 + 机关团体存款 + 农村存款 + 个人持有的信用卡类存款；

M_2 = M_1 + 企业存款中具有定期性质的存款 + 城乡居民储蓄存款 + 其他存款；

M_3 = M_2 + 金融债券 + 商业票据 + 大额可转让定期存单等。

M_0 指的是流通中的现金，即在银行体系之外流通着的现金。M_0 最为活跃，与消费变动密切相关。这是我国特有的货币供给口径。

M_1 即狭义货币，实际上就是指流通中的货币量加上商业银行的活期存款。这类货币具有很强的流动性，随时可以用来进行支付。

M_2 即广义货币，是指在 M_1 的基础上再加上商业银行的定期存款和储蓄存款。企业存款中具有定期性质的存款指单位定期存款和自筹基建存款；其他存款包括证券公司客户保证金、信托存款、应解汇款及临时存款、财政预算外存款、租赁保证金、非存款类金融机构在存款类金融机构的存款及住房公积金存款等。一般来说，由于定期存款和储蓄存款都不能随时支付，所以它的流动性稍差一些。

M_3 系出于金融创新不断出现的现状考虑而设，目前暂不编制这一层次货币供应量，官方也不公布此数据。

通常，央行会根据 M_1、M_2 两个货币供给量的指标，来判断社会中流通的货币量是不是合适，进而调整货币政策，如调整利率、法定存款准备金率等，以求达到经济增长、物价稳定。在日常生活中，M_1 数值高则证明老百姓手头宽裕、富足，因此 M_1 是经济周期波动的现行指标，反映居民和企业资金松紧变化，流动性仅次于 M_0。M_2 反映的是社会总需求的变化和未来通货膨胀的压力状况，流动性偏弱。

宏观经济的运行状况一般可以通过 M_1 和 M_2 的增长率变化来揭示。将 M_2 和 M_1 的增长率进行对比，有很强的分析意义。在很长一段时间内，如果 M_1 的增长率高于 M_2 的增长率，则说明经济扩张较快，活期存款之外的其他类型资产收益较高。在这种情况下，会有更多的人把定期存款和储蓄存款提出进行投资或购买股票，大量的资金表现为可随时支付的形式，使得商品和劳务市场受到价格上涨的压力。影响 M_1 数值的原因很多，如股票市场火暴就会影响到 M_1 的数值变化，很多人会将定期存款和部分资产变现投放到股市，促使 M_1 加速上扬。反之，如果在很长的一段时间内，M_2 的增长率较 M_1 的增长率高，则说明实体经济中有利可图的投资机会在减少，可以随时购买商品和劳务的活期存款大量转变为较高利息的定期存款，货币构成中流动性较强的部分转变为流动性较弱的部分，这无疑将影响到投资，继而影响经济的增长。

小资料

2017 年 1 月核心金融数据

2 月 14 日下午，中央银行公布了 2017 年第一个月的核心金融数据。1 月末，广义货币（M_2）余额 157.59 万亿元，同比增长 11.3%，增速与上月末持平，比去年同期低 2.7 个百分点；狭义货币（M_1）余额 47.25 万亿元，同比增长 14.5%，增速分别比上月末和去年同期低 6.9 个和 4.1 个百分点；流通中货币（M_0）余额 8.66 万亿元，同比增长 19.4%。当月净投放现金 1.83 万亿元。结合我国实际，谈谈为何当月会有较大的现金净投放量？

第三节　货币均衡

【节前引例】

《央行货币政策执行报告》（2016 年第四季度，节选）

稳健货币政策取得了较好效果。银行体系流动性合理充裕，货币信贷和社会融资规模平稳较快增长，利率水平低位运行，人民币对一篮子货币汇率保持基本稳定，对美元双边汇率弹性进一步增强。2016 末，广义货币供应量 M_2 余额同比增长 11.3%；人民币贷款余额同比增长 13.5%，比年初增加 12.65 万亿元，同比多增 9257 亿元；社会融资规模存量同比增长 12.8%。12 月份非金融企业及其他部门贷款加权平均利率为 5.27%。2016 年末，CFETS 人民币汇率指数为 94.83，人民币对美元汇率中间价为 6.9370 元。

在一系列政策措施的共同推动下，中国经济运行总体平稳，供给侧结构性改革取得积极进展。消费贡献率继续提高，投资缓中趋稳，贸易顺差收窄。工业生产平稳增长，企业效益好转，就业形势总体稳定。2016 年，国内生产总值（GDP）比上年增长 6.7%，居民消费价格（CPI）比上年上涨 2.0%。

根据上述材料，你认为在 2016 年，我国货币供求状况如何？为什么？

一、货币均衡与非均衡

货币供给与货币需求之间存在三种对比状态。若用 M_s 表示货币供给，M_d 表示货币需求，则有 $M_s = M_d$；$M_s > M_d$；$M_s < M_d$。前者称为货币均衡，后两者称为货币非均衡或货币失衡。

（一）货币均衡

货币均衡是指一国在一定时期内货币供给与货币需求基本相适应的货币流通状态。对货币均衡概念的理解应注意以下三点：

（1）货币均衡不能机械地理解为 M_d 与 M_s 绝对相等。这里的"＝"并非数学概念，是指货币供求基本相适应，而非绝对相等。其实，货币供给量对于货币需求量具有一定的弹性或适应性，即所谓的货币容纳量弹性。这是因为货币资产、金融资产、实物资产之间存在相互替代效应以及货币流通速度具备自动调节功能，从而使货币供给量可以在一定幅度内偏离货币需求量，而不至于引起货币贬值，物价上涨。例如，当 $M_s > M_d$ 时，首先会引起社会成员的持币量增加，消费倾向上升。但由于商品供给量有限，不可能使大家的消费愿望都得到满足，于是，必然造成部分人持币待购或购买其他金融资产——股票、债券、存款等。前者会引起货币流通速度减慢，后者会使购买力分流，从而使货币供给量同实际货币需求量基本相适应。

（2）货币均衡是一个动态的概念，是一个由均衡到失衡，再由失衡恢复到均衡的不断运动的过程。它不要求某一时点上货币供求完全相适应，它承认短期内货币供求间的不一致，但长期内货币供求之间是相互适应的。

（3）货币均衡不仅指货币供求总量的均衡，而且包括货币供求结构的均衡。所谓货币供求结构均衡是指各经济部门的商品或劳务基本上能顺利地转化为货币；而且各经济部门、企业和家庭持有的货币，也能顺利地、按基本设定的价格转化为商品或劳务。

（二）货币非均衡

货币非均衡，亦称货币失衡，是指在货币流通过程中，货币供给偏离货币需求，从而使两者之间处于不相适应的货币流通状态。货币失衡大致可划分为三种情况：

一是 $M_s > M_d$，货币供给量过大。整个经济必然会处于过度膨胀的状态，生产发展很快，各种投资急剧增加，市场商品物资供应不足，太多的货币追逐太少的商品，物价上涨。这就是所谓的通货膨胀现象。

二是 $M_s < M_d$，货币供给不足。客观的货币需求得不到满足，整个经济必然会处于萎缩或萧条状态，资源大量闲置，企业开工不足，社会经济的发展因需求不足而受阻。这就是所谓的通货紧缩现象。

三是货币供给与货币需求构成不相适应。一些经济部门由于需求不足，商品积压，不能顺利实现其价值和使用价值，生产停滞；而另一些经济部门则需求过度，商品供不应求，价格上涨，生产发展速度很慢。这表明整个经济结构失调，发展畸形。

二、货币均衡与社会总供求均衡

社会总供求均衡是指社会总供给与总需求的相互适应，它是宏观经济的最终平衡。而要实现这一平衡，就必须实现商品市场和货币市场的统一均衡。其中货币市场的均衡又处于主导地位，现代经济运行总体均衡的重要特征是货币形态的均衡，只有实现了货币均衡，才能实现商品劳务的供求平衡。货币均衡与社会在供求均衡的关系可用图8-3表示。

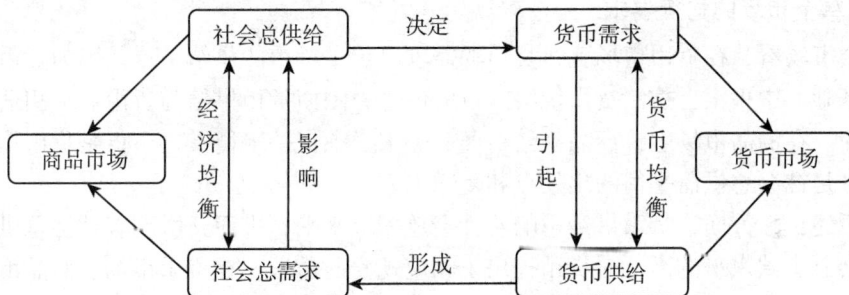

图 8 - 3　货币均衡与社会供求均衡的关系

(一) 货币供给量与社会总需求

社会总需求（AD）的构成通常包括：消费需求（C）、投资需求（I）、政府支出（G）和出口需求（X），用公式表示为：

$$AD = C + I + G + X \tag{8-19}$$

以上各种需求在现代经济中均表现为有货币支付能力的需求，任何需求的实现都需支付货币。社会总需求由流通性货币及其流通速度构成，而不论是流通性的货币还是潜在的货币，都是由银行体系的资产业务活动创造出来的，由此我们知道，银行体系的资产业务活动创造出货币供给，货币供给量形成有支付能力的购买总额，从而影响社会总需求；调节货币供给量的规模就能影响社会总需求的扩张水平。因而，货币供给量是否合理决定着社会总需求是否合理，从而决定着社会总供求能否达到均衡。

（二）社会总供给决定货币需求

社会总供求均衡包含商品劳务总供给与商品劳务总需求的平衡，又因为任何商品（包括劳务）都需要用货币来度量其价值并通过与货币交换实现其价值，商品市场上的商品供给由此决定了一定时期货币市场上的货币需求。可见，商品供给的规模便必然决定了与此相对应的货币需求。

（三）货币供给对社会总供给的影响

货币供给量在对社会总需求产生影响的同时，又通过两个途径影响社会总供给：其一是货币供给量的变化发生在社会有闲置生产要素的前提下，这时货币供给量的增加导致社会总需求的相应增加，在此基础上生产要素进行有机组合，从而导致社会总供给增加和对货币需求的增加，使商品市场和货币市场都恢复均衡；其二是货币供给量增加和随之而来的社会总需求增加，并未引起社会总供给的实质性增加，而是引起价格上涨和总供给价格总额增加，对货币实际要求并未增加，从而使货币市场和商品市场只是由于价格上涨而处于一种强制的均衡状态。

（四）单个市场的均衡要求

从单个市场看，在货币市场上，货币的需求决定了货币的供给。这是因为货币需求是货币供给的基础，中央银行控制货币供给的目的便是力图使货币供给与货币需求相适应，以维持货币均衡。在商品市场上，商品供给与商品需求必须保持平衡，这不仅是货币均衡的物质保证，而且是社会总供需平衡的出发点和复归点。

综上所述，一方面，货币供给影响着社会总需求水平，进而又影响着社会总供给；另一方面，社会总供给水平的高低对货币提出了相应规模的需求，在货币市场、商品市场各自要求供需平衡的机制下，宏观经济才能在其相互作用下达到最终的平衡。

三、货币均衡的判断标准

在现实生活中，往往依据价格和利率来判断货币供求是否均衡。在货币市场上，资金就是一种商品，这种商品的价格就是市场利率，受到供求关系的影响。因此，当市场利率水平低于均衡利率时，表明货币供给多于货币需求；当市场利率水平高于均衡利率时，表明货币供给少于货币需求。

在商品市场上，一般物价水平能较好地反映货币供求关系的变动情况。在信用货币流通条件下，流通中货币数量与商品流通中货币的需要量不适应时，会引起币值的变化，而币值的变化又会通过物价水平变动反映出来。货币供应量如果超过商品流通的需要，单位信用货币代表的价值量就会下降，表现为商品价格水平上涨；反之，货币供应量如果低于商品流通的需要，单位信用货币代表的价值量提高，商品价格水平下跌。因此，物价水平数变动较大，则说明货币供求不均衡；如果一般物价水平变动较小或基本稳定，则说明货币供求均衡。运用一般物价水平衡量货币供求是否均衡，既简便、直观，又具有科学性。

　　但是，利率与物价只是判断均衡存在与否的一个极其重要的方面，而不具有决定意义。就利率来说，均衡利率究竟应是多少，并不能通过逻辑的推导得以解答。尽管可以根据利率的历史水平，根据利率本身的动态——是在不断地波动还是相对稳定，根据当时经济环境的状况——各方面的关系是相对协调还是相对紧张等，凭经验进行判断。但如此作出的判断显然不具有客观权威性。同时，不论持何说法，几乎都承认，历史的、现实的诸多因素对于利率的形成均有作用。就价格来说，价格反映货币供需对比的时滞有时很长，往往要经过几个月，而且在这一过程中，其他因素的变化往往会把它们之间的相互作用冲淡甚至抵消。另外，实际生活中也还有不少其他因素影响价格水平。所以，除了价格水平的波动极其剧烈从而可以据此作出货币均衡遭到破坏的结论外，幅度不大的波动，至多可以说明货币供需的对比发生了变化，但要作出较为准确的判断则不大可能。总之，货币是多还是少会有不同的显示，需综合考察。仅凭借单一的信号判断均衡是否存在，很容易陷入片面性。

四、货币非均衡的调节

　　中央银行总是针对具体的货币供求状况来进行调节。若货币供求均衡，社会总供求也处于均衡状态，社会物价稳定，生产发展，资源得到有效的利用。这是一种较为理想的状态。此时中央银行应采取一种中立的货币政策。供应多少货币，完全由经济过程中的各种力量决定，中央银行不必从外部施予调节。若货币供求失衡，不管是通货膨胀，还是通货紧缩，抑或是货币供求结构不相适应，中央银行都需要对货币供给总量和构成进行调节，使之符合于客观的货币需求。中央银行对货币供求失衡的调节方式主要有四种：

　　1. 供给型调节。即指中央银行在对失衡的货币供需进行调整时，以货币需求量作为参照系，通过对货币供给量的相应调整，使之适应货币需求量，并在此基础上实现货币供需由失衡状态到均衡状态的调整。中央银行在货币供给量大于货币需求量的货币失衡状态时，从紧缩货币供给量入手，使之适应货币需求量；当货币供给量小于相应的货币需求量时，中央银行从扩张货币供给量入手使之迎合货币需求量。

　　2. 需求型调节。即中央银行在既定的货币供应量下，针对货币供求总量和结构失衡的情况，运用利率、信贷等措施，调节社会的货币需求的总量和构成，使之与既定的货币供应量相适应，以保持货币供求的均衡。

　　3. 混合型调节。即指中央银行对货币供求总量和结构失衡的状况，不是单纯地调节货币的供应量，或单纯地调节货币需求量，而是双管齐下，既做供给型调节，也搞需求型调节，以尽快达到货币供求均衡而又不会给经济带来太大波动的效果。

　　4. 逆向型调节。即指中央银行面对货币供给量大于货币需求量的失衡状况，不是采取收缩货币供应量的政策，而是用以毒攻毒的办法，适当增加货币供应量，调整货币供给结构，以增加货币需求，从而促使货币供求恢复均衡。其具体内涵是：若货币供给量大于货币需求量，同时现实经济运行中又存在着尚未充分利用的生产要素，而且也存在着某些供不应求的短缺产品时，社会经济运行对此需求量很大，而可供能力又相对有限，那么可以通过对这类产业追加投资和发放贷款，以促进供给的增加，并以此来消化过多的货币供给，达到货币供需由失衡到均衡的调整。

　　中央银行在对货币非均衡调节的过程中，还需要财政政策及其他经济政策的积极配合。

本 章 小 结

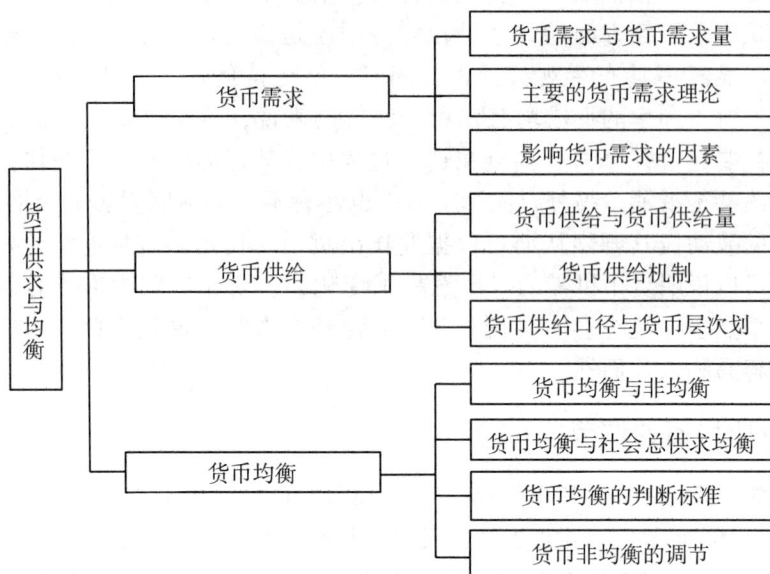

复习思考题

一、单项选择题

1. ( ) 认为货币供给将完全由货币当局的行为所决定。
    A. 货币供给内生论者　　　　　　　　B. 货币供给外生论者
    C. 货币供给中性论者　　　　　　　　D. 都不是

2. 在正常情况下，市场利率与货币需求成 ( )。
    A. 正相关　　　　　　　　　　　　　B. 负相关
    C. 正负相关都可能　　　　　　　　　D. 不相关

3. 现金漏损率的变动主要取决于 ( ) 的行为。
    A. 中央银行　　　　　　　　　　　　B. 非银行金融机构
    C. 商业银行　　　　　　　　　　　　D. 社会公众

4. 下列银行中，( ) 对货币扩张影响最小。
    A. 中国人民银行　　　　　　　　　　B. 浦东发展银行
    C. 中国工商银行　　　　　　　　　　D. 中国进出口银行

5. 存款准备率越高，则货币乘数 ( )。
    A. 越大　　　　　B. 越小　　　　　C. 不变　　　　　D. 不一定

6. 商业银行的超额准备金率低，则货币供应量 ( )。
    A. 越多　　　　　B. 越少　　　　　C. 不变　　　　　D. 不确定

7. 提出现金交易说的经济学家是 ( )。
    A. 凯恩斯　　　　B. 马歇尔　　　　C. 费雪　　　　　D. 庇古

8. $M = KPY$ 是属于 ( ) 的理论。

A. 现金交易说　　　　　　　　　　　B. 现金余额说

C. 可贷资金说　　　　　　　　　　　D. 流动性偏好说

9. 根据凯恩斯流动性偏好理论，当预期利率上升时，人们就会（　　）。

A. 抛售债券而持有货币　　　　　　　B. 抛出货币而持有债券

C. 只持有货币　　　　　　　　　　　D. 只持有债券

10. 按照凯恩斯的货币理论，当市场利率相对稳定时，人们的货币需求决定因素是（　　）。

A. 预防动机　　　　　　　　　　　　B. 交易动机与投机动机之和

C. 交易动机　　　　　　　　　　　　D. 交易动机与预防动机之和

二、多项选择题

1. 货币需求是指一定时间内，一定条件下，整个社会需要用于执行（　　）的货币数量。

A. 价值尺度　　　　B. 流通手段　　　　C. 支付手段　　　　D. 价值贮藏

2. 凯恩斯认为，人们持有货币的动机有（　　）。

A. 交易性动机　　　B. 储藏性动机　　　C. 预防性动机　　　D. 投机性动机

3. 弗里德曼把影响货币需求量的诸因素划分为（　　）。

A. 各种金融资产　　　　　　　　　　B. 恒久收入和财富结构

C. 各种资产预期收益率和机会成本　　D. 财富持有者的偏好

4. 弗里德曼货币需求函数中的机会成本变量有（　　）。

A. 恒久收入　　　　　　　　　　　　B. 实物资产的预期名义收益率

C. 债券的预期名义收益率　　　　　　D. 股票的预期名义收益率

5. 下列属于我国货币供给量 M_1 的有（　　）。

A. 流通中的现金　　B. 活期存款　　　　C. 定期存款　　　　D. 金融债券

6. 属于基础货币投放渠道的有（　　）。

A. 央行购买办公用楼　　　　　　　　B. 央行购买外汇、黄金

C. 央行购买政府债券　　　　　　　　D. 央行向商业银行提供再贴现

7. 中央银行的下列操作会增加基础货币供应的有（　　）。

A. 通过公开市场购买国债　　　　　　B. 增加对商业银行的再贴现

C. 收回对商业银行的贷款　　　　　　D. 购买外汇

8. 导致货币供应量增长的因素有（　　）。

A. 原始存款数量增加　　　　　　　　B. 原始存款数量减少

C. 法定准备率提高　　　　　　　　　D. 再贴现率提高

9. 商业银行存款货币创造的基本条件有（　　）。

A. 发达的金融市场　　　　　　　　　B. 信用制度的发展

C. 部分准备金制度　　　　　　　　　D. 非现金结算制度

10. 与货币需求呈正相关的有（　　）。

A. 收入水平　　　　B. 价格水平　　　　C. 市场利率　　　　D. 货币流通速度

三、问答题

1. 影响货币需求的因素有哪些？

2. 什么是基础货币？基础货币的投放渠道有哪些？其增减变化主要受哪些因素影响？

3. 货币层次划分的依据是什么？我国当前的货币层次划分如何？

4. 简述货币非均衡的调节措施。

5. 简述货币均衡与社会总供求均衡的关系。

四、案例分析与计算

假设某一商业银行的资产负债表见表8-6。

表8-6　　　　　　　　　　　某商业银行的资产负债表　　　　　　　　　　　单位：元

资产		负债	
准备金 贷款	20000 80000	存款	100000

（假定存款客户不提现，不转存定期存款）

（1）此时存款货币扩张倍数是多少？存款货币总量又是多少？

（2）如果中央银行将法定存款准备金率确定为10%，该银行拥有的超额准备金是多少？

（3）在法定存款准备金率为10%情况下，如果该银行把10%的存款作为超额准备金，存款货币和存款乘数会有变化吗？

（4）在法定存款准备金率为10%情况下，该银行不保留超额准备金，存款货币和存款乘数会怎样变化？

（5）在法定存款准备金率为10%情况下，该银行不保留超额准备金，中央银行向该银行出售40000元政府债券并长期持有，请问存款货币和存款乘数会怎样变化？

实训项目
微观货币需求调查分析

选择某一个或某一类经济主体，调查其货币需求状况，并分析其影响因素。

1. 选定身边的某一类特定人群，或选择一组家庭，或选择某一个企业为调查分析对象。

2. 通过调查、访问等方式搜集资料。

3. 总结其货币需求变化规律或现状。

4. 分析影响其货币需求变化的因素。

5. 撰写调查报告。

第
九
章

通货膨胀与通货紧缩

学习目标

知识目标

- 了解通货膨胀和通货紧缩的意义。
- 理解通货膨胀和通货紧缩的成因。
- 掌握通货膨胀和通货紧缩的治理方法。

能力目标

- 能应用通货膨胀的衡量指标进行相关分析。
- 能解释通货膨胀的成因。
- 能处理通货紧缩中出现的相关问题。

【章前引例】

津巴布韦的通货膨胀

2015 年 6 月，津巴布韦央行宣布采取"换币"行动，从 6 月 15 日~9 月 30 日，175 千万亿津巴布韦元可换 5 美元，每个津巴布韦元账户最少可得 5 美元。此外，对于 2009 年以前发行的津巴布韦元，250 万亿津巴布韦元可兑换 1 美元。此举再次让这个在 2009 年以前饱受通货膨胀之苦的国家和臭名昭著的津巴布韦元回到了我们的视线中。其实，津巴布韦元自从 2009 年不再作为津巴布韦法定货币后已经"死亡"，津巴布韦央行这次不过让这个垃圾货币彻底退出了历史舞台，对津巴布韦经济和百姓生活不会造成太大影响。

津巴布韦是一个矿产资源丰富，土地肥沃的非洲南部国家，于 1980 年独立，当时津巴布韦元与美元汇率为 1∶1.47，经济实力仅次于南非，曾被誉为"非洲面包篮"，来自津巴布韦的粮食养活了非洲的饥民。然而自总统穆加贝在 2000 年推行激进土地改革，津巴布韦的农业、旅游业和采矿业一落千丈，经济逐渐濒于崩溃。

时间回到 2006 年 8 月，津巴布韦央行以 1∶1000 的兑换率用新元取代旧币。

2008 年 5 月，津巴布韦央行发行 1 亿元面值和 2.5 亿元面值的新津巴布韦元，时隔两周，5 亿元面值的新津巴布韦元出现（大约值 2.5 美元），再一周不到，25 亿元和 50 亿元新津巴布韦元纸币发行。

同年 7 月，津巴布韦央行发行 100 亿元面值的纸币。

同年 8 月，政府从货币上勾掉了 10 个零，100 亿津巴布韦元相当于 1 新津巴布韦元。

2009 年 1 月，津巴布韦央行发行 100 万亿元面值新津巴布韦元。

2001 年，100 津巴布韦元可以兑换 1 美元。十年不到，2009 年，10 的 31 次方的新津巴布韦元才能兑换到 1 美元。津巴布韦元彻底沦为了垃圾货币。当津巴布韦元变得一无是处，超市货架上空空如也，百姓陷于饥荒，工业生产陷于停滞，公共交通、公共电力中断，津巴布韦经济陷入崩溃境地。

2009 年 4 月，津巴布韦政府宣布，新津巴布韦元退出法定货币体系，以美元、南非兰特、博茨瓦纳普拉作为法定货币，以后的几年中，澳元、人民币、日元、印度卢比又加入津巴布韦法定货币体系。

（资料来源：作者根据新闻报道等整理）

在纸币取代黄金白银成为人类流通货币的100多年间，津巴布韦元并不是唯一发生恶性贬值货币。1922～1923年的德国纸马克、1945～1946年的匈牙利平格、1971～1981年的智利比索、1975～1992年的阿根廷比索、1988～1991年的秘鲁索尔都发生过这种恶性通货膨胀现象。那么如果与通货膨胀相反，货币量减少，物价降低是不是情况就好一点呢？事实完全不是如此，通货紧缩不像通货膨胀那样容易给人们留下印象，殊不知它给经济生活造成的危害也一点都不浅。接下来我们就详细说一说通货膨胀和通货紧缩。

第一节　通货膨胀及治理

【节前引例】

贫穷的百万富翁

"万元户"这个词语，对很多人来说，并不陌生。对于多数人来说，成为"百万富翁"也并非梦想。所谓的"万元户"，就是收入或者存款1万元以上的家庭。当年，有多少人羡慕这个"万元户"。如今，30多年时间过去了，"万元户"却成为贫穷的代名词。1981年的'万元财富'相当于当时人均储蓄的200倍，折算到现在差不多是255万元。当年，国家干部月工资二三十元，所以"万元户"对于很多人来说，都是遥不可及的梦想。如果月工资二三十元，不吃不喝30年也未必拥有1万元存款。

30多年前，没有几个人是"万元户"，但是现在资产超过100万元的家庭却不少，甚至超过千万都有很多。之所以这么多成为"百万元户"，甚至成为"千万元户"，这和改革开放，经济增长有关，但是更和通胀有关。通胀的推动下，让更多人跨入"百万富翁"的队伍之中。特别是很多城市房价10年上涨10倍，所以很多人一不小心就成为"百万富翁"。10年前，很多房子只值十几万元，或者20万元左右，但是在房价上涨的贡献下，他们很快就身价超过100万元。

李大妈在市场上买大米时，发现此时大米已经是3.30元/斤了，她记得这种大米在2005年为1.90元/斤，因此，可算出该大米的物价指数为1.74，8年间年平均上涨9.2%。就购买大米的能力而言，与2005年的1000元相比，2013年的1000元已缩水至576元，这是通货膨胀的另一个侧面，货币购买力的降低。

一直以来，有各种激励书籍，说如何让你成为"百万富翁"。其实，"百万富翁"离我们并不遥远，如果通货膨胀不能有效抑制，或许人人都是"百万富翁"。通胀偷走了你的财富，但是给予大家"百万富翁"的头衔。

请思考：什么是通货膨胀？为什么会产生通货膨胀？通货膨胀会带来哪些负效应？如何有效治理通货膨胀？

一、通货膨胀的含义与种类

（一）含义

通常将通货膨胀定义为：商品和服务的货币价格总水平持续上涨的现象。这个定义包含以下几个关键点：（1）强调把商品和服务的价格作为考察对象，目的在于与股票、债券以及其他金融资产的价格相区别。（2）强调"货币价格"，即每单位商品、服务用货币数量标出的价格。这是要说明，通货膨胀分析中关注的是商品、服务与货币的关系，而不是商品、服务与商品、服务相互之间的对比关系。（3）强调"总水平"，说明这里关注的是普遍的物价水平波动，而不仅仅是地区性的或某类商品及服务的价格波动。关于"持续上涨"，是强调通货膨胀并非偶然的价格跳动，而是一个"过程"，并且这个过程具有上涨的趋向。

另外关于通货膨胀，还有以下说法：

——通货膨胀指的是需求过度的一种表现，在这种状态下，过多的货币追逐过少的商品。

——通货膨胀是货币存量、货币收入增长过快的表现。

——通货膨胀是在如下条件下的物价水平上涨现象：无法准确预期；能引发进一步的上涨过程；没有增加产出和提高就业效应；其上涨速度超过安全水准；由货币供应的不断增加来支撑；具有不可逆性。

——通货膨胀是货币客观价值的下跌，其度量标准是：黄金价格；汇率；在官方规定金价或汇率条件下对黄金、外汇的过度需求，等等。

（二）通货膨胀的类型

1. 按物价上升率幅度分类。通货膨胀按物价上升率幅度的不同可分为：潜行的通货膨胀、温和的通货膨胀、飞奔的通货膨胀和恶性的通货膨胀四种。

潜行的通货膨胀，也称爬行的通货膨胀。一般物价水平年均上涨率在 1%～3% 以内，且人们不会产生对通货膨胀的预期（即预期物价水平将进一步上涨的心理）。

温和的通货膨胀，一般物价水平年均上涨率在 3%～6%，则可以被看作发生了温和的通货膨胀。

飞奔的通货膨胀，一般物价水平年均上涨率达到 11%～100%，称为飞奔的通货膨胀。

恶性的通货膨胀，又称超级通货膨胀。一般物价平均上涨率大于等于 100% 或月均超过 50%，称为恶性的通货膨胀。

2. 按形成原因或发生机制分类。通货膨胀按形成原因或发生机制的不同可分为需求拉动型通货膨胀、成本推动型通货膨胀和结构型通货膨胀。

需求拉动型通货膨胀是指由于"对产品和劳务的需求超过了在现行价格条件下可能的供给"而产生的物价水平上涨。

成本推动型通货膨胀是指由于产品和劳动成本上升而引起的物价水平的上涨，包括工资推动的通货膨胀、利润推动的通货膨胀、进口性通货膨胀和出口性通货膨胀。

结构型通货膨胀是指由于社会经济结构方面的原因而引起的物价水平的上涨。

3. 按表现形式分类。通货膨胀按表现形式的不同可分为公开性通货膨胀、隐蔽性通货膨胀和抑制性通货膨胀。

公开性通货膨胀是指完全通过物价水平上涨形式反映出的通货膨胀，通货膨胀率等于物价上涨率，在市场经济条件下，通货膨胀基本上是公开性通货膨胀的形式。

隐蔽性通货膨胀是指物价水平的上涨并没有完全在官方物价指数上反映出来的通货膨胀。

抑制性通货膨胀是指在经济生活中存在着通货膨胀的压力，但由于价格被政府管制，因而无法上涨的情形。

二、通货膨胀的衡量指标

通货膨胀的严重程度是通过通货膨胀率这一指标来衡量的，该指标的计算公式为：

$$当期的通货膨胀率 = \frac{当期价格水平 - 上一期价格水平}{上一期价格水平} \times 100\%$$

价格水平的高低是通过各种价格指数来衡量的。世界上较为流行的价格指数可以分为以下四类：

（1）消费者价格指数（Consumer Price Index）。该指数是根据家庭消费的代表性商品和劳务的价格变动状况而编制的，它主要反映了与人们生活直接相关的衣物、食品、住房、水、电、交通、医疗、教育等商品和劳务价格的变动。该指标的优点是资料比较容易收集，便于及时地公布，能够较为迅捷地反映公众生活费用的变化。由于它与社会公众的生活密切相关，所以备受关注。但是该指标涵盖的范围较窄，不能反映各种资本品及中间产品的价格变动情况。

（2）生产者价格指数（Producer Price Index）。该指数是根据企业而不是消费者所购买的商品价格的变化状况编制的，它反映了包括原材料、中间产品及最终产品在内的各种商品批发价格的变化。由于生产者价格指数反映了企业经营成本的变动，所以为企业所广泛关注；同时，由于企业生产经营成本上升的传递效应最终往往要在消费品的零售价格中反映出来，所以，生产者价格指数在一定程度上预示着消费者价格指数的变化。

（3）国民生产总值价格平减指数（GNP deflator）。该指数是一个涵盖范围非常广的价格水平指标，它反映了一国生产的各种最终产品（包括消费品、资本品以及劳务）价格水平的变化状况。它等于按当期价格计算的国民生产总值（即名义值）与按基期计算的国民生产总值（即实际值）的比率。例如，某国 2007 年的国民生产总值为 3.3 万亿美元，而按 2005 年的价格计算则为 3 万亿美元；如果 2005 年的价格指数为 100，则 2007 年的 GNP 平减指数为 110（33000/30000 × 100）。虽然 GNP 平减指数能够较为全面地反映总体价格水平的变化趋势，但是编制该指标所需要的大量数据却不易收集，因此难以经常性地进行统计公布，一般只能一年公布一次。

（4）核心价格指数。在所有商品和服务价格中，一般认为能源和食品价格的波动是最大的，而这两者价格的变化往往与社会总供求对比及货币供应量增减之间的直接联系并不显著。例如，国家对能源产品限产、限价，以及由于人们消费结构的变化所导致的食品价格波动，或食品价格季节性波动等因素，都不是直接由社会总供求对比和货币供应量增减所引起的。所以，人们把剔除了能源价格和食品价格之后的物价指数视为核心价格指数，并用这种经过处理后的指数来度量物价变动和通货膨胀的程度。需要特别指出的是，由于各国的经济发展水平不同及居民的消费支出结构不同，核心价格指数的作用也不尽相同。在我国消费者价格指数的计算中，食品类支出比重高达34%，而美国只有15%。从我国近30年的历史经验来看，通货膨胀时期总是伴随着食品类价格的上涨；从构成上来分析，食品价格的上涨在整个物价上涨中的权重往往超过50%。由于中国的特殊国情，在通货膨胀的度量中一定要慎用核心价格指数，以免造成对宏观经济形势的不正确判断。

利用上述价格指数来计算通货膨胀率有一个前提，那就是价格能够较为自由地波动。在一些对价格，特别是基础性产品价格实行严格控制的国家，价格上升的趋势可能被人为地压制，因而表面上物价并未上涨或上涨幅度不高，实际上却可能存在着部分商品的严重短缺，人们为获得一定量的商品必须支付排队等候等一系列额外的成本，这种情形被称为隐蔽性的通货膨胀。

小资料

改革开放以来中国历年通货膨胀率见表9-1。

表9-1　　　　　　　　改革开放以来中国历年通货膨胀率

年 份	通货膨胀率（%）	年 份	通货膨胀率（%）
1980	6.0	1995	17.1
1981	2.4	1996	8.3
1982	1.9	1997	2.8
1983	1.5	1998	-0.8
1984	2.8	1999	-1.4
1985	9.3	2000	0.4
1986	6.5	2001	0.7
1987	7.3	2002	-0.8
1988	18.8	2003	1.2
1989	18.0	2004	3.90
1990	3.1	2005	1.8
1991	3.4	2006	1.5
1992	6.4	2007	4.8
1993	14.7	2008	5.9
1994	24.1	2009	-0.7

三、通货膨胀的成因

由于各个国家的经济发展水平不同，经济管理的政策体系不同，通货膨胀形成的原因往往也不相同。但一般来讲，形成通货膨胀的原因主要有以下几个方面。

（一）需求拉动的通货膨胀

需求拉动的通货膨胀是从总需求的角度解释通货膨胀产生的原因，认为通货膨胀源于总需求的扩大。无论是消费、投资还是政策支出的增加都可以使总需求增加，当总需求大于充分就业时的总供给时，形成通货膨胀缺口，引起通货膨胀。总需求突然增加的原因很多，一个重要方面是货币供给的快速增加。弗里德曼说，通货膨胀在任何时间和任何地点，都只是一种货币现象。他的意思是，通货膨胀的核心根源还是货币太多。

（二）成本推动的通货膨胀

成本推动的通货膨胀是从总供给的角度分析通货膨胀产生的原因，由于总供给取决于供给函数，而供给函数又主要受成本的影响。因此，成本推动的通货膨胀就是从生产成本的角度解释通货膨胀现象。根据成本增加原因的不同，又可以将该理论大致分成几大类。

1. 工资推动的通货膨胀。工人工资是主要的生产成本之一，随着工资的增长，生产成本也随之增加，厂商为了维持或者扩大原有的利润水平就会相应地抬高产品的价格。虽然对于工人而言，名义的货币工资增加了，但由于物价水平的提高，其实际工资水平并没有提高，甚至有可能下降了。因此，工人为保持原有的购买力就会继续向厂商施压，要求提高工资水平，这时厂商又会将工资增加转移到产品的价格中去，从而形成工资水平和物价水平的螺旋式上升，引发通货膨胀现象。

2. 垄断价格推动的通货膨胀。在不完全竞争的市场上，垄断厂商出于垄断地位，控制了产品的销售价格。为了提高利润，垄断厂商利用自身的垄断力量，抬高产品价格，从而导致该垄断行业价格水平的上涨。由于受产业链的影响，垄断行业价格水平的上涨又会沿着产业链向下游产业传导，进而影响非垄断行业，最终导致全社会一般价格水平的上涨，引发通货膨胀。

3. 进口成本推动的通货膨胀。在开放经济条件下，国际贸易变得非常普遍，这时，通货膨胀不仅要受到本国经济运行状况的影响，与之有着密切联系的贸易伙伴国对一国通货膨胀现象的发生也承担一定的责任。由于汇率、贸易国发生通货膨胀等因素的影响，导致进口产品的价格上涨，厂商的生产成本相应随着增加，为维持必要的利润率，厂商不得不提高价格，将增加的成本转移给消费者或是下游厂商，一般物价水平将相应提高。这类通货膨胀源于进口商品价格的上涨，在封闭经济情况下不存在，因此它在固定汇率制度下又被称为"通货膨胀的国际传递"。

4. 间接成本推动的通货膨胀。这种通货膨胀源于厂商之间的竞争。厂商为了扩大市场、提高市场占有率，增强竞争力等，就必须增加许多间接成本，如技术改进费、广告费和研发等，这部分成本往往被厂商转移到产品的价格上去，从而引起物价的上涨。

（三）混合型通货膨胀

混合型通货膨胀是由需求拉动和成本推动共同作用引起的通货膨胀。在现实经济中，很难区分物价的上涨是受成本的影响，如是工资增加，还是需求的作用。因为随着工资的上涨，居民收入增加，消费需求就会增长。因此，经济学家就提出混合型通货膨胀，即需求和成本因素混合的通货膨胀。

单一的成本推动的通货膨胀在现实经济不可能持续下去，因为当发生成本推动的通货膨胀时，若总需求不做相应的调整，市场重新达到均衡状态时，产出就会比初始状态低，结果导致更高的失业率。政府作为宏观经济的调控者，不会容忍失业率的大幅上升，它会动用扩张性的财政政策或是货币政策去扩大总需求，从而此时的通货膨胀就包括了需求扩张的因素。

（四）结构型通货膨胀

在现实经济不存在成本增加和需求扩张的情况下，由于经济结构因素的影响也会引起通货膨胀现象，这就是结构型通货膨胀。

在现实经济中，不同经济成分之间往往有着不同的技术结构、劳动力结构等，由此导致不同经济部门之间有着不同的劳动生产率的增长率。但是，由于工作以及其他因素的作用，不同劳动生产率增长率的部门工人却要求有相同的货币工资增长率。当劳动生产率增长率较高的部门货币工资增长时，劳动生产率增长率较低的部门也随之增加相同的比率，但是该部门的劳动生产率增长率低于货币工资增长的速度，从而使得该部门生产单位商品的工资成本增加，厂商转移增加的成本又引起商品价格水平的上升，进而引发通货膨胀。结构型通货膨胀的根源在于经济体中部门之间劳动生产率的增长率存在着差异，发展至后期就演变成成本推动的通货膨胀。

1970 年以后，世界一些主要工业化国家，如美国、英国、日本、联邦德国、法国等国出现价格和工资水平的迅猛上涨，其中日本在 1974 年的通货膨胀率达到了 24%。这次世界范围内的通货膨胀从一定意义上说是一次结构型的通货膨胀，因为第二次世界大战后开始的第三次科技革命使得西方国家的产业结构迅速升级，不同产业部门的劳动生产率差距扩大，这种部门结构的差异对价格水平将产生长期的影响。

四、通货膨胀的影响

通货膨胀导致物价上涨，使价格信号失真，容易使生产者误入生产歧途，导致生产的盲目发展，造成国民经济的非正常发展，使产业结构和经济结构发生畸形化，从而导致整个国民经济的比例失调。当通货膨胀所引起的经济结构畸形化需要矫正时，国家必然会采取各种措施来抑制通货膨胀，结果会导致生产和建设的大幅度下降，出现经济的萎缩，因此，通货膨胀不利于经济的稳定、协调发展。

1. 通货膨胀对生产的影响。通货膨胀对生产的影响主要表现在两个方面：首先，通货膨胀破坏社会再生产的正常进行。在通货膨胀期间，由于物价上涨的不平衡造成各生产部门和企业利润分配的不平衡，使经济中的一些稀有资源转移到非生产领域，造成资源浪费，妨碍社会再生产的正常进行。同时，通货膨胀妨碍货币职能的正常发挥，由于币值不稳不能正常表现价值，市场价格信号紊乱，不利于再生产的进行。其次，通货膨胀使生产性投资减少，不利于生产的长期稳定发展。预期的物价上涨会促使社会消费增加、社会储蓄减少，从而缩减了社会投资、制约生产的发展。

2. 通货膨胀对流通的影响。通货膨胀打破了流通领域原有的平衡，使正常的流通受阻。通货膨胀会鼓励企业大量囤积商品，人为加剧市场的供求矛盾。而且由于币值的降低，潜在的货币购买力就会转化为实际的货币购买力，加快货币流通速度，也进一步加剧通货膨胀。

3. 通货膨胀对分配的影响。通货膨胀改变了原有的收入分配的比例和原有的财富占有比例。依靠固定收入的人群在整体收入分配中所占的比例变小了。以货币形式持有财富的人也受到损害。通货膨胀会影响到国民收入的初次分配和再分配环节。通货膨胀通过"强制储蓄效应"把居民、企业持有的一部分收入转移到发行货币的政府部门。货币供应总量增加使社会总名义收入增加，社会实际总收入不会增加。不同的阶层有不同的消费支出倾向，必然会引起国民收入再分配的变化。

4. 通货膨胀对消费的影响。通货膨胀使居民的实际收入减少，这意味着居民消费水平的下降，物价上涨的不平衡性和市场上囤积居奇和投机活动的盛行使一般消费着受到的损失更大。

📠 案例 9 – 1

"劫贫济富"的通货膨胀

发生通货膨胀时，从表面上看，似乎大家手里的钱都在贬值，谁也不比别人更吃亏，但实际上，通货膨胀总是"劫贫济富"的。让我们回到 20 世纪 20 年代初的德国。

1923 年，德国街头的一些儿童在用大捆大捆的纸币马克玩堆积木的游戏；一位妇人用手推车载着满满一车的马克，一个小偷趁她不注意，掀翻那一车纸币，推着手推车狂奔而逃；一位家庭主妇正在煮饭，她宁愿不去买煤，而是烧那些用来买煤的纸币……此时的德国，正在经历着历史上最严重的通货膨胀：第一次世界大战争结束时，同盟国要求德国支付巨额赔款。这种支付引起德国财政赤字，德国最终通过大量发行货币来为赔款筹资。从 1922 年 1 月到 1924 年 12 月德国的货币和物价都以惊人的比率上升。1923 年初 1 马克能换 2.38 美元，而到夏天的时候，1 美元能换 4 万亿马克！每份报纸的价格 1922 年 5 月为 1 马克、1923 年 2 月为 100 马克、1923 年 9 月为 1000 马克。到 1923 年秋季，价格实际上飞起来了：每份报纸价格 10 月 1 日为 2000 马克、10 月 15 日为 12 万马克、10 月 29 日为 100 万马克、11 月 9 日为 500 万马克、11 月 17 日为 7000 万马克，纸币马克几乎一文不值，早上能买一栋房子的钱，傍晚只能买一个面包。

工人、教师、职员首当其冲。他们每到领工资的时候都要先活动活动手脚，因为他们必须在拿到薪水后以百米冲刺的速度冲到商店，购买面包和黄油。跑得稍慢一点，面包和黄油的价格就会上涨一大截。上了年纪的工人发现，他攒了一辈子用来养家糊口的银行存款，顷刻间化为乌有；人们在银行前排起长龙提取存款，然而拿到手的是已经贬值的纸币。工人们在绝望中只好不停地罢工，要求提高工资、减少工作时间。农民生产的小麦等农作物虽然也涨价，却不及生产资料等工业品价格涨得快，生活也是每况愈下。

然而，当穷人们在悲观、绝望中呻吟的时候，一些手里掌握着房子等不动产的富人们却大发横财，他们发现自己房子的价格在一夜之间翻了成百上千倍！大发横财的还有一些通货膨胀之前靠低利息从政府获得大笔贷款的企业资本家们，他们发现原来的巨额负债现在只要拔下一根汗毛就可以偿还。更有一些黑心的富有商人趁火打劫，囤积食品等物质，等到物价急剧上涨，见机抛售，获取暴利。

严重的通货膨胀引起民众的强烈愤怒，当时的德国社会动荡不安，政治上风雨飘摇，危机不断。

德国人民所经历的这场灾难告诉我们，通货膨胀尤其是恶性通货膨胀，总是"劫贫济富"，让穷人更穷、富人更富。严重时还会引发社会经济和政治的剧烈动荡。所以各国政府都努力采取各种措施，保持币值稳定，维护社会和公众的利益，而维持币值稳定的使命最终落在了中央银行的身上。

五、通货膨胀的治理

通货膨胀给经济发展带来了严重的危害，因此各国政府应当高度重视可能发生通货膨胀的隐患，预防通货膨胀的发生。对于已经发生的通货膨胀，政府要积极制定各种有效政策来进行治理，以防止其进一步恶化。目前，治理通货膨胀主要可以从以下几方面入手。

（一）财政政策

财政政策是政府反通胀政策中非常重要的一个措施。政府部门通过调整财政支出结构，减少财政赤字，实施紧缩性的财政政策来抑制总需求，从而减少通货膨胀缺口，缓解通货膨胀压力，尤其对于需求拉动的通货膨胀具有更明显的作用。具体措施包括：（1）减少政府购买支出，表现在政府在基础设施建设及政府投资方面的减少。我国经济这几年来持续高速地增长，在很大程度上归功于政府实施扩张性的财政政策，政府增加财政支出用于公路、桥梁、通信等基础设施的建设，极大地扩大了社会总需求，成为经济持续增长的动力。但是高增长也带来了通货膨胀的压力，尤其这一两年来，物价波动较以往更频繁，幅度也更大。为防止物价的结构性调节演变成通货膨胀，政府部门需要在财政政策方面进行调节，以实现经济增长和物价稳定的双赢局面。（2）提高税率，增加税收。政府部门提高税率，减少居民的可支配收入，调节收入分配结构，可以达到抑制总需求的目的。同时，政府部门可以针对特定商品征税的措施，如对烟酒实施消费税，抑制对特定产品的需求，从而缓解通货膨胀的压力。

（二）货币政策

通货膨胀产生的一个重要原因是货币的发行量大大超过了货币的需求量，从而导致市场中流动性过剩，过多的货币追逐有限的商品。因此，针对这一特点，政府部门应该实施紧缩性的货币政策，严格控制货币的发行量，使货币供应量与货币需求量相适应，稳定币值以稳定物价；严格控制信贷规模，以减少流通中的货币量；提高法定存款准备金率、再贴现率等，提高融资成本，从而减少贷款需求，缓解流动性过剩问题。在世界多数国家，货币发行由中央银行控制，为避免中央银行滥用货币发行权或是错误估计经济发展形势，一些经济学家提出实行货币政策"单一规则"制。所谓"单一规则"就是公开宣布并长期采用一个固定不变的货币供应增长率，如将货币供应量的增加与经济增长率结合起来。这样长期保持一个固定不变的货币供应增长率，才能确保物价水平和币值的稳定。

（三）收入政策

收入政策是政府实施的工资和价格控制政策，以防止垄断企业为获取垄断利润不断抬高价格，或是对工人工资进行管制以避免工资和物价的轮番上涨。收入政策在实际操作中可以采取以下形式：（1）工资—物价指导线，即由政府根据长期劳动生产率来确定工资和物价的增长限度，要求把工资—物价增长限制在劳动生产率平均增长幅度内。（2）对特定工资或物价进行"权威性劝说"或施加政府压力，迫使垄断企业或是工会组织妥协。（3）实行工资—物价管制，即由政府制定相关法律法规对工资和物价实行管制，如限制最高价格等手段以稳定物价。（4）以税收政策对工资增长率进行调整，如制定优惠政策，若工资增长率保持在政府规定的幅度内，政府就以减少个人所得税等各种优惠措施作为奖励，以此来稳定工资水平。

治理通货膨胀的措施不局限于上面提到的财政政策、货币政策和收入政策三个方面，政府部门还可以通过其他有效的手段来解决，如指数化，将工资、利息等各种收入与通货膨胀率挂钩，以弥补由通货膨胀带来的损失；实行浮动汇率制度来应对国际商品价格波动带来的"输入型"通货膨胀。政府在面临通货膨胀时，要认清通货膨胀发生的原因以及传导过程，根据特定情况选择合适的政策进行治理。

第二节　通货紧缩及治理

【节前引例】

1929～1933年经济萧条的另外一种表述

1929～1933年，全世界范围内爆发了历史上最严重的通货紧缩，史称"大萧条"。在这场漫长的危机中，物价下跌，生产严重萎缩，失业剧增，人民的生活陷入极度贫困：失业工人们排着长队领取面包，数百万中学生辍学，大批无家可归的人露宿街头……而农业资本家和农场主们却在烧毁"过剩"的小麦和玉米，牛奶也被洒上农药后倒入密西西比河……历史学家施莱辛格悲叹道："资本主义已经到了尽头！"胡佛总统黯然下台，他对继任者罗斯福说："我们已经山穷水尽，无能为力！"

造成那次经济大萧条的原因，经济学家们至今仍在争论。一般认为，由于20世纪20年代近10年的经济高涨，生产能力急剧扩张，而劳动人民的收入赶不上供给的膨胀扩张。在经济过热的"泡沫"破裂后，产能过剩、需求不足的矛盾就爆发出来，物价持续下跌，大批企业破产倒闭，工人大量失业；与此同时，大批银行倒闭……

请思考：什么是通货紧缩？是什么引起通货紧缩？通货紧缩有什么影响？如何治理通货

紧缩?

一、通货紧缩的主要表现

通货紧缩（Deflation）是指当市场上流通的货币减少，流通的货币所得减少，购买力下降，影响物价的下跌，造成通货紧缩。长期的货币紧缩会抑制投资与生产，导致失业率升高及经济衰退。通货紧缩该如何定义？依据诺贝尔经济学奖得主萨缪尔森的定义：价格和成本正在普遍下降即是通货紧缩。经济学者普遍认为，当消费者物价指数（CPI）连跌两季，即表示已出现通货紧缩。通货紧缩就是物价、工资、利率、粮食、能源等价格不能停顿的持续下跌，而且全部处于供过于求的状况。在经济实践中，判断某个时期的物价下跌是否是通货紧缩，一看通货膨胀率是否由正转变为负，二看这种下降的持续是否超过了一定时限。

通货膨胀与通货紧缩是表现形式相反的两种经济现象，它们既有区别，又有联系。

（一）通货膨胀与通货紧缩的区别

1. 含义不同。通货膨胀的实质是社会总需求大于社会总供给。通货紧缩是由于货币供应量的减少或货币供应量的增幅滞后于生产增长的幅度，从而导致物价总水平持续下降，货币不断升值的经济现象。其实质是社会总需求小于社会总供给。

2. 表现不同。通货膨胀表现为纸币贬值，物价上涨，经济发展过热。通货紧缩则表现为社会总需求小于社会总供给，物价总水平持续下降，货币不断升值。

3. 影响不同。通货膨胀引起纸币的贬值，等于人均实际收入减少。如果实际收入没有增长，人们的生活水平就会下降，购买力降低，商品销售困难，造成社会经济秩序混乱。通货紧缩的过程往往伴随着市场萎缩、企业利润率降低、生产投资减少，以及失业增加、收入下降等现象，对经济的持续发展和人民的长远利益不利。

4. 解决办法不同。抑制通货膨胀的根本措施是大力发展生产，增加有效供给，同时控制货币供应量和信贷规模，实行适度从紧的货币政策和量入为出的财政政策，努力增收节支。抑制通货紧缩，需要综合运用投资、消费、外贸出口等措施，拉动经济增长。对于我们这样一个发展中的大国来说，特别需要采取积极的财政政策和稳健的货币政策，坚持扩大内需的方针，这是我国经济发展的坚实基础。

（二）通货膨胀与通货紧缩的联系

通货膨胀与通货紧缩都是由社会总需求与社会总供给不平衡造成的，都会影响正常的经济生活和社会经济秩序。因此，都必须采取切实有效的措施予以解决。

二、通货紧缩的成因、影响及治理

（一）通货紧缩的成因

尽管不同国家在不同时期发生通货紧缩的具体原因各不相同，但从国内外经济学家对通货紧缩的理论分析中，仍可概括出引起通货紧缩的一般原因：

1. 紧缩性的货币财政政策。如果一国采取紧缩性的货币财政政策，降低货币供应量，削减公共开支，减少转移支付，就会使商品市场和货币市场出现失衡，出现"过多的商品追求过少的货币"，从而引起政策紧缩性的通货紧缩。

2. 经济周期的变化。当经济到达繁荣的高峰阶段，会由于生产能力大量过剩，商品供过于求，出现物价的持续下降，引发周期性的通货紧缩。

3. 投资和消费的有效需求不足。当人们预期实际利率进一步下降，经济形势持续不佳时，投资和消费需求都会减少，而总需求的减少会使物价下跌，形成需求拉下性的通货紧缩。

4. 新技术的采用和劳动生产率的提高。由于技术进步以及新技术在生产上的广泛应用，会大幅度地提高劳动生产率，降低生产成本，导致商品价格的下降，从而出现成本压低性的通货紧缩。

5. 金融体系效率的降低。如果在经济过热时，银行信贷盲目扩张，造成大量坏账，形成大量不良资产，金融机构自然会"惜贷"和"慎贷"，加上企业和居民不良预期形成的不想贷、不愿贷行为，必然导致信贷萎缩，同样减少社会总需求，导致通货紧缩。

6. 体制和制度因素。体制变化（企业体制，保障体制等）一般会打乱人们的稳定预期，如果人们预期将来收入会减少，支出将增加，那么人们就会"少花钱，多储蓄"，引起有效需求不足，物价下降，从而出现体制变化性的通货紧缩。

7. 汇率因素。汇率因素有时也可能成为通货紧缩的根源。当一国货币高估，会造成用外币表示的本国出口商品的价格上升，从而导致外部需求降低，出口下降，影响总需求。当总需求不足时，这种变化会传递至生产部门，导致企业生产规模减小，工人收入下降，个人的购买力下降，如此循环下去，迫使物价水平的持续下降。

（二）通货紧缩的影响

通货紧缩与通货膨胀都属于货币领域的一种病态，但通货紧缩对经济发展的危害比通货膨胀更严重。首先，通货紧缩会加速经济衰退。由于物价水平的持续下降，必然使人们对经济产生悲观情绪，持币观望，使消费和投资进一步萎缩，加速经济的衰退。其次，物价的下降会使实际利率上升，企业不敢借款投资，债务人的负担加重，利润减少，严重时引起企业亏损和破产。由于企业经营的不景气，银行贷款难以及时回收，出现大量坏账，并难以找到盈利的好项目，经营也会出现困难，甚至面临"金融恐慌"和存款人的挤兑风险，从而引起银行破产，使金融系统面临崩溃。最后，经济形势的恶化与人们的预期心理相互作用，会使经济陷入螺旋式的恶性循环之中。同时这种通货紧缩还会通过国际交往输出到国外，而世界性的通货紧缩又会反过来加剧本国的通货紧缩局面。

（三）通货紧缩的治理

通货紧缩后引起的物价持续下跌使得生产者利润减少甚至亏损，继而减小生产规模或者停产，这必然会抑制经济的增长，不利于社会发展。因此，必须采取积极的政策和措施应对通货紧缩。由于通货紧缩形成的原因比较复杂，并非由单一的某个方面的原因引起，而是由多种因素共同作用形成的混合性通货紧缩，因此治理的难度甚至比通货膨胀还要大，必须根据不同国家不同时期的具体情况进行认真研究，才能找到有针对性的治理措施。

1. 实施宽松的货币政策。通过增加货币的发行量，降低利率和存款准备金率，放低贷款门槛，从而增加市场流动性，刺激居民的消费，扩大总需求，以缓解由需求不足带来的物价下跌压力。

2. 实施积极的财政政策。通过政府预算，扩大财政投入的范围和数量，采取形式多样的财政支出方式刺激投资和消费。如政府通过转移支付、政府补贴等措施，增加居民的可支配收入，从而提高居民消费。同时，政府投资具有"乘数效应"，能引导私人投资的增加，从而有利于经济的发展。

3. 调整产业结构。由于产业结构的差异，一些产业的市场需求降低，往往造成产能过剩，而一些新兴产业市场需求大，但是对产业投资低，供给能力有限，以此带来了供求水平的失衡。因此，政府部门要积极致力于产业升级，实现产业结构的合理化，解决产能过剩的问题。

4. 采用适当的收入政策，改变收入分配的格局。由于贫富差距的扩大，大量的财富掌握在少数人手中，这不利于社会消费水平的提高，因为收入高的群体边际消费倾向一般要低于收入低的群体。因此，要通过收入再分配，用经济、法律、政策等综合手段提高中下层群体的收入水平，从而提高全社会的消费水平，刺激总需求。

5. 完善社会保障体系。在我国，居民收入中用于储蓄的比率远远高于世界的其他国家，导致该现象的一个重要原因是我国社会保障体系的不健全，居民将收入用于储蓄以保障未来在医疗、养老等方面的支出，从而消费需求不高。因此，通过完善社会保障体系，减少居民对医疗、养老等方面的忧虑，可以达到刺激居民消费，扩大社会总需求的目的。

◉ 案例 9 – 2

通货紧缩困扰日本

早在 20 世纪 90 年代初经济泡沫破灭后不久，在日本经济运行与发展中就开始出现一系列通货紧缩性现象。对此，日本政府虽也一再告诫"日本经济正面临着陷入通货紧缩恶性循环的危险"，但始终都未承认日本经济已经处于通货紧缩状态。直到 2001 年 3 月 16 日讨论 2001 年 3 月《月例经济报告》的阁僚会议上，前森喜朗政府才公开认定"现在的日本经济正处在缓慢的通货紧缩之中"。

根据日本官方观点，日本经济出现的通货紧缩状态在第二次世界大战后还是第一次。以往物价下跌大多具有局部性和短暂性的特点，而日本的物价下跌却具有全面性和持续性的特点。即一方面表现为几乎全部或绝大部分商品的价格都同时呈现下跌态势，如在 1999 年和 2000 年，不仅综合批发物价指数分别比上年下跌了 3.3 个和 0.1 个百分点，而且综合消费者物价指数也分别比上年下跌了 0.3 个和 0.7 个百分点；另一方面还表现为物价下跌已成为日本经济运行与发展中的一种长期态势。如在 1991～2000 年的 10 年间，日本综合批发物价指数有 8 年呈下跌态势。尤其是综合消费者物价指数在 1999 年和 2000 年也出现了第二次世界大战后从未有过的连续两年下降的情况。进入 2001 年，日本物价总水平的下降趋势更加强烈，前 6 个月无论是批发物价还是消费者物价，月月都是负增长，其中消费者物价在 5 月份还创了单月下跌的最高纪录。

（资料来源：作者根据人民网相关资料整理）

本章小结

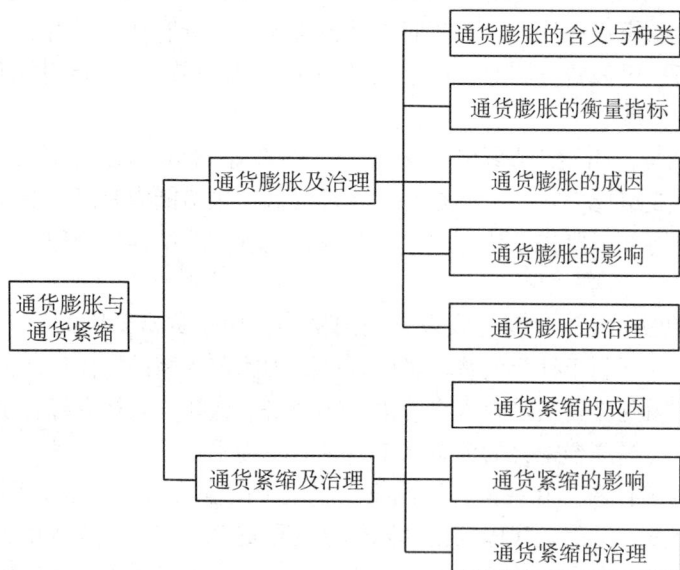

复习思考题

一、单项选择题

1. 认为通货膨胀的原因在于经济发展过程中社会总需求大于总供给，从而引起一般物价水平持续上涨，是（　　）。

    A. 需求拉上论   B. 成本推进论

    C. 开放型通货膨胀   D. 隐蔽型通货膨胀

2. 认为引发通货膨胀的原因在于社会总需求而不是货币量，持这种观点的是（　　）。

    A. 凯恩斯主义   B. 后凯恩斯学派

    C. 货币主义学派   D. 马克思主义

3. 通货膨胀对策中，通过公开市场业务出售政府债券属于（　　）。

    A. 控制需求   B. 改善供给

    C. 收入指数化政策   D. 紧缩性货币政策

4. 治理通货膨胀对策中，压缩财政支出属于（　　）。

    A. 改善供给   B. 紧缩性收入政策

    C. 收入指数化政策   D. 紧缩性财政政策

5. 通货膨胀对策中，冻结工资和物价属于（　　）。

    A. 控制需求   B. 改善供给

    C. 收入政策   D. 紧缩性财政政策

6. 在通货膨胀中，最大的受益者是（　　）。

    A. 从企业的利润中取得收益者   B. 国家机关工作人员

    C. 科技工作者   D. 政府

7. 有关通货膨胀成因的凯恩斯需求拉上假说的理论缺陷在于（   ）。

    A. 假定通货膨胀与充分就业共生

    B. 假定通货膨胀与充分就业不共生

    C. 假定通货膨胀与失业共生

    D. 假定通货膨胀与失业不共生

8. 通货膨胀从本质上讲，是一种（   ）。

    A. 经济现象   B. 社会现象   C. 货币现象   D. 价格现象

二、多项选择题

1. 度量通货膨胀的程度，各国主要采用的标准是（   ）。

    A. 消费物价指数   B. 综合物价指数

    C. 零售物价指数   D. 批发物价指数

    E. GDP 平减指数

2. 通货膨胀的成因有（   ）。

    A. 政策性通货膨胀   B. 结构性通货膨胀论

    C. 供求混合推进论   D. 成本推动论

    E. 需求拉上论

3. 如果物价上涨率达到两位数，则可认为发生了（   ）。

    A. 温和通货膨胀   B. 恶性通货膨胀

    C. 公开型通货膨胀   D. 爬行通货膨胀

4. 成本推动型通货膨胀可进一步分为（   ）。

    A. 工资推进型   B. 温和型

    C. 利润推进型   D. 公开型

5. 通货紧缩的原因有（   ）。

    A. 货币政策   B. 财政政策

    C. 科技进步   D. 金融创新

    E. 金融体系低效率

三、问答题

1. 西方经济学中，通货膨胀的定义有哪些要点？

2. 试述通货膨胀的分类。

3. 试简述通货膨胀产生的原因及其表现。

4. 通货膨胀对经济有何影响？如何治理？

5. 通货紧缩会造成什么后果？如何治理？

四、案例分析

1. 1994 年中国的通货膨胀。1992 年后，社会商品零售总额中，国家定价的比重逐步缩小，除个别品种和项目外，由市场形成价格的品种和项目的比重 95%以上。1992～1997 年，价格起伏波动较大，总体来看，商品市场价格水平在经历了上涨后呈现回落态势。1994 年是自新中国成立以来物价涨幅最高的一年。当年居民消费品价格比 1993 年上涨 24.1%，全年社会商品零售价格上涨 21.7%。鉴于 1994 年市场物价大幅度上涨局面，中央将抑制通货膨胀、控制物价上涨作为 1995 年主要的宏观政策目标。在操作方式上，实行增加有效供给与价格补贴相结合的政策。1995 年全国商品零售价格涨幅逐月回落，从 1994 年 12 月的 23.2% 下降到 1995 年 12 月的 8.3%。这在很大程度上得益于中央强有力的宏观调控措施。

问题：（1）什么是隐蔽性通货膨胀？

（2）试分析 1994 年中国的通货膨胀原因。

（3）试评析中国政府这次反通货膨胀政策。

2. 1996 年我国经济实现"软着陆"之后，从 1998 年开始，出现了明显的通货紧缩现象，居民消费价格指数首次出现负值，以后连续 4 年在 0 附近波动。党中央、国务院审时度势，及时制订扩大内需的方针，实行积极的财政政策和稳健的货币政策。中国人民银行执行稳健的货币政策，自 1996 年 5 月起 8 次降息。从一般关于利率功能的理论看，降息能够刺激居民消费的增加，储蓄的减少。但是，从我国的实际情况看，8 次降息，对居民消费的刺激作用十分有限，居民储蓄存款仍然保持较快的增长。

问题：试分析在当时的经济和制度背景下，利率为何对居民消费的刺激作用不明显，居民储蓄存款仍然保持较快的增长？

实训项目
通货膨胀调查

通过比较近 3 年的 CPI 数据，把握通货膨胀的变化轨迹，并结合实际生活感受，分析其对居民生活和国家经济的影响。

1. 以分组的形式查找数据。

2. 各组进行统计分析，画出比率图。

3. 对通货膨胀情况进行历史趋势分析。

4. 分析通货膨胀对日常生活和经济现实的影响。

5. 将实训结果填写在实训报告上。

6. 组织各小组汇报和讨论。

第十章

货币政策

📖 **学习目标**

知识目标

- 理解货币政策的概念，掌握货币政策的特征和类型。
- 熟悉货币政策最终目标的内容，明确各目标之间的关系。
- 掌握货币政策操作目标、中介目标的内容及选择标准。
- 掌握各类型货币政策工具及其运用，尤其是一般性货币政策工具及其运用。
- 理解货币政策的传导机制。

能力目标

- 懂得中央银行实施相应货币政策的依据。
- 能够了解货币政策实施的影响，并知道应该如何适当应对。

【章前引例】

中央银行：2017 年要保持货币政策稳健中性

2017 年中国人民银行工作会议指出，当前，我国经济保持平稳健康发展，缓中趋稳，稳中向好，经济运行保持在合理区间，质量和效益提升，结构继续优化，改革开放取得新突破。但国际国内经济金融形势依然复杂严峻，仍存在不少突出矛盾和风险，宏观调控和金融改革发展稳定工作任务依然繁重。

会议提出了 2017 年央行工作的十大主要任务，排在第一位的是：保持货币政策稳健中性。综合运用多种货币政策工具，调节好流动性闸门，保持流动性基本稳定。进一步完善宏观审慎政策框架，引导金融机构审慎经营。发挥货币政策优化信贷结构作用，支持和引导金融机构加大对重点领域和薄弱环节的支持力度。

本章将从货币政策类型、货币政策目标、货币政策工具、货币政策传导机制等方面，来认识和了解货币政策。

第一节　货币政策及其目标

【节前引例】

价格稳定为最主要货币政策目标之一

2017 年 3 月 20 日，中央银行官网发布央行研究局局长徐忠名为《中国稳健货币政策的实践经验与货币政策理论的国际前沿》的工作论文。论文称，价格稳定始终是中国最主要的货币政策目标之一。

中国的社会经济金融的现实情况决定了中央银行的多目标制。作为一个大国，中国的国际收支外部目标显然应当服从内部目标（经济增长和物价稳定）；充分就业目标与经济增长目标有很大的重叠，促进金融市场发展也是为了更好发挥金融服务实体经济的功能。在中国经济转型过程中，顺利实现就业、国际收支平衡和金融市场稳定等政策目标也是物价稳定的重要前提，而物价稳定也就意味产出缺口为零的经济均衡，也是实现其他政策目标的自然结果。因此，价格稳定始终是中国最主要的货币政策目标之一。

中国的货币政策目标除通胀目标外，还需要兼顾就业与经济增长、国际收支平衡和金融稳定，并且不同时期货币政策目标的侧重点是不同的。

在明确将通胀作为货币政策最主要目标之一的同时，还要积极探索中国货币政策操作的具体形式。在金融创新和金融脱媒的冲击下，中国货币数量调控有效性日益下降。特别是随着利率市场化改革的基本完成，向利率为主的货币价格调控方式转型的必要性和迫切性日趋上升。

读完上边的内容，你一定会问：什么是货币政策？什么是货币政策目标？中央银行为什么将利率、货币供应量作为货币政策操作的具体形式？别急，现在就把这些问号一一为你解答。

现代市场经济发展离不开国家的宏观调控，而货币政策在国家的宏观调控体系中居于十分重要的地位。货币政策的基本任务就是通过调节货币供应量，满足货币需求，从而实现社会总供求的均衡。制定和实施货币政策，是一国中央银行最主要的职责。

一、货币政策及其类型

（一）货币政策的概念

货币政策有广义和狭义之分。广义的货币政策包括政府、中央银行和其他有关部门所有有关货币方面的规定和所采取的影响货币数量的一切措施。例如，发展中国家的货币政策包括促进本国金融深化改革的各类措施：扶植金融机构发展，完善金融市场，协调金融业的效率与竞争，等等。狭义的货币政策则主要是研究货币的发行与调控，货币量与产出、收入、价格、国际收支等宏观经济变量的相互联系与相互影响，并围绕这些经济联系与影响制定一系列的政策措施。

通常人们所说的货币政策是指狭义的货币政策，即中央银行为实现其特定的经济目标而采用的各种控制和调节货币供应量或信用量的方针和措施的总称。货币政策有四大构成要素：货币政策工具、货币政策操作指标、货币政策中介指标和货币政策最终目标。这四者之间的关系是：中央银行要根据本国的实际经济情况，确定最理想的货币政策最终目标，选择合适的货币政策工具，作用于操作指标，从而影响到中介指标，通过对这些经济变量的影响作用达到一定的政策效果，如图 10 - 1 所示。这四个要素密切相关，共同构成一个国家货币政策的有机整体。

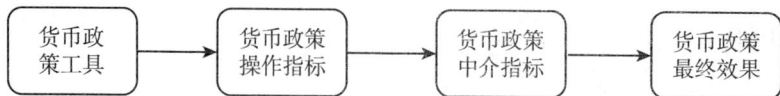

图 10 - 1　货币政策的构成

（二）货币政策的基本特征

1. 货币政策是宏观经济政策。货币政策一般涉及的是整个国民经济运行中的货币供应量、信用量、利率、汇率等宏观经济变量问题，而不是银行或厂商等经济单位金融行为中的微观经济个量问题。

2. 货币政策是调节社会总需求的政策。在市场经济条件下，社会总需求是指有货币支付能力的总需求。货币政策正是通过货币的供给来调节社会总需求中的投资需求、消费需求、净出口需求，并间接地影响社会总供给的变动，从而促进社会总需求与总供给的平衡。

3. 货币政策主要是间接调控政策。货币政策一般不采用或较少采用直接的行政手段来调控经济，而主要运用经济手段、法律手段调整"经济人"的经济行为，进而调控经济。

4. 货币政策是长期连续的经济政策。货币政策最终目标的多元化表达一般为稳定物价、经济增长、充分就业、国际收支平衡，都是长期性的政策目标，短期内是难以实现的，尽管各种具体的货币政策措施是短期的，但需要连续操作才能逼近或达到以上长期目标。

（三）货币政策的类型

1. 扩张性货币政策。扩张性货币政策，是指中央银行通过增加货币供应量，使利息率下降，从而增加投资，扩大总需求，刺激经济增长。扩张性货币政策适用于社会有效需求不足，总需求小于总供给的情况。

2. 紧缩性货币政策。紧缩性货币政策，是指中央银行通过减少货币供应量，使利率升高，从而抑制投资，压缩总需求，限制经济增长。紧缩性货币政策适用于社会总需求严重膨胀，总需求大于总供给的情况。

3. 中立性货币政策。中立型货币政策是指在社会总需求与总供给基本平衡的状态下采取的一种货币政策，目的在于保持原有的货币供应量与需求量的大体平衡。

二、货币政策最终目标

（一）货币政策目标的内涵

货币政策的最终目标亦称货币政策目标，它是中央银行通过货币政策操作最终达到的宏观经济目标。货币政策目标与宏观经济目标相一致，一般有四个方面，即稳定物价、充分就业、经济增长和国际收支平衡。

1. 稳定物价。稳定物价就是指一般物价水平在短期内不发生急剧的波动。它是中央银行货币政策的首要目标。在通货膨胀已成为世界性现象的情况下，物价不可能静止不动。况且，除了通货膨胀以外，还有一些属于正常范围内的因素，如季节性因素、消费者嗜好的改变、经济与工业结构的改变等，也会引起物价的变化。总之，在动态的经济社会里，欲将物价冻结在一个绝对的水平上是不可能的，问题在于能否把物价控制在经济增长所容许的限度内。这个限度的确定，各个国家不尽相同，主要取决于各国经济发展的情况。另外，传统习惯也有很大的影响。一般要求把物价年上涨幅度控制在 2% ~ 3%。

2. 充分就业。充分就业一般指凡有能力并愿意参加工作的人，都能找到工作。通常以失业人数占愿意就业的劳动力之比——失业率，作为充分就业的标准，充分就业并非失业率为零。因为在经济中还存在摩擦性失业、结构性失业、季节性失业和过渡性失业等现象，这些失业在经济运行中是不可避免的，因此这些失业又称为自然失业。充分就业的目标就是要把失业率降到自然失业率的水平。根据近 20 多年来西方各主要国家的经验，失业率若控制在 4% ~6%，即可视为充分就业。

3. 经济增长。所谓经济增长是指一国在一定时期内国民生产总值的增加，即一国在一定时期内所生产的商品和劳务总量的增加，或者是指人均国民生产总值的增加。目前，西方各国一般以剔除价格因素后的人均实际国民生产总值或国民收入指标来衡量经济增长。经济增长虽然表面看来比较明确，但是其意义却不容易表示。影响经济增长的因素很多，如劳动力、人口、科学技术、投资、储蓄等，其中大多数是中央银行无法控制的。但是中央银行可以通过运用货币政策工具去影响经济增长率的重要决定因素——投资。中央银行可以通过增加货币供给、降低实际利率水平的办法来促进投资增加；或者通过控制通货膨胀率，以消除可预测的通货膨胀率所产生的不确定性对投资的影响。

4. 国际收支平衡。国际收支平衡一般指一定时期内（通常指 1 年内），一国对其他国家或地区，因政治、经济、文化往来所引起的全部货币收支大体平衡。实现国际收支平衡，不仅为了维持一个适当的国际储备水平和相对稳定的汇率，还为了避免国际收支的过大顺差或逆差造成国内货币供给的过大压力。国际收支平衡的目标值也是不易确定的。理想值当然是收支平衡，略有盈余。但一国的盈余即反映为别国的逆差，所以每个国家都要达到国际收支平衡，略有盈余是不可能的。这样只能退而求其次，就是在短时期内允许国际收支略有盈余或略有赤字，而在较长的时期内，某一年份不平衡可以由另一年份进行弥补。能够做到这一点，就可以认为实现了国际收支的基本平衡。

（二）货币政策最终目标之间的关系

货币政策四大最终目标的关系是比较复杂的。其中经济增长与充分就业是基本统一的，存在正相关关系：经济增长、就业增加；经济下滑、失业增长。但除此之外，其余目标之间都存在矛盾。

1. 稳定物价与充分就业的矛盾。英国经济学家菲利普斯研究了 1861～1975 年英国的失业率和物价及工资变动的关系，发现两者之间存在此消彼长的反向置换关系，他把这种关系概括为一条曲线——即"菲利普斯曲线"，如图 10-2 所示。

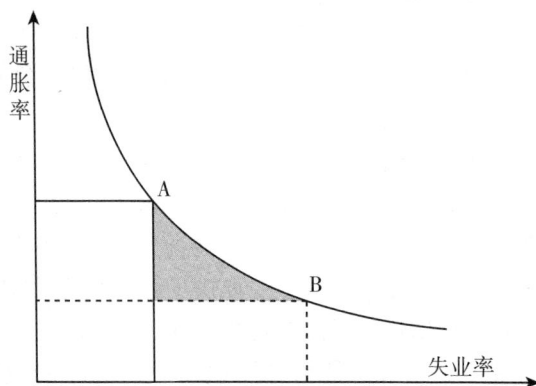

图 10-2　菲利普斯曲线

这条曲线表明：失业率低，物价上涨率高；失业率高，物价上涨率低。在失业率较高的时期，中央银行为了实现充分就业，就必须实行扩张性的货币政策，通过增加投资来增加就业，如此将扩大信用，扩大货币供应量，可能会导致物价上涨；反之，在通货膨胀时，中央银行为达到稳定物价的目标，必须实行紧缩性的货币政策，紧缩信用，减少货币供应量，如此将会减少投资，减少就业，从而不利于达到充分就业这一目标。

2. 稳定物价与经济增长的矛盾。按理说，稳定物价与经济增长之间并无矛盾，只有稳定物价，才能为经济的健康发展提供良好的社会经济环境；只有经济增长，物价稳定才有雄厚的物质基础。世界各国的经济发展史表明，稳定物价与经济增长存在着一定的矛盾性，这种矛盾性在短期表现得更加明显。政府在促进经济增长时，往往会采用扩张信用和增加投资的办法，其结果必然造成货币供应量的增加和物价上涨；而为抑制通货膨胀采取的提高利率、减少货币供应量等紧缩性货币政策又可能会因抑制投资而影响经济增长。国家政策和货币管理当局在很多情况下，只能在两者之间作出调和，即在可接受的物价上涨率内发展经济，在不妨碍经济最低增长需要的前提下稳定物价。

3. 经济增长与国际收支平衡的矛盾。在正常的情况下，经济的增长必然带来国际收支状况的改善。但从动态的角度看，两者也存在不一致。第一，在经济发展过程中，由于国民收入及支付能力增加，除要求增加国内商品的供应量，也会增加对进出口商品的需要，在进口大于出口的情况下，会使国际收支出现逆差。第二，为促进国内经济增长，必然要求增加投资，其中包括挖掘国内资金潜力和利用大量外资，而经济的繁荣在客观上也会吸引外资流入。虽然外资的流入会使资本项目出现顺差，从而在一定程度上弥补贸易差额的变化，但若本国不具备利用大量外资的条件及外汇还款能力，则又会造成国际收支失衡。第三，治理经济衰退所采用的手段与平衡国际收支所采用的手段往往出现冲突。在经济衰退的场合，政府通常采取扩张的货币政策，其结果可能因进口增加或通货膨胀而导致国际收支逆差。当国际收支逆差时，通常必须采取国内紧缩政策，其结果又可能带来经济衰退。

此外，稳定物价与国际收支平衡、充分就业与国际收支平衡也存在一定的矛盾性。

（三）货币政策最终目标之间的协调

货币政策目标之间充满着矛盾和冲突，因此，任何一项货币政策实际上都不能同时达到以上所述的这些目标，或者不能全面地顾及各种目标。在这种情况下，中央银行在制定和执行货币政策时，往往陷于左右为难的困境。所以，选择适当的货币政策或通过其他途径来协调货币政策目标之间的矛盾，是中央银行不可回避的一项任务。在货币政策的实践中，协调不同目标之间矛盾的方法很多，其中最主要的有如下三种：一是对相互冲突的多个目标统筹兼顾，力求协调或缓解这些目标之间的矛盾；二是根据凯恩斯学派的理论，采取相机抉择的操作方法；三是将货币政策与财政政策配合运用。

1. 统筹兼顾。在两个目标之间存在矛盾的情况下，中央银行实行任何一种货币政策都只能达到其中的一个目标，而且在达到这一目标的同时还将在一定程度上牺牲另一个目标。但是，如果中央银行对这两个目标同时加以考虑，通过适当的操作，以使这两个目标都控制在相对合理的、能被人们所接受的水平，这可在一定程度上缓解这两个目标之间的矛盾。例如，稳定物价和充分就业这两个目标之间存在着矛盾，中央银行不能在同一时间通过实行任何一种货币政策来同时达到这两个目标。但是，在制定货币政策时，中央银行可确定一个相对较低的通货膨胀率和一个相对较低的失业率，以作为货币政策的最终目标，并通过适当的操作将这两个目标都控制在预定的目标值以内。

2. 相机抉择。相机抉择是凯恩斯学派经济学家提出的关于货币政策操作的主张。所谓

"相机抉择"，是指货币当局或中央银行在不同时期，应根据不同的经济形势，灵活机动地选择不同的货币政策，以达到当时最需要达到的政策目标。具体而言，在通货膨胀时期，中央银行应实行紧缩性的货币政策以抑制通货膨胀；而在经济萧条时期，中央银行应实行扩张性的货币政策以刺激投资，促进经济复苏。可见，通过实行相机抉择的货币政策，中央银行可根据轻重缓急，优先解决当时的主要问题，以达到当时最需要达到的政策目标。这也可在一定程度上缓和货币政策目标之间的矛盾。

3. 政策搭配。当政策目标之间存在矛盾，因而同一种货币政策无法同时达到多种目标时，货币政策与财政政策的适当搭配也可说是一种值得选择的解决矛盾的途径。根据蒙代尔的政策配合说，财政政策与货币政策可分别解决国内经济问题和国际经济问题，也就是说，财政政策主要解决国内经济问题，而货币政策则主要解决国际经济问题。例如，当国内经济衰退与国际收支逆差并存时，政府当局可实行扩张性的财政政策以促进经济增长，而中央银行则实行紧缩性的货币政策以提高短期利率，吸引资本流入，从而平衡国际收支。

📒 **小资料**

我国的货币政策目标

我国的货币政策目标经历了以下发展阶段：

1. 发展经济和稳定币值。从 1984～1994 年，我国的货币政策目标是双重目标制，即发展经济和稳定币值，而且把发展经济放在首要位置。这与当时我国对经济理论的认识和具体的经济发展状况是密不可分的。我国理论界认为，西方国家货币政策四大目标中的经济增长和充分就业在我国都是发展经济的表现，所以它们合并为发展经济，而国际收支平衡也与币值稳定密切相关，所以币值稳定和国际收支平衡合并为稳定币值。

2. 保持币值稳定，并以此促进经济增长。2003 年修正的《中华人民共和国中国人民银行法》总则第三条规定"货币政策目标是保持货币币值的稳定，并以此促进经济增长"。这说明我国中央银行货币政策的首要目标是保持币值的稳定，但币值稳定的最终目的是促进经济的增长。保持币值的稳定有两层含义：一是保持货币的对内价值的稳定，即抑制通货膨胀和通货紧缩，保持国内一般物价水平的稳定；二是保持货币的对外价值的稳定，即保持本国货币与外国货币的汇率稳定。

3. 多目标制。近年来，随着国内、国际经济形势的变化，稳增长、保就业、防通胀、国际收支平衡、金融稳定都成为中央银行货币政策的目标。其中，最核心的还是稳增长、防通胀、保证金融体系稳定。

第二节 货币政策工具

【节前引例】

2016 年中央银行降准 0.5%

中国人民银行决定，自 2016 年 3 月 1 日起，普遍下调金融机构人民币存款准备金率 0.5

个百分点，以保持金融体系流动性合理充裕，引导货币信贷平稳适度增长，为供给侧结构性改革营造适宜的货币金融环境。至此，大型金融机构的存款准备金率降至 16.5%。

2014 年 11 月 22 日以来，中央银行先后六次出手降息，同时，中央银行还先后六次实施全面降准或定向降准，货币政策工具频频出手。

请思考：中央银行降息、降准目的何在？会产生什么效应？

货币政策工具是中央银行为了实现货币政策的最终目标而采取的措施和手段。为了实现货币政策的最终目标，中央银行不仅要设置用于观测和跟踪的操作目标、中介目标，还需要有强有力的货币政策工具。中央银行的货币政策工具可分为一般性政策工具、选择性政策工具、直接信用控制、间接信用指导等。

一、一般性货币政策工具

一般性的政策工具，也称传统的控制工具，包括存款准备金政策、再贴现政策和公开市场业务，俗称"三大法宝"。这三大工具能对货币供给总量或信用总量进行调节，是影响整个经济的最为重要的工具。它的实施对象普遍，影响广泛，效果显著。

（一）存款准备金政策

存款准备金政策是指中央银行在法定权限内，通过规定和调整商业银行交存中央银行的存款准备金比率，来控制商业银行的信用创造能力，从而调节市场货币供应量和利率的金融政策。存款准备金政策的具体内容还包括规定存款准备金制度适用对象；规定存款准备金计提范围；规定可作为存款准备资产的项目；规定存款准备率和允许变动幅度；规定准备金计提的方法等。

存款准备金政策是影响货币供应量的最强有力的政策。根据货币供给的基本模型，货币供应量的改变取决于货币乘数与基础货币的调整，而调整存款准备率不但影响基础货币，而且影响货币乘数。以中央银行实行扩张政策为例，当法定存款准备率降低时，货币乘数变大，商业银行的应缴准备金额减少，超额准备金则相应增加。法定准备与超额准备两个项目的一减一增，无疑使基础货币的构成发生了改变，增强了商业银行创造信用与派生存款的能力，从而使货币供应量增加（即银根放松），利率水平降低，社会投资和支出都相应扩大，以达到扩张的效果。同样的道理，提高准备金率会使信贷规模和货币供应总量得以紧缩。

存款准备金政策最大的优点是中央银行具有完全的自主权，它是三大货币政策工具中最容易实施的一种，而且中央银行利用存款准备金率这个工具，可以有效地调节整个社会的货币供应量。但是这种政策也有不少缺点，最主要的缺点是这种手段的作用过于猛烈，准备金率微小的变动都会使货币供应量发生重大变化，可能给国民经济带来巨大的震荡。

案例 10-1

全面降准与定向降准

中国人民银行自 2015 年 6 月 28 日起有针对性地对金融机构实施定向降准，以进一步支持实体经济发展，促进结构调整。（1）对"三农"贷款占比达到定向降准标准的城市商业银行、非县域农村商业银行降低存款准备金率 0.5 个百分点。（2）对"三农"或小微企业贷款达到定向降准标准的国有大型商业银行、股份制商业银行、外资银行降低存款准备金率 0.5 个百分点。（3）降低财务公司存款准备金率 3 个百分点，进一步鼓励其发挥好提高企业资金运用效率的作用。

自 2015 年 9 月 6 日起，下调金融机构人民币存款准备金率 0.5 个百分点，以保持银行体系流动性合理充裕，引导货币信贷平稳适度增长。同时，为进一步增强金融机构支持"三农"和小微企业的能力，额外降低县域农村商业银行、农村合作银行、农村信用社和村镇银行等农村金融机构准备金率 0.5 个百分点。额外下调金融租赁公司和汽车金融公司准备金率 3 个百分点，鼓励其发挥好扩大消费的作用。

（二）再贴现政策

所谓再贴现政策就是中央银行通过制定或调整再贴现利率，来干预和影响市场利率及货币资金的供求，从而调节市场货币供应量的一种金融政策。通常，再贴现政策包括两方面的内容：一是再贴现率的确定与调整；二是规定何种票据具有向中央银行申请再贴现的资格。前者主要着眼于短期，即中央银行根据市场的资金供求状况，随时调低或调高再贴现率，以影响商业银行借入资金的成本，刺激或抑制资金需求，从而调节货币供应量。后者着眼于长期，对要再贴现的票据种类和申请机构加以规定，区别对待，可起到抑制或扶持的作用，从而影响商业银行及全社会的资金投向。

再贴现政策的作用主要体现在以下三个方面：

（1）有较强的告示效应。再贴现率的变动在一定程度上反映了中央银行的政策意向。若贴现率提高，则意味着政府判断市场过热，有紧缩意向；反之，则意味着有扩张意向。这对短期市场利率有导向作用。

（2）通过影响商业银行的资金成本和超额准备金来影响商业银行的融资决策。再贴现率提高时，商业银行等存款机构从中央银行借款的成本上升，因而将促使其减少从中央银行的借款，这导致商业银行的准备金缩减，其对客户的贷款和投资规模就会相应收缩，从而也就减少了市场的货币供应量，市场利率也相应上升，社会对货币的需求也相应减少，反之亦然。

（3）防止金融恐慌。再贴现是中央银行作为最后贷款人而发挥作用的主要形式。在商业银行发生支付危机时，通过再贴现可以把票据马上换成资金，以解决面临的流动性问题。

再贴现政策也存在着某些局限性。一是中央银行在使用这一政策工具时，处于较为被动的地位。商业银行是否申请再贴现、再贴现数额多少，取决于商业银行而非中央银行。二是再贴现政策效果有一定局限性。在经济繁荣或经济萧条时期，再贴现率无论高低，都无法限制或阻止商业银行向中央银行再贴现或借款，所以它的调控效果并不是很好。三是再贴政策不宜频繁使用。再现率的频繁调整，会导致市场利率的经常性波动，这会使企业或商业银行无所适从。

（三）公开市场业务

公开市场业务也称公开市场操作，是指中央银行在金融市场上公开买卖有价证券，以此来调节货币供应量的政策行为。当中央银行认为应该增加市场货币供应量时，就在金融市场上买进有价证券（主要是政府债券），而将货币投放出去；反之，在金融市场上卖出有价证券，将货币回笼。

小资料

中国人民银行的公开市场业务

中国人民银行的公开市场业务即证券交易，主要包括回购交易、现券交易和发行中央银行票据。其中回购交易分为正回购和逆回购两种，正回购为中国人民银行向一级交易商卖出有价证券，并约定在未来特定日期买回有价证券的交易行为，正回购为中央银行从市场收回流动性的操作，正回购到期则为中央银行向市场投放流动性的操作；逆回购为中国人民银行向一级交易商购买有价证券，并约定在未来特定日期将有价证券卖给一级交易商的交易行为，逆回购为中央银行向市场上投放流动性的操作，逆回购到期则为中央银行从市场收回流动性的操作。现券交易分为现券买断和现券卖断两种，前者为央行直接从二级市场买入债券，一次性地投放基础货币；后者为央行直接卖出持有债券，一次性地回笼基础货币。中央银行票据即中国人民银行发行的短期债券，中央银行通过发行央行票据可以回笼基础货币，中央银行票据到期则体现为投放基础货币。

公开市场业务作用于经济的途径：一是通过影响利率来影响经济。中央银行在公开市场上买进有价证券，形成多头市场，证券价格上升；随之，货币供应扩大，利率下降，刺激投资增加，对经济产生扩张性影响。相反，则货币供应缩小，利率上升，抑制投资，对经济产生收缩性影响。二是通过影响商业银行存款准备金来影响经济。中央银行若买进了商业银行的证券，则直接增加商业银行在中央银行的超额准备金，商业银行运用这些超额准备金则使货币供应按乘数扩张，刺激经济增长；相反，货币供应按乘数收缩，抑制经济增长。中央银行若买进了一般公众的证券，则增加公众在商业银行的存款，商业银行按所增存款计提法定准备金后运用剩余部分，货币供应再按乘数扩张；反之亦然。两种情况都会导致基础货币增加，从而扩大货币供应量，不过前者作用更大。

同前两种货币政策工具相比，公开市场业务有明显的优越性：

（1）中央银行主动性强。公开市场操作的目的是调控货币量而非盈利，所以为了达到操作目的，中央银行可以不计证券交易的价格，即可以用高于市场价格的价格买进，用低于市场价格的价格卖出，不像再贴现政策那样较为被动。

（2）政策操作灵活。中央银行可根据金融市场的变化，进行经常性、连续性的操作，并且买卖数量可多可少；如发现操作方向有误，可立即进行反向操作；如发现力度不够，可随时加大买卖的数量。

（3）政策效果温和。公开市场操作以交易行为出现，不是强制性的，加之中央银行的操作灵活，所以对经济社会和金融机构的影响比较温和，不像调整法定存款准备金率那样震动很大。

正是由于公开市场业务具有这些优点，它已经成为大多数国家中央银行首先选择、并经常使用的货币政策工具。需要注意的是，公开市场业务要有效地发挥其作用，必须具备一定的条件：一是中央银行必须具有强大的、足以干预和控制整个金融市场的资金实力；二是中央银行对公开市场业务的操作应具有弹性操纵权，中央银行可根据客观经济需要和货币政策目标的要求自行决定买卖证券的种类和数量；三是金融市场必须证券种类齐全并达到一定的规模，同时具有相当的独立性。

案例 10-2

中央银行开展了 1000 亿元逆回购操作　公开市场净投放 400 亿元

中央银行官网发布公开市场业务交易公告，中央银行 2017 年 3 月 20 日以利率招标方式开展了 1000 亿元逆回购操作，其中包括 600 亿元的 7 天期、200 亿元的 14 天期和 200 亿元的 28 天期，中标利率分别为 2.45%、2.60% 和 2.75%。

据 WIND 数据显示，中央银行公开市场共有 600 亿元逆回购资金到期，公开市场净投放 400 亿元。本周（3 月 18~24 日）中央银行公开市场将有 2100 亿元逆回购到期，无正回购和央票到期。

二、选择性货币政策工具

选择性货币政策工具是中央银行对信用进行结构性的控制，即在不影响货币供应总量的情况下，通过对不同信用形式的管制，鼓励或抑制某一部门的发展，从而达到结构调整的目标。这类工具主要有以下几种：

（一）消费者信用控制

消费者信用控制，即中央银行对消费者分期购买不动产以外的各种耐用消费品的贷款规定首次付款的比例、偿还期以及耐用消费品的种类，对无担保的消费者信贷还提取一定的准备金。调控的方式是，在需求过旺及通货膨胀时，中央银行可以对消费者信用采取一些必要的管理措施，如提高各种耐用消费品贷款的首付比例，缩短贷款最长期限，使社会用于购买耐用品的支出减少，缓解通货膨胀压力。相反，在经济衰退时期撤销或者放宽对消费信用的限制条件，以提高消费者对耐用品的购买力，促使经济回升。美国在第二次世界大战通货膨胀时期、战后时期和朝鲜战争时期都曾实行过消费者信用控制政策，其他许多国家如法国、加拿大、荷兰、比利时等也都纷纷效仿。

（二）证券市场信用控制

证券市场信用控制是指中央银行对有关证券交易的贷款、交易保证金比率等进行规定，以控制和调节证券市场资金流动的行为。证券保证金比率是指以信用方式买卖有价证券时必须支付现款的最低比率。保证金比率愈高，付现款的比重愈大，可以向银行贷款的比重则愈小。当证券价格上涨，中央银行认为证券交易投机过度，有出现危机的可能性时，就提高保证金比率，反之，则降低保证金比率。

案例 10-3

美国的证券市场信用控制

20 世纪 30 年代末期，由于巨额信贷资金流入美国证券市场，致使证券价格上涨。美国中央银行在选择何种控制手段方面颇感为难，在当时经济并非繁荣且物价尚属稳定的状态下，使用一般性的控制工具来紧缩信贷会导致经济衰退。规定证券保证金比率的方法，使中央银行可以在不抑制其他经济部门需求的情况下，限制证券市场的放款量，维持股票价格的稳定。于是美联储于1934年制定了证券交易法，在其中的规则 T·U·G 中，分别规定证券经纪人、银行及其他贷款者对证券市场的信用额度。中央银行根据金融市场及经济形势，有权随时改变证券保证金比率，以控制对证券市场的信用规模，如美国在1936年以后，对买卖证券的保证金，最低曾降至25%，最高曾升至100%。

（三）不动产信用控制

不动产信用控制是中央银行对商业银行等金融机构对房地产等不动产贷款的限制措施。中央银行通过规定贷款最高限额、最长期限、首次付款金额以及还款条件等，来达到控制目的。

案例 10 - 4

购房"门槛"的变换

2015年9月30日，中央银行、银监会下发关于进一步完善差别化住房信贷政策有关问题的通知，在不实施"限购"措施的城市，居民家庭首次购买普通住房的商业性个人住房贷款，最低首付款比例由30%下调至25%。2016年2月1日，中央银行、银监会又下发关于调整个人住房贷款政策有关问题的通知，在不限购城市首套房商业贷款原则上最低首付款比例为25%，各地可向下浮动5个百分点。购房"门槛"的降低，引发了全国各大中城市新一轮房价暴涨。

2016年9月以来，为抑制房价过快上涨，各地人民银行、银监会派出机构根据辖内不同城市情况，在国家统一信贷政策的基础上，纷纷出台限贷措施，抬高购房门槛。在2016年10月出台的限贷政策基础上，中国人民银行（北京）营业管理部、北京银监局与其他部门联合，于2017年3月17日又出台了《关于完善商品住房销售和差别化信贷政策的通知》，其中规定：居民家庭名下在本市无住房且无商业性住房贷款记录、公积金住房贷款记录的，购买普通自住房的执行现行首套房政策，即首付款比例不低于35%，购买非普通自住房的首付款比例不低于40%（自住型商品住房、两限房等政策性住房除外）。居民家庭名下在本市已拥有1套住房，以及在本市无住房但有商业性住房贷款记录或公积金住房贷款记录的，购买普通自住房的首付款比例不低于60%，购买非普通自住房的首付款比例不低于80%。并且暂停发放贷款期限25年（不含25年）以上的个人住房贷款（含住房公积金贷款）。

（四）优惠利率

所谓优惠利率是指中央银行对国家重点发展的某些经济部门、行业或产品实行较低的利率，以使其获得更多的信贷支持，促进其快速发展，实现产业结构和产品结构的调整。譬如，在国家需要增加出口创汇以弥补国际收支逆差时，中央银行可降低对出口产品生产企业的贷款利率，降低出口产品成本，从而提高其在国际市场上的竞争能力。

三、直接信用控制

直接信用控制是指中央银行以行政命令或其他方式，直接对金融机构尤其是商业银行的信用活动所进行的控制。

（一）利率限额

利率限额是通过规定贷款利率的下限和存款利率的上限，防止金融机构为谋求高利而进行风险存贷或过度竞争，是最常见的直接信用控制工具。美国在 1980 年以前曾长期实行的"Q 条例"可以说是这项政策工具的典型。该条例规定，商业银行对活期存款不准支付利息，对定期存款及储蓄存款不得支付超过规定的最高利率水平。我国在计划经济时期实行严格的利率管制，随着金融改革的不断深化，中央银行对利率的管制逐步放松。

（二）信用配额

信用配额是指中央银行根据市场资金供求及客观经济需要，分别对各个商业银行的信用规模和贷款规模加以分配，限制其最高数量（贷款最高限额）。一般发展中国家经常使用该项政策工具。

（三）直接干预

直接干预即中央银行直接对商业银行的信贷业务、放款范围等加以干预，这种干预见效快，对经济的影响立竿见影，但可控性较差，如果政策方向出现错误，将很难进行纠正。直接干预的方式主要有：限制放款的额度；干涉商业银行对活期存款的吸收；对业务经营不当的商业银行可拒绝再贴现，或采取高于一般贴现利率的惩罚性利率；明确规定各家银行的放款和投资的范围以及放款的方针；等等。

（四）流动性比率

流动性比率是指商业银行持有的流动性资产在其全部资产中所占的比重。一般地，资产的流动性愈高，其收益率愈低。中央银行对商业银行实施流动性比率限制，商业银行就不能任意把流动性资金过多地用于长期性贷款和投资，甚至必要时还得压缩长期贷款所占的比重，以提高其资产的流动性比率，从而可以达到限制商业银行信用过度扩张，促使其稳健经营的目的。

四、间接信用指导

（一）道义劝告

道义劝告也叫窗口指导，它是指中央银行利用自己的地位和声望，经常以发出书面通告或口头通知甚至与金融机构负责人面谈等形式向商业银行等金融机构通报行情，婉转劝其遵守金融法规，自动采取相应措施，自觉配合中央银行货币政策的实施。道义劝告采取温和的方式，适用范围较大。但因这种方式无强制性的约束力，能否发生作用取决于中央银行的声望及其各银行的合作程度，也取决于要说服的金融机构的数量，说服的时机、内容及其详细程度等。当然在一般情况下，道义说服是有效的，因为中央银行处于特殊地位，它的说服具有权威性，商业银行不能不听，也不得不听。

（二）金融宣传

金融宣传是指中央银行利用各种机会向金融界及全国各界说明其金融政策的内容及意义，求得各方面的理解与支持，从而使金融活动按照中央银行预期的方向发展。中央银行除每周或每月公布资产负债表外，每年还发表年报，不仅公布信贷活动、金融市场和金融机构的状况，而且发表有关财政、贸易、物价和经济发展趋势的详细统计分析。中央银行负责人并利用记者招待会、学术演讲及其他公共聚会，说明金融政策的内容、动向及制定的根据。

小资料

中国央行货币政策"七种武器"悉数亮相

抵押补充贷款（PSL）2015年6月2日正式在中国央行的货币政策工具栏目中亮相，令中央银行可操作工具从传统的四种增加至七种。目前，中央银行列入货币政策"七种武器"的工具包括：公开市场业务、存款准备金、中央银行贷款、利率政策、常备借贷便利（SLF）、中期借贷便利（MLF）、抵押补充贷款（PSL）。恰如古龙笔下令人叹为观止的七种武器，这七种不同工具所承担的作用各不相同，预示着中国货币政策转型期的框架已基本搭建完成。

古龙的七种武器在使用上各不相同，快慢缓急、冷热刚柔、各具特色，而中央银行的七种工具在中国经济的不同发展阶段，也承担着不同的重任。

——公开市场操作。在多数发达国家，公开市场操作是中央银行吞吐基础货币，调节市场流动性的主要货币政策工具。根据货币调控的需要，2013年中央银行在公开市场创设短期流动性调节工具（SLO），以在银行体系流动性出现临时性波动时相机使用。

——存款准备金。该制度的初始作用是保证存款的支付和清算，之后才逐渐演变成为货币政策工具，中央银行通过调整存款准备金率，影响金融机构的信贷资金供应能力，从而间接调控货币供应量。

——中央银行贷款。指中央银行对金融机构的贷款，简称再贷款，是中央银行调控基础货币的渠道之一。中央银行通过适时调整再贷款的总量及利率，吞吐基础货币，促进实现货币信贷总量调控目标，合理引导资金流向和信贷投向。

——利率政策。货币政策的价格工具。通过调整法定利率的升降来引导相应的经济、金融活动。利率市场化一直是中央银行近年来推动的主要金融改革举措。

——SLF：2013年初创设常备借贷便利（Standing Lending Facility）。该工具是正常的流动性供给渠道，主要功能是满足金融机构期限较长的大额流动性需求。对象主要为政策性银行和全国性商业银行。期限为1~3个月。利率水平根据货币政策调控、引导市场利率的需要等综合确定。SLF以抵押方式发放，合格抵押品包括高信用评级的债券类资产及优质信贷资产等。

——MLF。2014年9月创设中期借贷便利（Medium-term Lending Facility），是中央银行提供中期基础货币的货币政策工具。采取质押方式发放，金融机构提供国债、央行票据、政策性金融债、高等级信用债等优质债券作为合格质押品。

——PLS。2014 年 4 月创设抵押补充贷款（Pledged Supplemental Lending，PSL），为开发性金融支持棚改提供长期稳定、成本适当的资金来源。抵押补充贷款的主要功能是支持国民经济重点领域、薄弱环节和社会事业发展而对金融机构提供的期限较长的大额融资。抵押补充贷款采取质押方式发放，合格抵押品包括高等级债券资产和优质信贷资产。

SLF、MLF、PSL 都是中央银行近几年来的创新工具，实质上都属于再贷款，但承担的作用不同。

（资料来源：金融界国内财经）

第三节　货币政策传导机制与中介目标

【节前引例】

我国货币政策传导机制正在转型

《中国货币政策执行报告》（2016 年第四季度）指出，中央银行推动调控框架逐步转型。一方面继续强化价格型调控传导机制，探索构建利率走廊机制；另一方面也注意在一定区间内保持利率弹性，与经济运行和金融市场变化相匹配，发挥价格调节和引导功能。连续在 7 天期逆回购利率进行操作，释放政策信号，并适时增加 14 天期和 28 天期逆回购品种，引导和优化货币市场交易期限结构。

所谓"调控框架"就是指货币政策传导机制。由于实行利率管制，多年来，我国货币政策传导主要是货币渠道，把货币供应量作为货币政策的中介目标。随着我国利率逐步实现市场化，货币政策传导渠道开始转向利率渠道，也就是"价格型调控传导机制"。什么是货币政策传导机制？什么是货币政策操作目标、中介目标？为什么要设置这些目标？接下来让我们共同进行探究。

如何运用货币政策工具实现既定的货币政策最终目标，既涉及货币政策的传导机制，也与操作目标、中介指标的选择有关。而有关货币政策传导机制的观点，往往构成货币政策操作目标、中介指标选择的理论基础。

一、货币政策的传导机制

（一）货币政策传导机制的内涵

所谓"货币政策的传导机制"，是指货币当局从运用一定的货币政策工具到达到预期的最终目标所经过的途径或具体的过程。一般来说，中央银行通过各种货币政策工具的运用，将对商业银行的存款准备金和短期利率等经济变量（操作目标）产生比较直接的影响，这些经济变量的变动将影响货币供应量和长期利率（中介目标），货币供应量和长期利率将对实际的经济活动产生比较直接的影响。因此，如果货币政策操作得当，则其最终结果将是达到其预定的货币政策的最终目标。这一过程大致可用图 10-3 来表示。

政策工具		操作指标		中介指标		最终目标
法定存款准备金 再贴现 公开市场业务	→	基础货币 超额准备金 再贷款 短期利率	→	长期利率 货币供应量 信贷规模	→	稳定物价 经济增长 充分就业 国际收支平衡

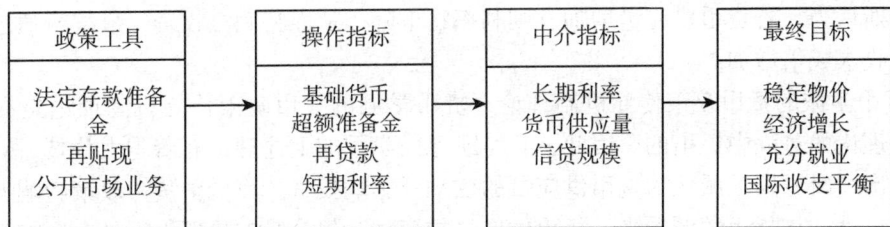

图 10 - 3 货币政策传导机制

例如，中央银行在公开市场上向商业银行买进一定数量的有价证券，则商业银行的准备金将增加。由于商业银行的准备金是基础货币的重要组成部分，因此，在货币乘数一定的条件下，商业银行准备金的增加将使货币供应量成倍增加。从其具体的过程来看，当商业银行通过向中央银行出售有价证券而获得准备金后，它即可通过发放贷款或从事投资而引起存款货币的成倍扩张。另外，中央银行在公开市场上买进有价证券不仅会导致货币供应量的增加，而且会导致利率下降。这都将引起总需求的增加，尤其是引起投资规模的扩大，于是，其最终结果通常是物价上涨、就业增加和经济增长。这就说明，中央银行通过这一货币政策的执行，在一定程度上达到了充分就业和经济增长这两个最终目标，但未能达到稳定物价这一最终目标，这是由货币政策最终目标之间的矛盾所决定的。

但是，货币政策的传导机制并非如此简单。首先，货币政策工具很多，操作目标也很多，各种政策工具对各种操作目标有着不同的影响；其次，操作目标对中介目标的影响比较复杂；最后，在货币政策的执行过程中，货币政策工具对操作目标的影响、操作目标对中介目标的影响以及中介目标对最终目标的影响，都有可能达不到预期的结果，甚至有可能偏离预期的方向，从而必须通过对操作目标和中介目标的观测，对货币政策工具的运用作出必要的调整。

（二）货币政策传导机制主要理论

在货币政策的传导机制这一问题上，西方经济学界提出了很多不同的理论。在这些理论中，凯恩斯学派的理论与货币学派的理论是最有代表性的，而且这两派经济学家的理论还存在严重的分歧。

1. 凯恩斯学派的货币政策传导机制理论。凯恩斯学派的货币政策传导机制理论主要来源于凯恩斯于 1936 年出版的《就业、利息和货币通论》一书。根据凯恩斯的分析，中央银行货币政策工具的实施，首先引起货币供应量的变化，而货币供应量的增加或减少将引起利率的下降或上升。在资本边际效率一定的条件下，利率的下降将引起投资的增加，利率的上升则引起投资的减少。投资的增加或减少又将通过乘数作用引起总支出和总收入的同方向变动。所以，如以 M 表示货币供应量，i 表示利率，I 表示投资，Y 表示收入，则在中央银行实行扩张性货币政策时，凯恩斯的货币政策传导机制理论如图 10 - 4 所示。

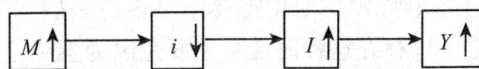

$$\boxed{M\uparrow} \longrightarrow \boxed{i\downarrow} \longrightarrow \boxed{I\uparrow} \longrightarrow \boxed{Y\uparrow}$$

图 10 - 4 凯恩斯货币政策传导机制

凯恩斯认为，若货币供应量增加，则利率将下降，从而将刺激投资，最终将通过乘数作用而使总收入成倍增加。

2. 货币学派的货币政策传导机制理论。货币学派的货币政策传导机制理论是在批评凯恩斯学派理论的过程中提出的。因此，它与凯恩斯学派的上述理论有着重大分歧。首先，货币学派指出，凯恩斯学派认为货币供应量的变动只影响投资，将低估货币政策影响实际经济活动的重要性。在货币学派看来，货币供应量的变动不仅会影响投资，而且会影响消费。其次，货币学派认为，货币政策只能控制货币供应量，而不能控制利率。最后，货币学派认为，货币市场与产品市场是直接连接的。因此，货币政策实际上无需通过利率来加以传导。于是，在货币学派看来，货币供应量的变动可直接引起名义收入的变动。如以扩张性货币政策为例，则货币学派的货币政策传导机制理论可表示为如图 10-5 所示。

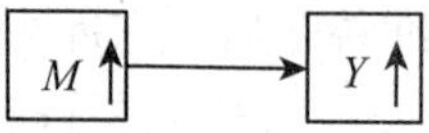

$$M\uparrow \rightarrow Y\uparrow$$

图 10-5　货币学派货币政策传导机制

货币学派的货币政策传导机制理论以弗里德曼的分析最为典型。弗里德曼认为，中央银行通过货币政策的操作只能控制货币供应量，而不能控制利率。货币供应量的变动将直接导致名义收入的变动。

关于货币政策传导机制，还有资产价格渠道理论、信用渠道理论等。

资产价格渠道理论认为，货币政策将通过影响各种金融资产的价格，尤其是股票的价格来传导到实体经济，从而达到货币政策的最终目标。这类理论大致有三种：一是托宾的 q 理论；二是莫迪利安尼的财富效应理论；三是汇率渠道理论。实际上，资产价格渠道理论是对凯恩斯学派利率渠道理论的一种扩展，因为利率本身就是一种资产的价格，即一种特殊的金融资产——货币的价格。

20 世纪 80 年代末 90 年代初，随着国际金融环境的变化，尤其是金融创新的蓬勃开展和资本市场的大力发展，不少经济学家纷纷提出，在新的金融背景下，货币政策将更多地通过信用渠道来传导。而所谓货币政策传导机制的信用渠道，主要包括两个：一是银行贷款渠道；二是资产负债表渠道。

（三）货币政策传导的时滞效应

任何政策从制定到取得主要的或全部的效果，必须经过一段时间，这段时间称为时滞。货币政策的时滞是指从货币政策的制定到最终影响各经济变量，实现政策目标所经过的时间，也就是货币政策传导过程所需要的时间。就总体过程而言，货币政策时滞可分为内部时滞和外部时滞。

1. 内部时滞。内部时滞是指中央银行从认识制定货币政策的必要性，到研究政策措施和采取实际行动所经过的时间。它可再分为两个阶段。

（1）认识时滞。即从经济形势发生变化需要中央银行采取行动，到中央银行认识到这种必要性所经过的时间。之所以存在这种时滞，主要是因为：一是搜集各种信息资料需要耗费一定的时间；二是对各种复杂的社会经济现象进行综合性分析，作出客观、符合实际的判断需要耗费一定的时间。

（2）行动时滞。即从中央银行认识到这种必要性到实际采取行动的时间间隔。这段时滞之所以存在，是因为中央银行要根据经济形势研究对策、拟订方案，并对所提方案作可行性论证，最后审定批准。整个制定过程的每一个步骤都需要耗费一定的时间。

内部时滞的长短取决于中央银行对经济形势发展的预见能力、制定对策的效率和行动的决心等，一般时间较短，也易于解决。只要中央银行对经济活动的动态能随时、准确地掌握，并对今后一段时期的发展趋势作出正确的预测，就能对经济形势的变化迅速作出反应，并采取相应的措施，从而减少内部时滞。

2. 外部时滞。外部时滞又称影响时滞，是指从中央银行采取行动到对政策目标产生影响所经过的时间。这也是作为货币政策调控对象的金融部门及企业部门对中央银行实施货币政策的反映过程。外部时滞也分为两个阶段。

（1）操作时滞。即从实施货币政策工具到其对中介指标发生作用所需的时间。这段时滞的产生是因为在实施货币政策的过程中，无论使用何种政策工具，都要通过中介指标的变动而产生效果。而政策是否能奏效，主要取决于商业银行和其他金融机构对中央银行政策的态度、对政策工具的反应能力以及金融市场对央行政策的敏感程度等。

（2）市场时滞。即从中介变量发生反应到中介变量对最终目标变量产生作用所耗用的时间。这段时滞之所以存在，是因为货币政策要通过利率的变动、经由投资的利率弹性产生效应或者通过货币供应量的变动、经由消费的收入弹性产生效应。不仅企业部门对利率的变动、私人部门对货币收入的变动作出反应有一个滞后过程，投资和消费的实现也有一个滞后过程。各种政策工具对中介指标的作用力度大小不等，社会经济过程对中央银行的宏观金融措施的反应也是具有弹性的。因此，中介指标的变动是否能够对最终目标发生作用，还取决于调控对象的反应程度。

外部时滞的长短主要取决于政策的操作力度和金融部门、企业部门对政策工具的弹性大小。外部时滞较为客观，它不像内部时滞那样可由中央银行掌握，而是一个由社会经济结构与产业结构、金融部门和企业的行为等多种因素综合决定的复杂变量。因此，中央银行对这段时滞很难进行实质性的控制。

时滞是影响货币政策效应的重要因素。如果货币政策所产生的大部分影响能较快地有所表现，那么中央银行就可根据期初的预测值，考察政策生效的情况，并对政策的取向和力度作必要的调整，从而使政策能够更好地实现预期目标。但如果政策的大部分效应要在较长的时间（如两年后）产生，而在这两年内经济形势会发生很多变化，那就很难证明货币政策的预期效果是否实现。

二、货币政策中介目标和操作目标

货币政策的中介目标和操作目标就是中央银行为了实现货币政策最终目标而设置的可供观测和调整的目标。货币政策中介目标和操作目标在货币政策的传导中起着承上启下的作用，使中央银行对宏观经济的调控更具弹性。

（一）货币政策中介目标和操作目标的作用

从货币政策开始启动到最终目标发生变化（如物价变动、经济增长率和失业率变动），需要一个相当长的"时间差"，一般来说，西方国家货币政策"时间差"都在 9 个月到 1 年左右。为此，各国中央银行都设置一些能够在短期内显现出来，并可与货币政策最终目标高度相关的指标，作为自己调整货币政策工具时用于观测和控制的标的。概括起来，货币政策中介目标和操作目标的作用在于：表明货币政策实施的进度；为中央银行提供一个追踪的指标；便于中央银行随时调整货币政策。

（二）选择中介目标和操作目标的标准

1. 可控性。中央银行能够运用货币政策工具对该指标进行有效的控制和调节，能够准确地控制金融变量的变动状况及其变动趋势。

2. 可测性。货币政策中介目标和操作目标的内涵和外延要明确，有关的指标数据能连续、准确、及时地获得。只有如此，才便于观察、分析和监测。

3. 相关性。作为中介目标的金融指标必须与最终目标密切相关，作为操作目标的金融指标也必须同中介目标紧密相关。一方面，通过指标的变化数值能测知货币政策的实施状况；另一方面，通过对指标的调节和控制，能够保证货币政策方向的合理和正确。

4. 抗干扰性。货币政策中介目标和操作目标在非货币政策因素的干扰下，反应迟钝。只有如此，其反映出来的信息才真实、可靠，避免货币当局的判断失误，导致决策失误。

上述四项标准在理论上缺一不可，但实践中各项指标性能不一，各有缺陷，难以做到十全十美，中央银行只能择其较好者而用之。

（三）货币政策的操作目标

操作目标是接近中央银行政策工具的金融变量，它直接受政策工具的影响，其特点是中央银行容易对它进行控制，但它与最终目标的因果关系不大稳定。货币政策的操作指标主要有两个，即基础货币和超额准备金。

1. 基础货币。基础货币是指流通中的现金以及商业银行所持有的存款准备金的总和。这部分货币构成了货币供应量的基础，故称为基础货币，也称为强力货币或高能货币，是中央银行可直接控制的金融变量，也是银行体系的存款扩张和货币创造的基础。在现代信用货币流通的条件下，货币供给总量等于基础货币乘以货币乘数，在货币乘数一定的前提下，控制基础货币也就控制了货币供给总量。因为基础货币是中央银行的负债，中央银行对已发行的现金和它持有的存款准备金都掌握着相当及时的信息。依靠管理工具，中央银行对基础货币是能够直接控制的。基础货币也是我国现行的货币政策操作指标之一。

2. 超额准备金。商业银行等金融机构的准备金分为两部分：一部分是按照法定准备金率持有的准备金，一般都存在中央银行的账户上，其数量大小金融机构无权自己变动；另一部分是超过法定存款准备金数额的准备金，称为超额准备金，金融机构可以自主决定和使用。法定存款准备金和超额准备金可以相互转化，当法定存款准备金数量超出国家法定标准时，超出的部分可以存入超额准备金账户；反之，当法定存款准备金不足时，可以由超额准备金补足。

超额准备金是商业银行扩大贷款规模，增加货币供应量的基础。中央银行对商业银行的超额准备金是可以控制的，控制的方法就是通过变动法定存款准备率和实行公开市场操作。当提高法定准备率或在公开市场出售有价证券时，就会使商业银行的超额准备金减少，反之就会使商业银行超额准备金增加。

此外，通过超额准备金这个指标也可以观测经济活动的变化情况，当经济繁荣时，商业银行会减少超额准备金以扩张信用；当经济衰退时，贷款需求减少，商业银行的超额准备金会增加。因此，中央银行可以通过控制超额准备金来控制信用规模，进而影响经济活动水平。当然，超额准备金有非政策因素的影响，它的增减变化容易使中央银行产生错觉。

（四）货币政策的中介目标

中介目标是距离政策工具较远但接近于最终目标的金融变量，其特点是中央银行不容易对它进行控制，但它与最终目标的因果关系比较稳定。可用作中介目标的金融指标有：市场利率、货币供应量和贷款量等。

1. 市场利率。市场利率作为中介目标的优点：一是可测性强。可随时观察到市场利率的水平及结构，资料易于获取。二是反应灵敏。利率是市场银根松紧的指示器，也是经济周期波动的指示器。三是传导性好。货币当局可通过利率影响投资需求，以调节总供求。缺点是：抗干扰性弱。一是容易受心理预期、金融市场投机活动等各种非货币政策因素的影响而降低其真实性；二是其高低变动是外生性的还是内生性的难以区分。例如，为了抑制需求，想通过货币政策工具的操作来影响市场利率提高到一定预定水平。可是，经济活动本身却内生性地把市场利率抬高到这个水平，两者方向相同，很难判断这个利率水平是不是货币政策作用的结果。由于还没有实现利率市场化，利率在我国主要是作为货币政策工具而非中介指标来使用。

2. 货币供应量。以弗里德曼为代表的现代货币数量论者认为，宜以货币供应量或其变动率为主要中介指标。他们的主要理由：一是货币供应量的变动能直接影响经济活动；二是货币供应量及其增减变动能够为中央银行所直接控制；三是与货币政策联系最为直接，货币供应量增加，表示货币政策宽松，反之则表示货币政策紧缩；四是货币供应量作为中介指标不易将政策性效果与非政策性效果相混淆，因而具有准确性的优点。

但以货币供应量为中介指标也有几个问题需要考虑。一是中央银行对货币供应量的控制能力。货币供应量的变动主要取决于基础货币的改变，但还要受其他种种非政策性因素的影响，如现金漏损率、商业银行超额准备金率等，非中央银行所能完全控制。二是货币供应量传导的时滞问题。中央银行通过变动准备金以达到一定的货币量变动率，此间存在着较长的时滞。三是货币供应量与最终目标的关系。对此有些学者尚持怀疑态度，但综合衡量的结果来看，货币供应量仍不失为一个性能较为良好的中介指标。

3. 其他中介指标。有一些国家和地区由于特定经济金融条件，将汇率作为货币政策中介指标，如新加坡、中国香港等国家和地区。它们具有高度外向型经济特征，对外依存度很高，国际经济对其经济稳定十分重要，所以才会选择汇率作为中介指标。还有一些发生恶性通货膨胀的国家也利用将本国货币与硬通货强行挂钩的方式克服通胀，增强对本国货币的信心，也就采取汇率作为中介指标了。

除了汇率之外，贷款量也可以充当货币政策中介指标。它适用于金融市场发育水平较低的国家和地区，控制了贷款量也就控制了货币供应总量。

本章小结

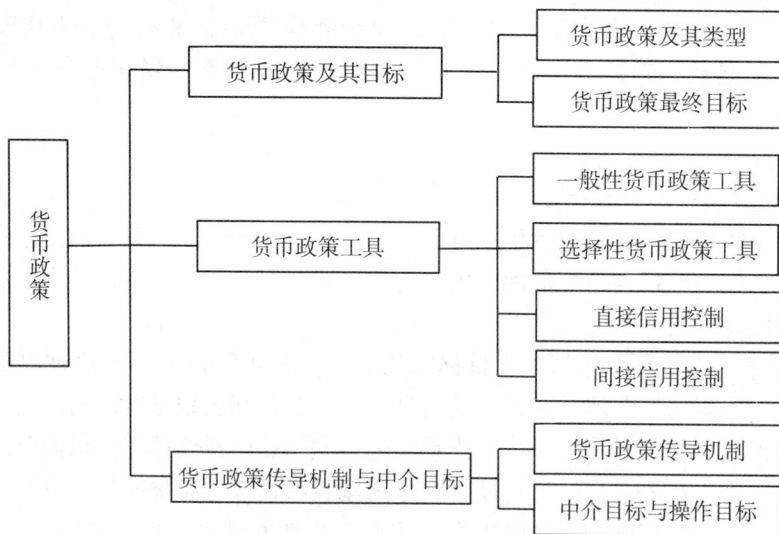

复习思考题

一、单项选择题

1. 货币政策是调节（　　）的政策。
   A. 社会总需求　　　　　　　　　B. 社会总供给
   C. 社会总投资　　　　　　　　　D. 一般物价水平

2. 货币政策四大最终目标中，（　　）是基本统一的，存在正相关关系。
   A. 稳定物价与充分就业　　　　　B. 经济增长与充分就业
   C. 稳定物价与经济增长　　　　　D. 经济增长与国际收支平衡

3. 在经济衰退时，中央银行应该（　　）法定存款准备金率。
   A. 调高　　　　　B. 降低　　　　　C. 不改变　　　　　D. 取消

4. 当中央银行提高再贴现率时，货币供给量一般会（　　）。
   A. 增加　　　　　B. 减少　　　　　C. 不变　　　　　D. 不一定

5. 当中央银行在国债市场上买进国债时，货币供给量一般会（　　）。
   A. 增加　　　　　B. 减少　　　　　C. 不变　　　　　D. 不一定

6. 最猛烈、最具有强制性的货币政策工具是（　　）。
   A. 再贴现政策　　　　　　　　　B. 公开市场业务
   C. 存款准备金政策　　　　　　　D. 不动产信用控制

7. 不属于公开市场业务特点的有（　　）。
   A. 中央银行具有主动性　　　　　B. 可以对货币供应量进行微调
   C. 中央银行处于被动地位　　　　D. 有利于进行经常性、连续性操作

8. 从中介变量发生反应到中介变量对最终目标变量产生作用所耗用的时间称为（　　）。
   A. 行动时滞　　　　B. 决策时滞　　　　C. 操作时滞　　　　D. 市场时滞

9. 下列金融变量，（　　）是货币政策的操作目标。

    A. 市场利率　　　　B. 基础货币　　　　C. 货币供应量　　　D. 汇率

10. （　　）理论是对凯恩斯学派利率渠道理论的一种扩展。

    A. 弗里德曼的货币政策传导机制理论　B. 资产价格渠道理论

    C. 信用渠道理论　　　　　　　　　　D. 资产负债管理理论

二、多项选择题

1. 货币政策目标一般包括（　　）。

    A. 财政收支平衡　　B. 物价稳定　　　　C. 经济增长

    D. 充分就业　　　　E. 国际收支平衡

2. 利率作为货币政策中介指标具有（　　）的特点。

    A. 传导性好　　　　B. 可测性强　　　　C. 抗干扰性强

    D. 抗干扰性弱　　　E. 可测性弱

3. 中央银行对某些特殊领域的信用进行调节时通常采用下列措施（　　）。

    A. 消费者信用控制　B. 信用配额　　　　C. 不动产信用控制

    D. 优惠利率　　　　E. 证券市场信用控制

4. 货币政策的操作指标主要有（　　）。

    A. 基础货币　　　　B. 超额准备金　　　C. 市场利率

    D. 货币供应量　　　E. 贷款量

5. 在货币政策的实践中，协调不同目标之间矛盾的方法有（　　）。

    A. 调整目标　　　　B. 调整政策工具　　C. 统筹兼顾

    D. 相机抉择　　　　E. 政策搭配

三、问答题

1. 什么是货币政策？有什么特征？

2. 简述货币政策目标之间的关系。

3. 如何选择货币政策中介目标和操作目标？

4. 中央银行的"三大法宝"是什么？各自如何发挥其作用？效果如何？

5. 什么是货币政策传导时滞？如何划分？

四、案例分析

2015 年以来我国法定存款准备金率调整情况一览表

公布日期	生效日期	大型金融机构		中小金融机构	
		调整前	调整后	调整前	调整后
2015 年 2 月 04 日	2015 年 2 月 05 日	20.00%	19.50%	16.50%	16.00%
2015 年 4 月 19 日	2015 年 4 月 20 日	19.50%	18.50%	16.00%	15.00%
2015 年 6 月 27 日	2015 年 6 月 28 日	18.50%	18.00%	15.00%	14.50%
2015 年 8 月 26 日	2015 年 9 月 6 日	18.00%	17.50%	14.50%	14.00%
2015 年 10 月 23 日	2015 年 10 月 24 日	17.50%	17.00%	14.00%	13.50%
2016 年 2 月 29 日	2016 年 03 月 01 日	17.00%	16.50%	13.50%	13.00%

根据该一览表，结合我国宏观经济运行状况，思考并回答如下问题：

1. 中央银行实施的是何种类型的货币政策？为什么？
2. 这一阶段货币政策目标以什么为主？
3. 存款准备金政策怎样影响货币政策中介目标？

实训项目
金融宏观调控

通过情景模拟，了解中央银行货币政策制定实施的过程，理解金融宏观调控的意图。

1. 搜集近期消费、投资、进出口、物价指数、采购经理人指数等数据。
2. 运用所学经济学基本原理，对经济运行情况进行简单分析判断。
3. 模拟中央银行选择货币政策类型。
4. 模拟中央银行实施某一种货币政策工具。
5. 分析该政策工具传导的过程及可能的效应。
6. 将实训所得结果填写在实训报告上。
7. 组织各小组汇报和讨论。

第十一章

国际金融

学习目标

知识目标

- 了解国际金融市场产生和发展的历史。
- 掌握外汇、汇率的基本含义；理解汇率的标价方法。
- 掌握国际收支的含义、理解国际收支平衡表的构成内容。
- 掌握国际金融市场的含义，理解国际金融市场的分类、内容与作用。

能力目标

- 能够正确认识和分析现实经济中的外汇现象。

【章前引例】

"广场协议"导致日元升值

1984 年，美国的经常项目赤字达到创纪录的 1000 亿美元，美国与各国，尤其是与主要逆差来源国日本之间的贸易摩擦加剧。为此，美国希望通过美元贬值来增加产品的出口竞争力，以改善美国国际收支不平衡状况。1985 年 9 月，美国、日本、联邦德国、法国、英国等 5 个发达国家的财长及央行行长，在纽约广场饭店举行会议，决定五国政府联合干预外汇市场，使美元对主要货币有序地下跌，以增加美国产品的出口竞争能力，解决美国巨额的贸易赤字，史称"广场协议"。

"广场协议"导致美元持续大幅度贬值，其中受影响最大的是日元。1985 年 9 月，日元汇率还在 1 美元兑 250 日元上下波动；而在不到 3 年的时间里，美元对日元贬值了 50%，最低曾跌到 1 美元兑 120 日元。随后，日本经济进入十多年低迷期，被称为"失落的十年"。虽然日本经济持续萧条的根源在于经济结构的自身缺陷和日本政府错误的经济政策，但"广场协议"无疑也是日本经济持续萧条的重要因素之一。

第一节　外汇与汇率

【节前引例】

索罗斯狙击泰铢

1996 年，外国短期资本大量流入泰国房地产、股票市场，导致其楼市、股市出现了明显的泡沫，泰国资产被严重高估，国际金融大鳄们预测泰铢会贬值，开始在金融市场上寻找错误的汇率定价中的获利机会。

1997 年 2 月初，以索罗斯为主的国际投资机构向泰国银行借入高达 150 亿美元的数月期限的远期泰铢合约，而后于现汇市场大规模抛售。当时泰铢实行与美元挂钩的固定汇率制，索罗斯的狙击导致泰铢迅速贬值，多次突破泰国中央银行规定的汇率浮动限制，引起市场恐慌。泰国中央银行为维护泰铢币值稳定，买入泰铢，但只有区区 300 亿美元外汇储备的泰国中央银行历经短暂的战斗，便宣告"弹尽粮绝"，最后只得放弃已坚持 14 年的泰铢盯住美元的汇率政策，实行有管理的浮动汇率制。

泰铢大幅贬值后，国际投资机构再以美元低价购回泰铢，用来归还泰铢借款和利息。索罗斯沽空使得他狂赚数 10 亿美元。泰铢贬值引发了金融危机，沉重地打击了泰国经济发展，成为亚洲金融危机的导火索。

一、外汇概述

（一）外汇的含义

外汇的概念具有双重含义，即有静态和动态之分。

1. 静态外汇。指的是以外国货币表示的，为各国普遍接受的，可用于国际间债权债务结算的各种支付手段。一种外币成为外汇要有三个前提条件：

（1）自由兑换性，即这种外币能自由地兑换成本币；

（2）普遍接受性，即这种外币在国际经济往来中被各国普遍接受和使用；

（3）可偿性，即这种外币资产是可以保证得到偿付的。

只有满足上述三个条件的外币及其所表示的资产（各种支付凭证和信用凭证）才是外汇。

中国于 1997 年修正颁布的《外汇管理条例》规定，外汇，是指下列以外币表示的可以用作国际清偿的支付手段和资产：国外货币，包括铸币、钞票等；外币支付凭证，包括票据、银行存款凭证、邮政储蓄凭证等；外币有价证券，包括政府公债、国库券、公司债券、股票、息票等；特别提款权、欧洲货币单位；其他外汇资产。

2. 动态外汇。外汇动态概念是指货币在各国间的流动以及把一个国家的货币兑换成另一个国家的货币，借以清偿国际间债权、债务关系的一种专门性的经营活动。它是国际间汇兑的简称。

二、汇率的标价方法与种类

（一）汇率的含义

汇率亦称外汇行市或汇价，是一国货币兑换另一国货币的比率，是以一种货币表示另一种货币的价格。由于世界各国货币的名称不同，币值不一，所以一国货币对其他国家的货币要规定一个兑换率，即汇率。从短期来看，一国的汇率由对该国货币兑换外币的需求和供给所决定。外国人购买本国商品、在本国投资以及利用本国货币进行投机会影响本国货币的需求。本国居民想购买外国产品、向外国投资以及外汇投机影响本国货币供给。

（二）汇率的标价方法

确定两种不同货币之间的比价，先要确定用哪个国家的货币作为标准。由于确定的标准不同，于是便产生了几种不同的外汇汇率标价方法。

1. 直接标价法。以本国货币表示外国货币价格的标价方法称为直接标价法。其特点是，外国货币的量是固定不变的，一般是 1 个单位或 100 个单位，本国货币的量是可变的，随着本国货币和外国货币的币值变化而变化。目前，在国际外汇市场上，包括中国在内的世界上绝大多数国家目前都采用直接标价法。如日元兑美元汇率为 119.05 即 1 美元兑 119.05 日元。

在直接标价法下，若一定单位的外币折合的本币数额多于前期，则说明外币币值上升或本币币值下跌，叫作外汇汇率上升；反之，如果要用比原来较少的本币即能兑换到同一数额的外币，这说明外币币值下跌或本币币值上升，叫作外汇汇率下跌，即外币的价值与汇率的涨跌成正比。

2. 间接标价法。以外国货币表示本国货币价格的标价方法就是间接标价法。其特点是，本国货币的量固定不变，外国货币的量随着本国货币或外国货币币值的变化而变化。在国际外汇市场上，欧元、英镑等均为间接标价法。如欧元兑美元汇率为 0.9705 即 1 欧元兑 0.9705 美元。

在间接标价法中，本国货币的数额保持不变，外国货币的数额随着本国货币币值的变化而变化。如果一定数额的本币能兑换的外币数额比前期少，这表明外币币值上升，本币币值下降，即外汇汇率下跌；反之，如果一定数额的本币能兑换的外币数额比前期多，则说明外币币值下降、本币币值上升，即外汇汇率上升，即外汇的价值和汇率的升跌成反比。因此，间接标价法与直接标价法相反。

3. 美元标价法。美元标价法又称纽约标价法，表示美元与其他各国货币价格的标价方法就是美元标价法。西方各大银行、主要外汇市场的外汇标价多采用美元标价法，以便于日常外汇交易中对各种货币的汇率进行比较，尤其便于和美国外汇市场的汇率进行比较，从而迅速、准确地进行交易。

三、汇率制度

（一）汇率制度的种类

汇率制度又叫汇率安排，是指各国或国际社会对于确定、维持、调整与管理汇率的原则、方法、方式和机构等所作出的系统规定。按照汇率波动幅度的大小，可以将汇率制度分为固定汇率制度和浮动汇率制度。

1. 固定汇率制度。固定汇率制度是指两国货币比价基本固定（平价），并且比价波动的幅度控制在一定范围内。

金本位制时期和第二次世界大战后的布雷顿森林体系时期都实行这种汇率制度。其最大的优点就是避免了国际经济交往中的汇率风险，有利于国际贸易和国际投融资的发展。

2. 浮动汇率制度。浮动汇率制度是指汇率完全由市场的供求决定，政府不加任何干预的汇率制度。自从以美元为中心的固定汇率制度崩溃，1973 年主要西方国家普遍实行了浮动汇率制度。

该制度又有多种分类，一是按政府是否干预划分，可以分为自由浮动和管理浮动，现实中，真正的自由浮动是不存在的，各国实行的都是干预程度不同的管理浮动。可见，在浮动汇率制度下，政府（货币当局）的作用尤为重要；二是按被盯住的货币不同，可分为盯住单一货币浮动以及盯住合成货币。

（二）人民币汇率制度

随着经济、金融体制改革的不断深化，外汇管理体制改革也不断推进，人民币汇率形成机制进一步完善。2005年中国人民银行对我国汇率制度作出了重大变革，主要内容是：从2005年7月21日起，我国开始实行以市场供求为基础、参考一篮子货币进行调节、有管理的浮动汇率制度。人民币汇率不再盯住单一美元，而是参照一篮子货币、根据市场供求关系来进行浮动。这里的"一篮子"货币，是指按照我国对外经济发展的实际情况，选择若干种主要货币，赋予相应的权重，组成一个货币篮子。同时，根据国内外经济金融形势，以市场供求为基础，参考一篮子货币计算人民币多边汇率指数的变化，对人民币汇率进行管理和调节，维护人民币汇率在合理均衡水平上的基本稳定。

第二节　国际收支

【节前引例】

国际收支平衡表

2017年3月1日，国家外汇管理局公布了2016年四季度及全年国际收支平衡表初步数据。

2016年，我国国际收支继续呈现"一顺一逆"，即经常账户顺差、资本和金融账户（不含储备资产）逆差。

一是经常账户仍保持顺差，占GDP的比例为1.9%。2016年，经常账户顺差2104亿美元，其中，货物贸易顺差4852亿美元，虽然较2015年的历史高位下降14%，但仍显著高于2014年度及以前各年度水平，显示我国对外贸易仍具有较强的竞争力。服务贸易逆差2423亿美元，增长33%，主要是旅行项下逆差增长，反映出随着我国经济发展和国民收入提高，更多国人走出国门旅游、留学，享受全球化及相关政策不断开放带来的便利。

二是对外金融资产增加，境内主体继续配置境外资产。2016年，我国对外金融资产净增加规模创历史新高。具体来看，对外直接投资净增加2112亿美元，较上年多增12%；通过QDII、RQDII和港股通等对外证券投资净增加近1000亿美元，多增约30%；存贷款和贸易信贷等资产净增加约3000亿美元，多增约1.5倍。

三是各类来华投资均呈现净流入。2016年，外国来华直接投资净流入保持了1527亿美元的较高水平；来华证券投资净流入超过300亿美元，较上年多增约4倍；存贷款、贸易信贷等负债净流入约400亿美元，上年为净流出3515亿美元。这一方面表明我国经济仍然具有较强的吸引力；另一方面，境内企业在2015年快速偿还对外债务并释放了相关风险后，2016年其融资需求已明显恢复。同时，随着我国金融市场对外开放和配套措施的出台，境外主体来华进行各类投资的动力亦有所增强。

四是储备资产减少。2016年，我国储备资产减少4436亿美元，其中，因国际收支交易形成的外汇储备（不含汇率、价格等非交易因素影响）下降4487亿美元，在国际货币基金组织的储备头寸等增加50亿美元。

一、国际收支的概念

国际收支是反映一国宏观经济状况的重要指标，国际收支失衡的原因、影响及其调节理论，是国际金融理论的重要组成部分。维持国际收支平衡是一国宏观经济的四大目标之一。

国际收支是指一定时期内一国居民与非居民之间全部经济交易的系统记录。要理解国际收支的概念必须把握以下几点：

1. 国际收支记录的是居民与非居民之间的交易。居民是一个广义的概念，包括自然人和法人。按照我国《国家外汇管理局关于规范非居民个人外汇管理有关问题的通知》中所称"非居民个人"系指外国自然人（包括无国籍人）、港澳台同胞和持中华人民共和国护照但已取得境外永久居留权的中国自然人。非居民企业是指依照外国（地区）法律、法规成立且实际管理机构不在中国境内，但在中国境内设立机构、场所的，或者在中国境内未设立机构场所，但有来源于中国境内所得的企业。

2. 国际收支是全部经济交易的系统记录。包括以下四类：

（1）交换。即一交易者（经济体）向另一交易者（经济实体）提供一定经济价值并从对方得到价值相等的回报。这里的经济价值，可概括为实际资源（货物、服务、收入）和金融资产。

（2）转移。即一交易者向另一交易者提供了经济价值，但是没有得到任何补偿。

（3）移居。指一个人把住所从一经济体搬迁到另一经济体的行为。移居后，该个人原有的资产负债关系的转移会使两个经济体的对外资产、债务关系均发生变化。

（4）其他根据推论而存在的交易。在一些情况下，可以根据推论确定交易的存在，即使是实际流动并没有发生，也需要在国际收支中予以记录。

国际收支是一个流量的概念。流量是一定时期内发生的变量变动的数值。国际收支一般是对一年内的交易进行总结，所以它是一个流量的概念。

二、国际收支平衡表

国际收支平衡表是反映一定时期一国同外国的全部经济往来的收支流量表。国际收支平衡表是对一个国家与其他国家进行经济技术交流过程中所发生的贸易、非贸易、资本往来以及储备资产的实际动态所作的系统记录，是国际收支核算的重要工具。按照这一规定国际收支账户可分为三大类：

1. 经常账户。经常账户是指对实际资源在国际间的流动行为进行记录的账户。它包括货物、服务、收入和经常转移。

（1）货物。货物包括一般商品、用于加工的货物、货物修理、各种运输工具在港口购买的货物和非货币黄金。

（2）服务。包括运输、旅游、通信、金融、计算机服务、专有权征用以及其他商业服务等。

（3）收入。包括居民和非居民之间的两大类交易：支付给非居民的工资报酬；投资收入项下有关对外金融资产和负债的收入和支出。

（4）经常转移，又称无偿转移或单方面转移。包括所有非资本转移项目的转移，是指商品、劳务或金融资产在居民和非居民之间转移后，并未得到补偿和回报。

2. 资本和金融账户。资本和金融账户是指对资产所有权在国际间流动行为进行记录的账户。它包括资本账户和金融账户两大部分。

资本账户包括资本转移和非生产、非金融资产的收买和放弃。资本转移主要是指投资捐赠和债务注销；非生产、非金融资产的收买和放弃是指各种无形资产如专利、版权、商标、经销权以及租赁和其他可转让合同的交易。

金融账户包括了一个经济体对外资产和负债所有权变更的所有交易。根据投资类型或功能，金融账户可以分为直接投资、证券投资、其他投资、储备资产四类。与经常账户不同，金融账户的各个项目并不按借贷方总额来记录，而是按净额来计入相应的借方或贷方。

3. 错误和遗漏账户。简单地说，由于从事国际交往的行为主体成千上万，统计时难免发生差错，因而，一切统计上的误差均归入错误和遗漏账户。

国际收支平衡表是按照"有借必有贷，借贷必相等"的复式记账原则来系统记录每笔国际经济交易。这一记账原则要求，对每一笔交易要同时进行借方记录和贷方记录，贷方记录资产的减少、负债的增加；借方记录资产的增加、负债的减少。

三、国际收支的失衡和调节

国际收支的政策调节是指国际收支不平衡的国家通过改变其宏观经济政策和加强国际经济合作，主动地对本国的国际收支进行调节，以使其恢复平衡。国际收支失衡后，有时并不需要政府立即采取措施来加以消除，经济体系中存在着某些机制，往往能够使国际收支失衡至少在某种程度上得到缓和，乃至自动恢复均衡。但是国际收支的自动调节机制只能在某些条件或经济环境下才会发生作用，因此，当国际收支出现失衡时需要主动采取适当的政策措施。这些政策主要有：

（一）外汇缓冲政策

外汇缓冲政策是指一国运用所持有的一定数量的国际储备，主要是黄金和外汇，作为外汇稳定或平准基金，来抵消市场超额外汇供给或需求，从而改善其国际收支状况。这一政策的优点是简单易行；缺点是不适于对付长期的、巨额的国际收支失衡。

（二）财政和货币政策

财政、货币政策是一国的宏观经济政策，通过财政货币政策的调整可以影响一国的社会总需求，进而对国际收支产生影响。当一国出现国际收支逆差时，当局可以实行紧缩性的财政货币政策进行调节；而当国际收支顺差时，则可以采取扩张性的财政货币政策进行调节。然而，这类政策的局限性在于，国际收支的改善是以牺牲国内经济为代价的。往往与国内经济目标发生冲突。因此，这类政策主要适宜于用来纠正国际收支的周期性赤字。当一国同时面临国内、国际内外两个经济目标时，政府在宏观经济政策运用时还要注意财政政策与货币政策的搭配，一般是以财政政策对内，货币政策对外。

（三）汇率政策

汇率政策是指运用汇率的变动来消除国际收支差额。国际收支逆差时降低本币汇率，顺差时提高本币汇率。但汇率变动能否产生预期效果取决于诸多条件，如进出口商品的供求弹性、国内承受能力（特别是通胀的压力）以及时滞效应等。

（四）直接管制

对于结构性变动所引起的国际收支失衡，以上政策都难以收到良好的效果。因此，在出现国际收支结构性失衡时，许多发展中国家都是采取直接管制的方式。即政府通过发布行政命令，对国际经济交易进行直接干预，以求国际收支平衡的政策措施。从实施的性质来看，直接管制的措施包括数量管制和价格管制。前者主要针对进口来实施，包括进口配额、进口许可证制、外汇管制等各种非关税进口壁垒。后者既可用于减少进口支出，也可以用来增加出口收入，如出口补贴、出口退税、外汇留成、出口信贷优惠等。从实施的效果来看，直接管制往往能在短期内产生立竿见影的效果，但不能从根本上解决国际收支失衡问题，而且，还会恶化国际经济基础关系。

第三节　国际金融市场

【节前引例】

中航油新加坡公司破产事件

中国航油新加坡股份有限公司（下称"中航油新加坡公司"）成立于 1993 年，是中央直属大型国企中国航空油料控股公司（下称"集团公司"）的海外子公司，2001 年在新加坡交易所主板上市，成为中国首家利用海外自有资产在国外上市的中资企业。在总裁陈久霖的带领下，中航油新加坡公司从一个濒临破产的贸易型企业发展成工贸结合的实体企业，业务从单一进口航油采购扩展到国际石油贸易，净资产从 1997 年起步时的 21.9 万美元增长为 2003 年的 1 亿多美元，总资产近 30 亿元，可谓"买来个石油帝国"，一时成为资本市场的明星。中航油新加坡公司被新加坡国立大学选为 MBA 的教学案例，陈久霖被《世界经济论坛》评选为"亚洲经济新领袖"，并入选"北大杰出校友"名录。但 2004 年以来风云突变，中航油新加坡公司在高风险的石油衍生品期权交易中蒙受巨额亏损而破产，成为继巴林银行破产以来最大的投机丑闻。

一、国际金融市场含义与划分

（一）国际金融市场的含义

国际金融市场指从事各种国际金融业务活动的场所。狭义的国际金融市场是指国际间长短期资金借贷的场所。广义的国际金融市场是指从事各种国际金融业务活动的场所，此种活动包括居民与非居民之间或非居民与非居民之间，一般是指广义概念。例如，有短期资金市场、长期资金市场、外汇市场、黄金交易市场等。国际金融市场与国内金融市场的区别在于市场交易主体有一方必须是非居民。

在国际领域中，国际金融市场显得十分重要，商品与劳务的国际性转移，资本的国际性转移、黄金输出入、外汇的买卖以至于国际货币体系运转等各方面的国际经济交往都离不开国际金融市场。

（二）国际金融市场的分类

1. 按资金融通期限的长短划分为国际货币市场和国际资本市场。这是以资金融通的期限长短为标准划分的。国际货币市场即国际短期资金市场，是指资金借贷期在 1 年以内（含 1年）的、必须有非居民参与交易的国际金融市场。国际资本市场即国际长期资金市场，是指资金借贷期在 1 年以上的、必须有非居民参加的中长期信贷或中长期证券发行与交易的市场。

2. 按经营业务的种类划分为国际资金借贷市场、国际证券市场、外汇市场和国际黄金市场。国际资金借贷市场是指金融机构向非居民提供资金借贷的市场。按照借贷期限长短又可划分为短期信贷市场和长期信贷市场。国际证券市场是外国政府债券、外国公司债券、外国公司股票等有价证券发行和交易的市场，它是国际金融市场的重要组成部分。外汇市场是由各类外汇提供者和需求者组成的，进行外汇买卖，外汇资金调拨，外汇资金清算等活动的场所。国际黄金市场是指有非居民参加的、专门从事黄金交易买卖的市场。

3. 按国际金融市场的演变阶段划分为传统国际金融市场与新型国际金融市场。传统国际金融市场：从事市场所在国货币的国际信贷和国际债券业务，交易主要发生在市场所在国的居民与非居民之间，并受市场所在国政府的金融法律法规管辖。新型国际金融市场也称离岸金融市场：其交易涉及所有可自由兑换的货币，大部分交易是在市场所在国的非居民之间进行的，业务活动也不受任何国家金融体系规章制度的管辖。

4. 按金融资产交割的方式不同划分为现货市场、期货市场、期权市场。现货市场，指现货交易活动及场所的总和；期货市场，主要交易类型有外国货币期货、利率期货、股指期货和贵金属期货等；期权市场，是投资者进行期权交易的场所。

二、国际金融市场内容

（一）国际货币市场

国际货币市场是指有非居民参加的、资金借贷期限在 1 年以内（含 1 年）的交易市场，或称国际短期资金市场。其参与者众多，但商业银行是市场的重要参加者，此外还有政府、金融机构和规模较大的非金融机构。

国际货币市场由银行短期信贷市场、短期证券市场和贴现市场组成。

1. 银行短期信贷市场。银行短期信贷市场是国际银行同业间的拆放市场和银行对外国工商企业提供信贷的市场。

2. 短期证券市场。短期证券市场是国际上进行短期证券发行和交易的市场。交易品种多，规模大，交易活跃。交易品种主要有：国库券、大额可转让定期存单、商业票据、银行承兑汇票及回购协议等。

3. 贴现市场。贴现市场是经营贴现业务的短期资金市场。贴现是银行以及其他金融机构以贴付一定利息的方式购买未到期票据的业务。市场参与者主要是商业银行、中央银行和非银行金融机构。贴现的主要票据有商业票据、国库券和其他短期债券。

（二）国际资本市场

国际资本市场是指非居民参加的融资期限在 1 年以上的中长期资金借贷市场和证券发行与交易的市场。包括中长期国际信贷市场和国际证券市场。

1. 中长期国际信贷市场。中长期国际信贷市场是银行为外国政府、外国企业和国际金融机构等长期资金需求者提供 1 年以上的中长期贷款的市场。一般地，贷款期限在 1~5 年的称为中期，5 年以上的称为长期。

2. 中长期国际证券市场。国际证券市场是一国筹资者通过在国外发行债券和股票来筹集资金的市场。根据融资工具的不同，可分为国际债券市场和国际股票市场。

三、国际金融市场形成条件和作用

（一）国际金融市场形成条件

1. 国际金融市场的形成。国际金融市场最终形成的标志是国际上信贷业务的开展。从历史上看，早在公元 5 世纪欧洲奴隶社会末期，就出现了满足各邻国之间边贸活动需要的货币兑换业。到公元 15 世纪欧洲封建社会末期，货币经营业已经发展到一定规模，开始办理国际汇兑业务和开展少量的地区信贷业务。17 世纪末期，随着美洲大陆的发现与开发以及印度和中国等东方贸易线路的开通，全球性的大市场开始形成。当时英国是世界的工厂，在国际贸易中占有重要地位，因此英镑也成为主要的国际支付手段，伦敦也由此成为国际结算中心和国际资金借贷中心，伦敦国际金融市场随之形成。随着世界各国对外贸易与投资的迅速增长，一些国家的国内金融市场相继发展成为国际金融中心。如瑞士的苏黎世、法国的巴黎、意大利的米兰、德国的法兰克福等。这些国际金融中心的形成，都是依赖于强大的工业生产能力、发达的对外贸易、雄厚的资金实力、完善的银行制度以及优良的金融服务。直至第一次世界大战之前，英镑一直是全球主要的国际结算货币和储备货币，伦敦是世界最主要的国际金融中心。

2. 国际金融市场的发展。第一次世界大战后，伦敦的国际金融中心地位逐步衰落，而第二次世界大战无疑又加速了这一进程。战后，全球国际金融市场经历了重大的演变和发展，可以把这一过程分为四个阶段：

（1）纽约、苏黎世、伦敦"三足鼎立"。两次世界大战后，美国成为世界经济的新霸主，其工业生产总值约占资本主义世界工业生产的 50%，资本输出约占发达国家资本输出总额的 33%，并且集中了世界黄金储备的 70% 左右，美元取代了英镑成为主要的国际储备货币和国际结算货币，纽约也随之取代伦敦成为当时最大的国际金融市场。同一时期，得益于"永久中立国"的地位，瑞士免受两次世界大战的战争创伤，瑞士法郎是当时西欧国家唯一保持自由兑换的货币，中立、安宁、良好的金融环境，使苏黎世金融市场迅速发展成为国际金融市场。经历两次世界大战后，英镑的国际地位和伦敦国际金融中心的作用不断削弱和下降，但是由于英国和其他西欧国家都需要大量的战后重建资金，伦敦仍然具备当时世界上最为发达、最为完善的银行服务设施，所以，伦敦仍然起着主要的国际资本集散地的作用，仍然是最主要的国际金融中心。因此，经历两次世界大战后，纽约、苏黎世、伦敦以其各自的优势成为世界三大国际金融中心，打破了伦敦国际金融中心一枝独秀的格局。

（2）欧洲货币市场的形成和发展。20世纪60年代以后，随着西欧经济迅速崛起，美国的世界经济霸主地位被动摇，其国际收支出现持续的巨额逆差，导致美元和黄金大量外流。流出的美元主要集中在伦敦，成为"欧洲美元"，伦敦也因此成为最大的欧洲美元市场。随着西欧各国金融管制的放松，出现了欧洲英镑、欧洲马克、欧洲法国法郎，欧洲美元市场发展成为欧洲货币市场。欧洲货币市场的出现实现了资金借贷交易真正意义上的国际化，它也成为国际金融市场的重要构成部分。

（3）发展中国家和地区国际金融市场的建立。一些发展中国家和地区在政治上独立后，把建立和发展金融市场作为发展经济的重要一环，经过较长时期的发展，其中一些金融市场成为新兴的国际金融中心，如新加坡、巴林、科威特等，使国际金融市场走向全球化。

（4）纽约、伦敦、东京国际金融市场"金三角"的形成。20世纪50年代中期至70年代初期，日本经济持续高速增长，为东京在20世纪80年代成为仅次于纽约、伦敦的国际金融中心奠定了基础。东京国际金融中心的崛起使它同纽约、伦敦一起构成了国际金融市场的"金三角"。

3. 国际金融市场形成的条件。

（1）政局稳定。政治、经济局势稳定是国际金融市场赖以存在和发展的前提条件。例如，黎巴嫩的贝鲁特曾经是重要的国际金融中心，但中东战争使其丧失了国际金融中心的地位。

（2）完善的市场结构。完善的市场结构使其具有门类齐全的金融机构和高素质的金融人才以及健全和高效的金融运行机制，使其能够迅速处理国际金融业务，这是国际金融市场形成和发展的基础。

（3）宽松的经济政策和金融政策。宽松的经济政策和金融政策主要表现在三个方面：一是开放的经济政策，保证对外经济往来活跃，进出口贸易具有一定规模；二是宽松的外汇管理制度，使货币可以自由兑换，资金调度灵活；三是所在国政府对存款准备金、税率、利率等方面采取优惠措施。

（4）完备的基础设施。国际金融市场以无形市场为主，现代化的国际通信条件、高效的结算网络是货币买卖、国际信贷、票据及有价证券发行、承购、转让等业务活动得以进行的基础。同时优越的地理位置、便利的交通条件和其他相配套的服务设施对国际金融市场发展也非常重要。中国香港、新加坡成为国际金融中心与它们特殊的地理位置是密不可分的。

（二）国际金融市场作用

1. 大规模的国际资金的运用、调拨，合理高效地进行配置调节，生产和资本国际化。

2. 调节各国国际收支。一是汇率自动调节；二是国际储备动用；三是金融市场上借贷筹措资金，维护一国国际收支。

3. 畅通国际融资渠道，能使一些国家顺利地获得经济发展所需资金。联邦德国和日本的兴起就依赖欧洲货币市场；亚洲货币市场对亚太地区经济发展起到积极作用。

4. 银行业务国际化。跨国银行，各国银行通过市场有机地联系在一起，在国际上建立了良好信用关系。

四、国际金融市场的风险

1. 价格风险将逐渐转变为制度风险。2007 年美国次货危机引发的金融危机给世界经济造成了严重的创伤，由其延伸出许多的金融衍生品信用风险，根据美房地产市场次贷延伸的很多金融衍生品的信用风险观察，以后会把金融市场风险转变为金融监督管理制度方面的风险，金融市场的风险将不再是价格风险，会转变为金融信用风险。

2. 金融产品风险转为资源价格风险。因为国际金融市场对美元利率、美元汇率及美国股市的变化表示担忧，所以按美元计价资产的价值将会下跌，因此由美元主导且由美国引导的国际金融信用问题将会更加突出。该现象说明国际金融风险与资源价格风险具有紧密的联系，这就使得市场和政策调整的复杂性大大增加。从这个角度看来，各个国家的资源战略会把金融风险转变成资源价格风险，严重的情况下可能演变为市场危机。

3. 经济全球化转为投资全球化风险。全球化趋势是不能避免的，全球各经济体之间的连接将愈加紧密，由此导致资本的流动速度与期望效益同金融投资之间的关联度更为密切。价格跟收益息息相关，收益连接以及有关的政策发生改变，会发生流动性过剩的现象，还会导致投资全球化的新格局的形成。此时，各个国家的经济发展的每个阶段与背景的不同为投资博弈提供了一定的生存环境，导致价格博弈、收益与风险平衡会使投资全球化变为溢价效应，而主要将集中于金融产品的价格上涨与投资收益相互攀比的投资溢价扩大上。

本章小结

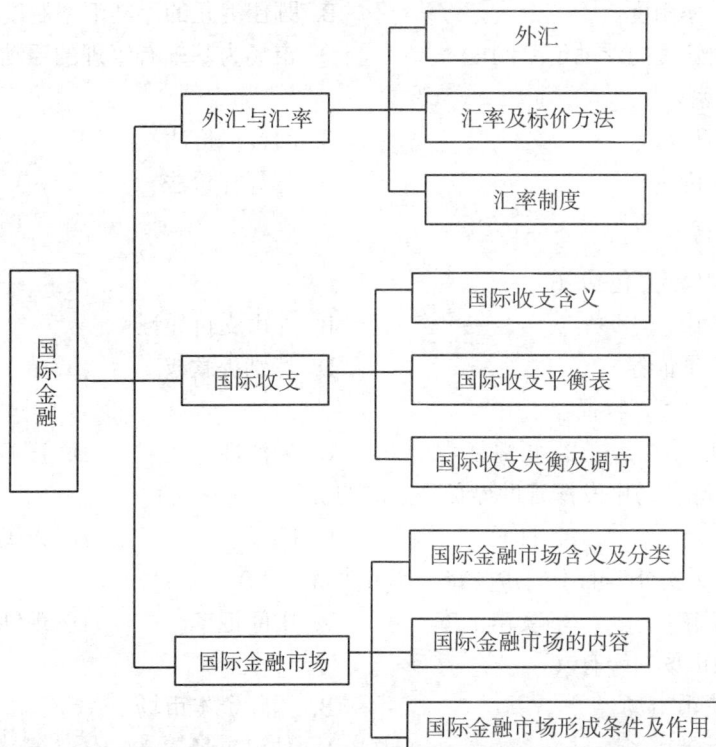

复习思考题

一、单项选择

1. 外国货币除了纸币以外，还包括（　　）。
   A. 铸币
   B. 外国银行存款
   C. 黄金
   D. 银行汇票

2. 下列（　　）是不属于自由兑换的外汇。
   A. 美元　　　　B. 欧元　　　　C. 人民币　　　　D. 英镑

3. 在国际收支平衡表中，最基本的项目是（　　）。
   A. 经常项目
   B. 资本项目
   C. 平衡项目
   D. 国际项目

4. 本国货币数额固定不变，汇率的升降都是以外国货币数额的变化来表示，这种标价法称为（　　）。
   A. 直接标价法
   B. 间接标价法
   C. 美元标价法
   D. 套算标价法

5. 外币数额固定不变，汇率的升降都是以本国货币数额的变化来表示，这种标价法称为（　　）。
   A. 直接标价法
   B. 间接标价法
   C. 美元标价法
   D. 套算标价法

6. 我国目前实行的人民币汇率制度为（　　）。
   A. 固定汇率制度
   B. 盯住美元的浮动汇率制度
   C. 双轨制管理的浮动汇率制度
   D. 市场为基础有管理的浮动汇率制度

7. 人民币汇率采用（　　）。
   A. 直接标价法
   B. 间接标价法
   C. 美元标价法
   D. 套算标价法

二、多项选择

1. 外汇的具体形态包括（　　）。
   A. 外国货币
   B. 外币支付凭证
   C. 外币有价证券
   D. 特别提款权

2. 外汇有（　　）特征。
   A. 外币性　　　B. 可兑换性　　　C. 灵活性　　　D. 普遍接受性

3. 在当代国际贸易中发挥着世界货币职能的货币是（　　）。
   A. 美元　　　　B. 日元　　　　C. 欧元　　　　D. 人民币

4. 根据银行买卖外汇的不同角度将汇率分为（　　）。
   A. 买入汇率　　B. 卖出汇率　　C. 中间汇率　　D. 现钞汇率

5. 国际金融市场内容有（　　）。
   A. 国际货币市场
   B. 国际资本市场
   C. 同业拆借市场
   D. 外汇市场

6. 国际金融机构包括（　　　）。

    A. 国际货币基金组织　　　　　　　　B. 世界银行

    C. 国际清算银行　　　　　　　　　　D. 亚洲开发银行

7. 汇率根据银行买卖外汇的角度不同分为（　　　）。

    A. 买入汇率　　　　B. 卖出汇率　　　　C. 中间汇率　　　　D. 现钞汇率

8. 根据外汇买卖交割期限的不同，将汇率分为（　　　）。

    A. 即期汇率　　　　B. 市场汇率　　　　C. 远期汇率　　　　D. 浮动汇率

9. 根据外汇管理的宽严程度，将汇率分为（　　　）。

    A. 固定汇率　　　　B. 官方汇率　　　　C. 浮动汇率　　　　D. 市场汇率

10. 国际收支平衡表的项目有（　　　）。

    A. 经常项目　　　　　　　　　　　　B. 资本项目

    C. 错误与遗漏项目　　　　　　　　　D. 国际项目

三、问答题

1. 什么是外汇与汇率？

2. 国际收支平衡表的内容是什么？

3. 国际收支失衡的调节方法有哪些？

4. 国际金融市场有哪些作用？

四、案例分析

案例资料：

1997 年席卷东南亚的金融风暴至今令人记忆犹新。1997 年 7 月 2 日，泰国政府和金融当局宣布放弃长达 13 年之久的泰铢与美元挂钩的汇率机制，随后，泰铢贬值高达 48% 左右。之后，菲律宾、马来西亚、印度尼西亚、新加坡等国也相继爆发了金融危机。纵观该地区在 20 世纪 90 年代的经济金融发展，人们普遍认为，此次金融危机的爆发并非偶然。而在危机爆发前后，相关国家对国际收支差额的调整不当，也是诱发金融危机的一个主要原因。现在以泰国为例，分析在这一时期国际收支调节手段的作用和影响。

从 1988 年以来泰国的经常项目就一直维持赤字水平，并有不断扩大趋势，1995 年更是达到了其国内生产总值的 8.1% 。面对这一情况，当时的泰国政府坚持认为，本国的出口增长较快，不必担心。于是在汇率上采取盯住美元的政策，将泰铢稳定在 1 美元兑换 25 泰铢水平上，同时，采取一系列放宽资本账户管制的政策，吸引外资。

从 1993 年起泰国为吸引外资，开放了资本账户，基本实现了资本项目下的可兑换，同时为扩大对外资的吸引力，泰国政府提高了利率水平，使国际游资得以进行套利活动。短期资本中净流入资本的比重 1995 年达到 60% 。通过上述几项政策，使得泰国的金融项目顺差不断扩大，到危机爆发前夕的 1995 年就已经达到了 219 亿美元。虽然其经常项目逆差不断扩大，但在表面上国际收支差额仍然维持在一个较为均衡的水平上。

然而，随着泰国国际竞争力的降低与经常项目赤字的持续上升，泰铢贬值的压力日益增大。进入 20 世纪 90 年代，由于美国经济持续增长，美元币值坚挺，为维持泰铢对美元的固定汇率，泰国中央银行被迫干预外汇市场，大量抛售外汇，使国内银根抽紧，中央银行难以有效控制基础货币。为维持固定汇率制度，泰国付出了惨重的代价。

案例讨论：

1. 根据上述描述，在 20 世纪 90 年代，泰国为了解决经常项目赤字问题采用了哪些国际收支调节手段，它们对泰国的经济产生了什么样的影响？

2. 结合案例分析国际收支整体顺差但经常项目逆差对一国经济的影响。

3. 如何合理地搭配国际收支调节手段？

实训项目
讨论人民币贬值是利还是弊？

实践活动：通过报纸、电脑、图书馆等方式收集相关内容，进行比较分析人民币贬值是利还是弊。

实践目标：通过比较分析理解人民币贬值对个人家庭及公司企业的影响。

具体要求：（1）同学分组，每一小组选出一名组长；

（2）分组课下收集资料并分析整理，各组准备发言所需要的资料；

（3）教师与各小组分别评分；

（4）教师进行总结评价。

第十二章

金融风险与监管

学习目标

知识目标

- 了解金融监管产生和发展的历史。
- 了解世界主要国家的金融监管体系构成。
- 掌握金融风险的含义、特征。
- 掌握金融监管的含义、目标原则、监管内容与方法。

能力目标

- 能够正确认识和分析金融风险对现实经济的影响。

【章前引例】

美国次贷危机

2007 年美国的次贷危机造成全球范围严重的信贷紧缩，使得那些过度投资于国际金融市场上的次贷金融衍生品的公司和机构纷纷倒闭，进而引发了波及全球的金融危机。2008 年 9 月，雷曼兄弟破产和美林公司被收购标志着金融危机全面爆发。而随着虚拟经济的灾难向实体经济扩散，世界各国经济增速放缓，失业率激增，一些国家开始出现严重的经济衰退。美联储前主席格林斯潘说，有一天，人们回首今日，可能会把美国当前的金融危机评为第二次世界大战结束以来最严重的危机。

第一节　金融风险

【节前引例】

2016 年黑天鹅，农行惊爆 39 亿票据大案

中国农业银行 2016 年 1 月 22 日发布公告表示，近日，农业银行北京分行票据买入返售业务发生重大风险事件，经核查，涉及风险金额为 39.15 亿元。

财新网报道称，案件的大致脉络是，农业银行北京分行与某银行进行银行承兑汇票转贴现业务，在回购到期前，银票应存放在农业银行北京分行的保险柜里，不得转出。但实际情况是，银票在回购到期前，就被某重庆票据中介提前取出，与另外一家银行进行了回购贴现交易，而资金并未回到农业银行北京分行的账上，而是非法进入了股市。"农业银行北京分行保险柜中的票据则被换成报纸。"一位接近农行北分的人士对此证实。

一、金融风险的含义

（一）金融风险的概念

风险是指未来收益的不确定性。金融风险是指金融变量的变动所引起的资产组合未来收益的不确定性。

金融业本身就是有一定风险的行业，这是由金融这种信用活动的特点所决定的。一般而言，能够引起增加金融风险事件发生的机会或影响损失程度的因素很多，归纳起来可分为直接因素和间接因素两类。

1. 直接因素。包括一国的宏观经济状况、经济政策与经济法律法规的出台、资金使用者的经营管理状况、政权的更替、首脑人物的变动、国际争端与战争的爆发、资金贷出者和投资者的心里预期等，它们直接导致了金融活动结果的不确定性。

2. 间接因素。主要是指因自然灾害或宏观经济政策失误而导致的整个国民经济状况的恶化，后者显然会影响到金融活动的结果。

笼统地说，金融风险产生的经济基础是社会分工与交易多元化；金融风险形成的前提是经济人的禀性；而经济环境的不确定性是金融风险产生的必然条件；金融制度的确立与变迁则会为金融风险创造种种机会。

（二）金融风险的特点

1. 普遍性。金融风险存在于金融交易的各个环节，每个金融主体都会受到金融风险的影响。资金的融通具有偿还性的特点，资金供给方需要在未来收回本金，并获得利息，资金需求方要偿还本金，并支付利息。由于未来存在的各种不确定因素，因而资金供求双方可能存在无法按期完成信用活动的可能，这种可能性在金融活动中是普遍存在的。

2. 扩散性。金融是以信用为基础的资金融通，其本质是由多种金融参与者共同建立的信用网络体系。这种网络形成是相互交织，相互联系的复杂系统，不是一一对应关系，因此，任何一个环节的风险都会通过金融网络对其他参与者产生影响，任何一个链条的断裂，都有造成较大金融风险的可能。随着金融全球化的趋势，金融风险在全世界各国的传导，会导致连锁反应，造成全球性的金融危机。

3. 隐蔽性。金融工具的不断发展，金融机构的信用创造能力不断增强，可以通过创造新的信用来掩盖问题，金衍融生工具的杠杆性，金融的不断创新都使得金融风险会被不断累积，最终会以突发的形式表现出来。

4. 复杂性。金融市场是一个复杂的系统，随着金融创新的加快，各种利益主体形成了错综复杂的关系，债权债务关系交叉其中，千头万绪，一个点出现问题，就会产生意想不到的后果。

二、金融风险的影响

金融风险是金融市场的一种内在属性，对金融活动起着一定的调节作用。尽管一些参与者在金融风险中也有可能获取一些收益，但金融风险的发展、风险因素的不断积聚，却会对经济及社会发展带来严重影响。它不仅影响经济主体的经营和收益，对市场参与者造成重大损失，而且影响国家宏观经济的稳健发展，以致造成社会动荡。

金融风险对微观经济的影响表现为：（1）可能给经济主体造成直接或间接的经济损失；（2）增大了信息收集管理、经营决策等的经营管理成本和交易成本；（3）导致资源逆向流动及企业短期行为，使部门生产率受到影响；（4）为了应付风险的各种准备金的设立，降低了资金利用率。

金融风险对宏观经济的影响表现为：（1）引起实际收益率、产出率、消费和投资的下降，下降的幅度与风险大小成正比。（2）造成产业结构畸形发展，整个社会生产力水平下降。（3）严重的金融风险会引起金融市场秩序混乱，金融机构倒闭破产，货币贬值，汇率下跌，从而酿成金融危机，阻碍经济发展及导致社会政治震荡。（4）影响国家宏观经济政策制定和实施。一方面，由于金融风险导致市场供求经常变动，政府难以及时、准确地掌握社会总供求状况，增加了宏观经济政策制定的难度；另一方面，由于金融风险，将使宏观政策传导机制中某些环节出现故障，导致宏观政策出现偏差，从而削减了宏观政策的效果。

三、金融风险的种类

1. 信用风险。信用风险又称违约风险，是指由于信用活动中存在不确定性而使交易对象无力履约遭受损失的可能性。它是金融机构面临的主要风险，也是金融机构实施风险管理的重点。例如，在商业银行业务中信用风险主要有两种情况：一是银行不能及时满足顾客提款需要；二是债务人不能偿还或延期偿还本息，从而带来银行收益损失的可能性。信用风险的一个显著特点是它在任何情况下都不可能产生意外的收益，它的后果就是损失，甚至是巨大的损失。在各种金融资产中，银行贷款的信用风险最大。此外，各种债券也是信用风险较大的资产。

2. 国家风险，指与借款人所在国的经济、社会和政治环境方面有关的风险。当向外国政府或政府机构贷款时，由于这种贷款一般没有担保，国家风险最为明显。国家风险的一种表现形式是"转移风险"，即借款人的债务不是以本币计值时，不管借款人的财务状况如何，有时借款人可能无法得到外币。

3. 市场风险，指由于市场价格的变动，银行的表内和表外头寸遭受损失的风险。该类风险在银行的交易活动中最为明显。市场风险包括：（1）汇率风险。一般存在于银行的以下两类业务：为客户提供外汇买卖服务或进行自营外汇买卖活动和办理银行账户内的外币业务活动。（2）价格波动风险。银行投资买卖动产、不动产时由于市场价格的波动造成收益和资产价值下降的风险。

4. 利率风险，指由于金融市场上利率水平的不确定变动，导致行为受到损失的可能性。它的一个显著特征是导致现金流量（净利息收入或支出）的不确定，从而使收益和融资成本不确定。利率的变动，可能使资产的利息收入减少，或者使负债的利息支出增加。利率风险的另一个特征是导致资产（或负债）的市场价值不确定，从而导致收益的不确定。此外，利率风险也影响到经济主体的经营环境和工商企业的生产经营活动。

利率风险的主要形式有：重新定价风险；利率变动风险；基准风险；期权性风险。

5. 流动性风险。金融企业无力为负债的减少或资产的增加提供融资而造成损失或破产的风险。当流动性不足时，金融企业无法以合理的成本迅速增加负债或变现资产获得足够的资金，从而影响了其盈利水平。

6. 操作风险。由于不完善或有问题的内部操作程序、人员和系统或因外部事件导致直接或间接损失的风险。最重大的操作风险在于金融企业内部控制及公司治理机制的失效，从而可能因为失误、欺诈、未能及时作出反应而导致金融企业财务损失。

7. 法律风险。是指因不完善、不正确的法律意见而造成金融企业同预计情况相比资产价值下降或债务增大的风险。

8. 声誉风险。因操作上的失误、违反有关法规、经营管理水平差、资产质量和财务状况恶化，以及错误的舆论导向和市场谣言等其他事故而使金融企业在声誉上可能造成的不良影响，对金融企业各项业务的损害极大，因为金融企业的业务性质要求其能够维持存款人、贷款人和整个市场的信心。

根据引发金融风险因素的特征，金融风险又可以分为系统性金融风险和非系统性金融风险。

——系统性风险。是指由于宏观方面的因素引起的，对整个金融系统和经济活动造成破坏和损失的可能性，如利率风险、汇率风险、国家风险等，这方面的因素包括经济周期、国家宏观经济政策的变化等。特点：该类风险影响所有的金融活动参与主体及其所特有的金融资产和金融负债的价值，一般不能通过多元化分散或投资组合相互抵消、消减，称为不可分散风险。

——非系统性风险。是指金融机构或其他融资主体由于决策失误、经营管理不善、违规经营或债务人违约等微观因素引起的、个别或部分金融企业或其他融资主体在融资活动中遭受损失或不获利的可能性。特点：通过加强管理、多元化分散融资，这种风险能有所降低，甚至还有可能消除，称为可分散风险。

第二节　金融监管

【节前引例】

巴林银行事件

1995 年 2 月 27 日，英国中央银行突然宣布：巴林银行不得继续从事交易活动并将申请资产清理。这个消息让全球震惊，因为这意味着具有 233 年历史、在全球范围内掌管 270 多亿英镑的英国巴林银行宣告破产。具有悠久历史的巴林银行曾创造了无数令人瞠目的业绩，其雄厚的资产实力使它在世界证券史上具有特殊的地位。可以这样说：巴林银行是金融市场上的一座耀眼辉煌的金字塔。

那么，这个金字塔怎样就顷刻倒塌了呢？究其原因还得从 1995 年说起，当时担任巴林银行新加坡期货公司执行经理的里森，一人身兼首席交易员和清算主管两职。有一次，他手下的一个交易员，因操作失误亏损了 6 万英镑，当里森知道后，却因为害怕事情暴露影响他的前程，便决定动用 88888 "错误账户"。而所谓的 "错误账户"，是指银行对代理客户交易过程中可能发生的经纪业务错误进行核算的账户（作备用）。以后，他为了私利一再动用 "错误账户"，创造银行账户上显示的均是赢利交易。随着时间的推移，备用账户使用后的恶性循环使公司的损失越来越大。此时的里森为了挽回损失，竟不惜最后一搏。在日本神户大地震中，多头建仓，最后造成损失超过 10 亿美元。这笔数字，可以称是巴林银行全部资本及储备金的 1.2 倍。233 年历史的老店就这样顷刻瓦解了，最后只得被荷兰某集团以一英镑象征性地收购了。

年仅 28 岁的交易员尼克·里森将已有 233 年历史的英国巴林银行赔了个精光，真是巨石激起滔天浪，一时间各方争相报道巴林事件。尼克·里森也由此成为世界知晓的人物，挤进了各大报刊杂志的头版。当然，无数的假设与理性分析判断亦风起云涌，大量的猜测与结论令人眼花缭乱。

一、金融监管的含义

金融监管是一个复合概念，包含金融监督和金融管理双重职能。金融监管主要指一个国家或地区的金融主管当局对金融机构进行检查和督促，确保金融业稳健经营和健康发展。金融管理指金融主管当局按照有关法律对金融体系构成及其行为活动进行管理、协调和控制，以维护金融体系的安全稳定，并对客户提供公平有效的服务。

金融监管有狭义和广义之分。狭义的金融监管是指中央银行或其他金融监管当局依据国家法律的授权对整个金融业（包括金融机构以及金融机构在金融市场上所有的业务活动）实施的监督管理。广义的金融监管是指除了狭义所指的监管范围之外，还包括了金融机构的内部控制与稽核、同业自律性组织的监管、社会中介组织的监管等。

二、金融监管的产生与发展

19 世纪下半叶开始，资本主义世界的信用危机周期性地爆发。危机重创了整个西方资本主义世界的经济，虽然其产生有着复杂的经济原因和深刻的社会历史背景，但就金融方面而言，商业银行业务与投资银行业务的融合，使得许多短期资金盲目地运用到证券这种长期的风险投资上，从而使银行的经营风险不断增大，是一个重要的原因。1863 年，针对美国"自由银行业"时期的混乱，美国国会通过了《国民货币法》，建立了世界上第一个银行监管制度。在随后的 100 多年里，各国颁布了数以千万计的各种涉及金融业管制的法规、条例，而随着经济、金融发展的进程，这些条例与法规也在不断更改、演变着。

西方国家金融业的监管伴随着经济发展的 100 多年历程中，经历了从自由走向初步管制；初步管制到严格的全面管制；严格的全面管制再次走向自由发展；直至 20 世纪 90 年代，全球金融业的发展似乎又走到了自由的极限，由此而引发系列危机的发生，如 1987 年美国的"黑色星期一"大股灾，1997 年的亚洲金融风暴等。这些事件给世界经济和金融市场的健康发展造成了巨大的破坏，同时也使人们意识到了金融风险管理的必要性和紧迫性，人们面对一次次的金融危机以及由此引发的政治危机与严重的经济倒退，强烈呼唤着金融监管的回归。

三、金融监管的目标与原则

（一）金融监管的目标

金融监管目标是对金融业实施监管所要达到的目的，它是实现金融有效监管的前提和实施具体金融监管措施的依据。目前各国无论采用哪一种监管组织体制，监管的目标基本是一致的，通常包括三大目标：即安全性目标、效率性目标和公平性目标。

（1）安全性目标。这是金融监管的首要目标。金融是现代经济的核心，金融体系的安全与稳定对一国经济的发展具有重要意义。同时，金融机构作为经营货币信用的特殊企业，具有很强的脆弱性。任何一家金融机构出现严重问题，都会引起连锁反应，引发经济、金融秩序出现严重混乱，甚至会导致金融危机或经济危机。因此，金融监管的目标应是把维护金融体系的安全和稳定作为首要任务，从而为社会经济的发展创造更好的金融环境。

（2）效率性目标。提高金融体系效率是金融机构和金融市场运作的基本要求，也是金融监管追求的目标。金融业集中垄断程度过高及金融机构间的恶性竞争，都不利于形成安全而富有效率的金融体系。金融监管一方面需要通过各种手段促进金融业形成合理有序竞争，约束金融垄断和恶性竞争，来提高金融运行效率；另一方面也要求以最低的监管成本来实现金融监管目标。

（3）公平性目标。金融监管的公平性目标是出于保护金融业社会弱势群体的合法利益。存款人、投资者和保险单持有人作为金融业的参与者，在资金规模、经济地位、信息取得等金融活动方面处于弱势地位，利益容易受到侵害。因此，金融监管部门需要对这些社会弱势群体的利益提供特别的保护。

（二）金融监管的原则

（1）依法监管原则。

（2）合理、适度竞争原则。

（3）自我约束和外部强制相结合的原则。

（4）综合性监管原则。

（5）安全稳健与风险预防原则。

（6）社会经济效益原则。

四、金融监管的方法与内容

（一）金融监管的方法

各国的金融监管主要依据法律、法规来进行，在具体监管过程中，主要运用金融稽核手段，采用"四结合"并用的全方位监管方法。（1）依法实施金融监管。金融机构必须接受国家金融管理当局的监管，金融监管必须依法进行，这是金融监管的基本点。要保证监管的权威性、严肃性、强制性和一贯性，才能保证它的有效性。而要做到这一点，金融法规的完善和依法监管是绝对不可少的。（2）运用金融稽核手段实施金融监管。金融稽核，是中央银行或监管当局根据国家规定的稽核职责，对金融业务活动进行的监督和检查。金融稽核、检查监督的主要内容包括：业务经营的合法性、资本金的充足性、资产质量、负债的清偿能力、盈利情况、经营管理状况等。（3）"四结合"的监管方法。现场稽核与非现场稽核相结合、定期检查与随机抽查相结合、全面监管与重点监管相结合、外部监管与内部自律相结合。

（二）金融监管的内容

金融监管内容是指监管行为，具体包括监管机构对被监管机构和金融行为如何进行监管。从监管目的角度来分，监管内容可分为合规性监管和审慎性监管。所谓合规性监管是使监管机构符合监管规则的监管；审慎性监管从控制管理风险角度实施监管。但在监管实践中，监管内容往往从监管流程角度来划分，分为市场准入监管、持续性监管和市场退出监管。

1. 市场准入监管。市场准入监管是指监管机构审批候选金融机构设立申请，发放金融机构运营牌照的监管行为。市场准入监管是金融监管的首要环节，是保障金融机构稳健运行和金融体系安全的重要基础。金融机构的市场准入包括三个方面：机构准入、业务准入和高级管理人员准入。

2. 业务运作过程监管。金融机构获得牌照后开始运营，与一般公司不同，在获得开业资格后，金融当局还要对金融机构运营全过程进行监管。金融机构的业务运营监管主要包括业务经营合规性监管，资本充足率监管，资产质量监管，流动性监管，业务范围监管，盈利能力监管，内部控制监管。这七个方面构成了金融机构的业务运营过程监管。

3. 市场退出监管。金融市场的竞争势必导致金融机构优胜劣汰，为避免经营不善的金融机构给金融市场带来的动荡，维护金融市场稳定和金融消费者利益，监管者必须对金融机构的市场退出进行监管。金融机构的市场退出监管有广义和狭义之分。狭义的市场退出监管是指监管者对金融机构停止办理金融业务，吊销金融营业许可证，取消其作为金融机构的资格的监管。而广义的市场退出监管除了包括狭义市场退出监管之外，还包括政府对即将倒闭的金融机构所采取的纠正干预措施。

金融机构市场退出的原因和方式可以分为两类：主动退出与被动退出。主动退出是指金融机构因分立、合并或者出现公司章程规定的事由需要解散，因此而退出市场的。其主要特点是"主动地自行要求解散"。被动退出则是指由于法定的理由，如由法院宣布破产或因严重违规、资不抵债等原因而遭关闭；中央银行将金融机构依法关闭，取消其经营金融业务的资格，金融机构因此而退出市场。

我国对金融机构市场退出的监管也是由法律予以规定，一般有以下几种形式：接管；解散；撤销；破产。

第三节　金融监管体系

【节前引例】

e 租宝等金融案件

泛亚、e 租宝、大大集团、融资城、MMM……2015 年，见证了这些平台由盛而衰掀起的巨大漩涡。每个平台都在讲述自己玄之又玄的故事，都在吸纳大量投资者的血汗钱，然而，最后这些巨量资金，都以相似的方式被涡流悉数吞噬。

虚假理财平台泡沫破裂时，总是跟随着一个被称为"非法集资"的词汇，殊不知这并不是法律术语。严格意义上讲，所谓的非法集资，可分为非法吸收公众存款和集资诈骗两个罪名。梳理 2014 年以来已经被定性的案件，在被统计的 11 个已被定性的案件中，"非法吸收公众存款"案件共有 7 件，其中包含钰诚集团旗下 e 租宝、昆明泛亚有色金属交易所、国湘资本、东方创投、盛融在线、德赛财富、徽州贷；被定性为非法集资案件的共有4起，具体包含MMM互助理财平台、中大财富、优易网、中宝投资。而在较早时间被引爆的两大"雷区"，大大集团案尚未定性，另一起深圳融资城案件，深圳经侦的表述为"已对相关公司涉嫌犯罪问题依法立案侦查"。

近年，爆雷的数量不仅在增多，规模也越来越大。昆明泛亚有色金属交易所将其"日金宝"等金融产品，通过互联网线上和线下在20多个省销售，骗取了22万投资者450亿元的资金。金易融（北京）网络科技有限公司运营的"e租宝"网站以及关联公司因在互联网金融业务中涉嫌违法经营活动，融资达750亿元，涉及500万投资人。这些事件的发生给我们的金融监管提出新的挑战与难题。

思考：什么是金融监管？为什么要实施金融监管？

一、金融监管体系的类型

（一）金融监管体系

金融监管体系是指构成金融监管体系的组成部分，包括金融监管的理论体系，法律法规体系，组织体系以及内容体系，其中主要的构成是指法律法规体系和组织体系。金融学课程主要针对的是金融监管的组织体系。金融监管的组织体系是根据监管模式而建立起的一整套监管机构，主要包括，监管主体系统，金融行业自律系统，金融机构的内部控制系统，体制外的金融机构监管系统。

（二）金融监管体制

金融监管体制是为实现特定的社会经济目标而对金融活动施加影响的一整套机制和组织结构的总和。金融监管体制按照不同的依据可以划分为不同的类型，其中按照监管机构的组织体系划分，金融监管体制可以分为统一监管体制、分业监管体制、不完全集中监管体制。

统一监管体制：只设一个统一的金融监管机构，对金融机构、金融市场以及金融业务进行全面监管。代表国家有英国、日本、韩国等。分业监管体制：由多个金融监管机构共同承担监管责任，一般银行业由中央银行负责监管；证券业由证券监督管理委员会负责监管；保险业由银行保险监督管理委员会负责监管，各监管机构既分工负责，又协调配合，共同组成一个国家的金融监管组织体制。不完全监管体制：不完全集中统一的监管体制可以分为"牵头式"和"双峰式"两类监管体制。"牵头式"监管体制：在分业监管机构之上设置一个牵头监管机构，负责不同监管机构之间的协调工作。巴西是典型的"牵头式"监管体制。"双峰式"监管体制：依据金融监管目标设置两头监管机构。一类机构专门对金融机构和金融市场进行审慎监管，以控制金融业的系统风险。另一类机构专门对金融机构进行合规性管理和保护消费者利益的管理。

二、世界主要国家的金融监管体系

金融行业一直以高风险特点著称，且具有极大的社会扩散性。为了规避和分散金融风险，保护存款人的合法利益，并保障金融机构的健康经营，维护金融行业的稳定，促进国民经济的持续协调发展，国际社会普遍重视对金融行业的监管，并通过立法和行政等手段确立了各自不同的金融监管制度。

从总体上看，美国采用"双线多头"金融监管模式。"双线"是指监管中有联邦政府和州政府两条主线；"多头"是指有多个履行金融监管职能的机构。具体地说，联邦一级的监管机构有货币监理署、美国联邦储备体系、联邦存款保险公司、证券交易委员会等十几个；在州一级，50个州也分别设立了自己的金融监管机构。美国"双线多头"金融监管体制，一直被视为成功的典范，但2007年次贷危机爆发，对美国金融体系造成严重冲击，大量金融机构倒闭，并严重影响国际经济，暴露了美国金融监管制度的不足。在此形势下，2010年7月美国通过了迄今为止改革力度最大、影响最深远的金融监管改革法案，即《多德—弗兰克华尔街改革与消费者保护法》，对美国银行及资本市场监管进行彻底革新，改革的核心内容主要有：一是监管重心从监管局部性风险向监管金融市场系统性风险转变；二是规范金融产品交易，对金融衍生产品、对冲基金和评级机构严加监管，消除监管真空；三是优化金融监管体系组织结构，整合部分监管机构，并加强彼此间协调；四是强化美联储监管权利，扩大其监管范围；五是将保护消费者利益作为监管目标之一。这次金融监管的改革将给世界各国金融监管带来深远影响。

在全球金融危机之前，英国实行单一监管模式，即根据《2000年金融服务市场法》，将原先的9个监管机构合并为金融服务管理局，成为所有金融业的监管机构，即"超级监管者"。而英格兰银行，则专注于实现货币政策的目标。金融危机重创英国金融业之后，曾引以为豪的金融监管体系面临前所未有的信任危机。2009年，英国政府提出彻底的系统性改革，全球主要国家的金融监管改革中，英国改革力度最大，其模式的明显特征是由"超级监管者"转向"超级央行"。在反思2008年金融危机教训的基础上，英国拆分了原来大一统的混业监管机构金融服务局（FSA），以增强中央银行在金融监管体系中的地位为主线，围绕构建"双峰"监管体制下的监管协调机制和推动银行业结构性监管改革这两大"支柱"，不断强化中央银行实施金融监管和维护金融稳定的职能。

1961年《联邦银行法》实施之前，德国没有专门的金融监管机构，央行集货币政策与金融监管职能于一身。1961年在《联邦银行法》颁布的同时，成立了隶属财政部的银行监管局，负责对银行业的监管。2002年4月22日，《统一金融服务监管法》通过以后，在合并原来银行监督局、保险监督局、证券监督局三家机构基础上，于5月1日正式组建成为联邦金融监管局（BAF），负责统一监管约2700家银行、800家金融服务机构和超过700家的保险公司。其金融监管体系的主要特征包括：一是德国中央银行负责对所有金融机构行使统计权力，德国金融监管局所需的金融信息均由德国中央银行提供。二是德国中央银行分支机构承担了对各地金融机构的合规性监管工作，德国金融监管局没有地区性分支机构。三是政府监管与社会监管、金融机构的自律性监管与行业协会监管并重。

三、中国的金融监管体系

改革开放之前，为了与计划经济体制相适应，我国实行大一统的金融监管体系。

改革开放之后，随着经济的发展，各专业银行开始打破专业分工的界限，实施混业经营模式。随着《中国人民银行法》等一系列法律的通过，标志着中国金融监管的法制化、规范化过程的开始。目前已经形成了由中国人民银行和中国银保行业监督管理委员会，中国证券业监督管理委员会独立的金融监管机构共同行使监管职能的分业监管体制。

目前，我国实行金融分业经营体制，并依据人民银行法、商业银行法、证券法、保险法和银行业监管法的规定实施具体的金融监管。从体制上看，我国的金融监管体制应属于"一元多头"，即金融监管权力集中于中央政府，由中央政府设立的金融主管机关和相关机关分别履行金融监管职能。在这种分业监管体制中，中国人民银行处于核心地位，是全国金融业的最高主管机关，它不仅负责银行业和信托业的监管，还要从宏观上对证券业和保险业的监管予以指导，以保证整个金融业的健康发展；银保监会负责对银行业、保险业和保险市场的统一监管；证监会作为国务院证券监督机构对全国证券市场实行集中统一的监督管理。同时，我国法律还规定有金融业的自律监管和社会监管作为辅助监管。自律监管包括金融机构自我监管和行业自律监管，社会监管主要是指中介机构的监管。

随着世界经济一体化、金融全球化的发展趋势和国际混业经营监管趋势，金融交叉、融合已经越来越明显，机构、业务、交易结构、资金都在融合。我国的金融监管体制改革正在深化，以适应金融全球化的发展趋势。

本章小结

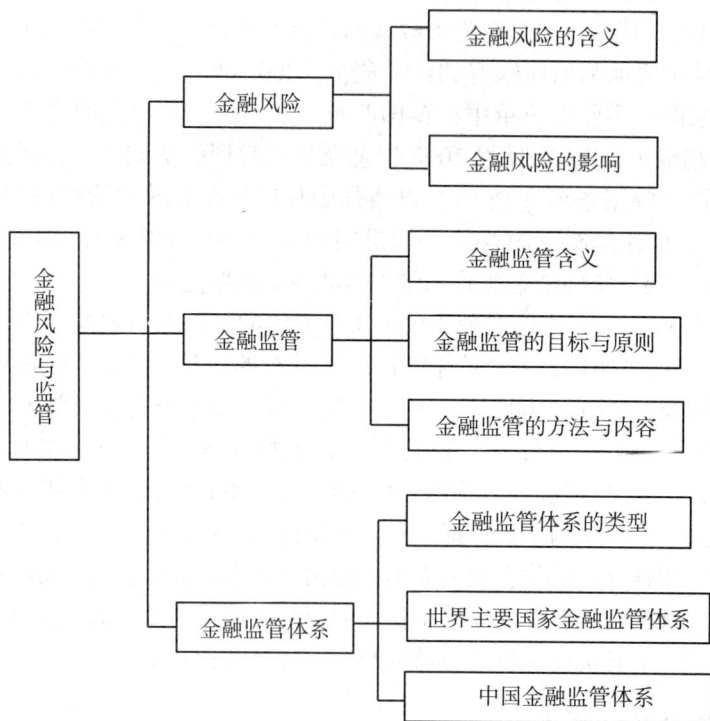

复习思考题

一、单项选择

1. 由于信用活动中存在不确定性而使交易对象无力履约遭受损失可能性的风险是（　　）。
   A. 信用风险　　　　B. 利率风险　　　　C. 国家风险　　　　D. 市场风险

2. 由于宏观方面的因素引起的，对整个金融系统和经济活动造成破坏和损失可能性的风险是（　　）。

    A. 系统风险　　　　　B. 非系统风险　　　C. 流动性风险　　　　D. 价格风险

3. 金融监管的首要目标是（　　）。

    A. 安全性目标　　　　　　　　　　B. 效率性目标

    C. 公平性目标　　　　　　　　　　D. 盈利性目标

4. 金融监管机构按大类可分为证券、保险、（　　）监管机构。

    A. 信托　　　　　　B. 银行　　　　　　C. 金融　　　　　　D. 基金

5. 商业银行设立必须达到法定最低资本额的目的是（　　）。

    A. 保护存款人利益

    B. 维护银行体系稳定

    C. 保障商业银行利益与维护银行体系稳定

    D. 保护存款人利益与维护银行体系稳定

二、多项选择

1. 金融风险的特点有（　　）。

    A. 复杂性　　　　　B. 隐蔽性　　　　　C. 扩散性　　　　　D. 普遍性

2. 金融监管的原则有（　　）。

    A. 依法监管原则　　　　　　　　　B. 合理、适度竞争原则

    C. 自我约束和外部强制相结合的原则　　D. 安全稳健与风险预防原则

3. "四结合"的金融监管方法是指（　　）

    A. 现场稽核与非现场稽核相结合　　B. 定期检查与随机抽查相结合

    C. 全面监管与重点监管相结合　　　D. 外部监管与内部自律相结合

4. 金融监管的内容包括（　　）。

    A. 市场准入监管　　　　　　　　　B. 业务运作过程监管

    C. 市场退出监管　　　　　　　　　D. 审慎性监管

5. 下列属于银监会监管对象的有（　　）。

    A. 商业银行　　　　B. 保险公司　　　　C. 信托公司　　　　D. 政策性银行

三、问答题

1. 金融风险是什么？有什么基本特征？

2. 金融监管的目标与原则。

3. 金融监管的方法与内容。

四、案例分析

e租宝案件

2015 年 12 月 3 日，有消息称 e 租宝深圳宝安分公司被经侦突查。其官方随后回应称，系深圳某代销公司员工协助当地经侦部门例行了解情况，而且在当日晚间"相关配合检查人员就已全部返回"。

12 月 8 日，e 租宝位于北京数码大厦的信息化研发中心及位于安联大厦的办公场所被警

方调查。当日晚间，新华社消息通报了正在接受调查的事实，后得到 e 租宝方面的证实。

2015 年 12 月 8 日晚间开始，e 租宝的官方网站与 APP 就已无法打开。2015 年 12 月 9 日午间，e 租宝又通过官方微博发布《e 租宝告客户书》，称"截至 2015 年 12 月 8 日19：00 之前，e 租宝平台依然可以进行正常的注册、充值、投资、赎回、提现交易。19：00 之后，e 租宝平台配合接受相关部门检查，为防止不实传言引发恐慌和无序赎回、提现，本着保护客户资金安全、平台交易安全的原则，e 租宝平台向社会各界宣布暂停平台交易。"公告同时表示，将在相关部门检查结束后，及时公布结果。

2015 年 12 月 10 日晚 7 点左右，e 租宝在官方微博发布一则声明，证实正在接受调查，原因是"经营合规问题"。由其董事长张敏签发的文件显示，e 租宝网站及线下机构停止推广、发布新品，亦暂停其他日常业务。

2015 年 12 月 16 日，广东省公安厅官方微博发布通报，称各有关地方公安机关已对"e 租宝"网络金融平台及其关联公司涉嫌犯罪问题依法立案侦查。警方已对涉案相关犯罪嫌疑人采取强制措施，对涉案资产进行查封、冻结、扣押。

讨论：互联网金融与传统金融业的区别？金融监管改革如何适应金融业发展的需要？

实训项目
我国金融监管体系调查分析

调查我国的金融监管体制，分析我国金融监管存在的问题及改革策略。
1. 进一步了解我国的金融监管体系。
2. 通过调查、访问等方式搜集资料，明确监管机构各自职责。
3. 总结我国现阶段监管体系的特征与优势。
4. 分析存在的问题并提出相应改革策略。
5. 撰写调查报告。

参考文献

[1] 米什金. 货币金融学：笔记和课后习题详解 (7 版). [M]. 金圣才，译. 北京：中国石化出版社，2007.

[2] 米什金. 货币金融学：学习指导 (7 版). [M]. 郑艳文，译. 北京：中国人民大学出版社，2006.

[3] 黄达. 金融学 [M]. 北京：中国人民大学出版社，2009.

[4] 劳埃德·B. 托马斯. 货币银行学：货币、银行业和金融市场 [M]. 杜朝运，译. 北京：机械工业出版社，2008.

[5] 兹维·博迪，罗伯特·莫顿. 金融学 [M]. 伊志宏，译. 北京：中国人民大学出版社，2010.

[6] 乔治·考夫曼. 现代金融体系 [M]. 陈平，译. 北京：经济科学出版社，2001.

[7] 万哨凯，何育林. 金融学 [M]. 北京：北京理工大学出版社，2010.

[8] 周晓志，何伟. 金融学基础 [M]. 北京：机械工业出版社，2009.

[9] 魏文静，牛淑珍. 金融学 [M]. 上海：上海财经大学出版社，2011.

[10] 张振东，周峰. 每天懂一点金融学 [M]. 北京：中国铁道出版社，2011.

[11] 韦明 每天读点金融常识 [M]. 上海：立信会计出版社，2011.

[12] 中国人民银行. 金融知识国民读本 [M]. 北京：中国金融山版社，2009.

[13] 李俊芸. 金融基础 [M]. 北京：经济科学出版社，2011.

[14] 王云云，王海峰. 金融基础知识 [M]. 北京：中国财政经济出版社，2012.

[15] 高建侠. 金融基础 [M]. 北京：中国人民大学出版社，2012.

[16] 吴君羊. 国际金融学 (第二版) [M]. 上海：上海财经大学出版社，2013.

[17] 刘红忠，蒋冠. 金融市场学 (第二版) [M]. 上海：上海财经大学出版社，2015.

[18] 殷孟波. 货币金融学 [M]. 北京：中国金融出版社，2014.

[19] 李树生，冯瑞河. 金融学概论 (第二版) [M]. 北京：中国金融出版社，2013.

[20] 冯瑞河. 金融学 [M]. 北京：中国金融出版社，2011.

[21] 钱晔. 货币银行学 (第四版) [M]. 大连：东北财经大学出版社，2014.